利润的暗影

资本主义全球扩张与环境变迁史

[美]马克·斯托尔（Mark Stoll）——著　逍遥相羊——译

浙江大学出版社

图书在版编目（CIP）数据

利润的暗影：资本主义全球扩张与环境变迁史 / （美）马克·斯托尔著；逍遥相羊译. -- 杭州：浙江大学出版社，2024.7
书名原文：Profit：An Environmental History
ISBN 978-7-308-25003-0

Ⅰ.①利… Ⅱ.①马… ②逍… Ⅲ.①资本主义－研究 Ⅳ.①D091.5

中国国家版本馆CIP数据核字(2024)第100273号

Profit: An Environmental History, by Mark Stoll
Copyright © Mark Stoll 2023
This edition is published by arrangement with Polity Press Ltd., Cambridge
Simplified Chinese rights arranged through CA-LINK International LLC

浙江省版权局著作权合同登记图字：11-2024-253号

利润的暗影：资本主义全球扩张与环境变迁史

（美）马克·斯托尔 著　逍遥相羊 译

责任编辑	顾　翔
责任校对	朱卓娜
封面设计	VIOLET
出版发行	浙江大学出版社
	（杭州市天目山路148号　邮政编码　310007）
	（网址：http://www.zjupress.com）
排　　版	杭州林智广告有限公司
印　　刷	杭州钱江彩色印务有限公司
开　　本	880mm×1230mm　1/32
印　　张	8.875
字　　数	199千
版 印 次	2024年7月第1版　2024年7月第1次印刷
书　　号	ISBN 978-7-308-25003-0
定　　价	72.00元

版权所有　侵权必究　　印装差错　负责调换

浙江大学出版社市场运营中心联系方式：0571-88925591；http://zjdxcbs.tmall.com

Profit:
An Environmental History
前　言

伸手摸摸你的包或口袋，掏出你的智能手机。几乎可以肯定的是，你的手机近在咫尺，甚至你可能现在就在手机上阅读这本书。哪怕身处地球上最遥远的角落，你拿着的手掌大小的科技奇迹也能让你和上百万人取得联系。手机可以告诉你，你现在身处何处，以及如何到达目的地。它还可以播放音乐、视频。从摩洛哥的瓦塔斯王朝的介绍到姑妈蒂莉的猫的最新照片，有了手机，你几乎可以用多种语言找到任何你想要的信息；只需轻按"立即购买"的图标，便能将世界各地的工厂和手工艺人生产的消费品收入囊中。这台小小的设备已经渐渐深入我们的日常生活，以至于离开它会引发焦虑。

智能手机因便宜而无处不在——手机价格如今已经低到服务商会赠送旧机型的程度。然而，这一令人惊叹的精巧装置的成本比广告宣传的要高。触摸屏和机壳就像藏匿着环境恶魔的潘多拉魔盒。制造机壳的塑料来自石油或天然气。石油或天然气由跨国公司从地下提取而成，提取过程常常会破坏生态系统和集水区。接着，石油或天然气通过管道、超级油轮、卡车或铁路往外运输，会造成洒溢、泄漏，也会形成温室气体甲烷和二氧化碳。工厂里薪水微薄的工人会用危险化学物来制作这些塑料机壳。在机壳内部，稀土、铝、金、钴、锡、锂等金属让手机发挥功能。而开采这些金属需要使用大量的能源，且会产生放射性废物、氟化氢和酸性废水。燃烧化石燃料的船只运送从东南亚、非洲、南美洲和太平洋众岛开采的其他金属。这些金属矿让人们流离失所，引发了暴力，破坏了农业用地，污染了水源，损害了矿工的健康。这些矿工常常不受保护，有的还是童工。用于生产手机及充电电池的能源（更不必说用于支持电话、互联网和服务器农场①运转的能源）多半来自烧煤、烧气的发电厂，会造成硫和汞的污染，且会产生更多温室气体。公司设计的手机大约每两年就会更新换代，此时大多数人就会丢弃旧手机，这些手机最终会被扔到垃圾填埋场，缓慢释放有毒化学物。有些用户会回收手机，但回收这些复杂、小巧、集成的部件既不容易，也不清洁，需要使用有害化学物，从而产生有害废物。

　　为什么智能手机这一环境的祸端最终会落入成千上万名用户的手中，而他们却对智能手机的环境成本一无所知？答案很复杂。最能肯定的是，人们购买智能手机是为了便捷地使用社交媒体、播放软件、相机和闹钟等，以及为了上网。他们可能是为了缓解社交压力或满足工作需求。随后，智能手机几乎成了现代生活的必需品。但在这些因素背后，隐约可见的是一批大型公司：一些公司为了投资人和股东的利润而出售智能手机；另一些公司则提供应用程序（App）和服务，巧妙地让用户几乎一刻不停地关注他们的手机。最后，几乎隐藏在阴影里的是一些最重要的参与者，这些公司游说政府制定对其有利的法律条例，或者举办促销活动说服人们购买设备、相关服务和App。他们异常成功地让人们购买不久前尚不知道自己有需要的东西。2007年以前，市场上几乎没

---

① 服务器农场是计算机服务器的一个集合，往往由几千台计算机构成，在提供各项功能方面的能力远胜单台计算机。

有智能手机的踪迹，但在不久之后，世界上70%的人将人手一台。智能手机正是资本主义的缩影，是其最新的化身。

那么对于智能手机这一环境祸端的泛滥，到底是谁难辞其咎呢？破解这一"案件"的侦探可能会说出《东方快车谋杀案》式的答案：所有人都难辞其咎。没有任何人强迫我们，可我们就是会在各种考虑因素的推动下，不假思索地购买和丢弃智能手机。或者，环境领域的"大侦探波洛"可能会说出罪魁祸首的名字，指出是谁从中获益最多，又是谁隐瞒了智能手机的环境成本——他们就是那些从生产和销售智能手机或提供相关服务中获利的公司。智能手机及其"近亲"（平板电脑、笔记本电脑）的利润都非常可观。它们为2021年4月的6家全球市值最高的私人公司创造了收入，即苹果、微软、亚马逊、Alphabet（谷歌母公司）、Facebook、腾讯。

我们已经找出了"嫌犯"，那么判决的结果如何呢？对此陪审团并未达成一致意见。一部分人把罪行称为"人类世"的一部分，认为错的是人类这个集体。比尔·麦吉本、E.O.威尔逊、伊丽莎白·科尔伯特等环境思想家则认为，错的是我们的个人选择。如果每个人都能更负责任、更有道德地行事、思考、购物、投票，我们或许就能拯救世界。杰森·W.摩尔、安德烈亚斯·马尔姆、娜奥米·克莱恩等另一部分人则更倾向于"资本世"的说法，认为错的是资本家和公司。陪审员对"犯罪"的时间也莫衷一是。其中一派将时间追溯到二战后的大加速时期。一派则认为，时间为1800年左右工业革命开始的时候。还有一派认为，人类在很久很久以前就染指环境，时间或许可以追溯到1万年前农业开始出现的时候。

坦白来说，错误可能既在我们的命运，也在我们自己。我们很难说出现代生活中的哪项事物——食物、燃料、衣物、住房、交通、工作或休闲——没有破坏地球。可能有人会说，富人消耗最多，比穷人的罪孽更深，再多的水也洗不干净行业领袖们肮脏的手。此话颇有道理。但是，今天我们没有人可以完全独立于消费资本主义的网络而存在。对地球不断进行掠夺让我们大多数人的生命得以延长，生活变得安逸，生活质量变得更高，而且确实使我们的存在成为可能。人类的繁荣昌盛在两足动物或四足动物中是前所未有的。狩猎和采集以及前现代农业实践虽然通常都是可持续的，但却无法为全世界80多亿人口提供食物、衣服和房屋，也无法给予其中的小部分人（但数量并不少）从前难以想象的富足，然而全球资本主义体系可以做到这些。

如果我们算一算人类历史上所有人类和陆地动物的总体重，就会发现结果非常惊人。根据一项研究，更新世晚期，陆地哺乳动物的总体重约为1.75亿吨，而人类在其中微乎其微。据瓦茨拉夫·斯米尔（Vaclav Smil）测算，到了1900年，在农业革命和工业革命之后，人类的总体重为7000万吨，而野生动物的总体重则降至5000万吨。原先生活在野外栖息地、后受人类控制的物种（牛、马、驴、猪、绵羊、山羊、骆驼、家禽等）的总体重为1.75亿吨，和数千年前所有野生动物的总体重相当。换句话说，人类在那时已经找到了在同样的环境资源条件下额外支持1.2亿吨体重的方法。

然后，消费资本主义开始兴起，陆地动物的总体重出现了惊人的增长。据斯米尔计算，到了2000年，单是人类的总体重就超过了3亿吨。驯养的动物构成了另外的6亿吨（猫、狗等宠物比其他驯养的动物还要多几百万吨）。人类和驯养的动物的总体重加起来超过了更新世总量的500%。与此同时，从1900年开始，野生动物的总体重又下降了50%，仅为2500万吨，约降至更新世峰值的1/7。这意味着，野生动物的总体重相当于驯养的动物的4.2%，仅为人类及其动物的总体重的2.8%。

或许我们应该感谢自己竟然以某种方式为它们留下了一些资源。但正是这种将地球资源用于人类需求的安排，让80多亿人得以生存。

本书讲述了这个世界是如何形成的。书名中的"利润"一词的含义模糊，目前常见的用法是表示金融利润，如今我们将其与资本主义这一体系联系在一起。究其原意，"利润"也可表示任何好处，譬如我们有时会说"从经验中获利"。从金融角度来说，资本主义的大部分利润集中在全世界极小部分人身上。从更广泛的角度来说，考虑到资本主义为如此多的人提供了支持，且让我们中的很大一部分人生活得非常舒适，我们其实都是获利者。本书通过一系列个人的故事讲述了资本主义的历史，这些人中的一部分开启了资本主义重要的新阶段，而另一部分则控制了资本主义影响环境的重大运动的发展。前者中的许多人（但并非全部）认为他们在让社会获利的同时也让自己获利；后者力求让世界获利，而不考虑让自己获利。

在历史的长河中，资本主义已经发生了数次变革。从其最根本的层面来讲，资本主义是一种经济体系，在这种体系中，（通常的情况是）积累财富或资本的私人所有者投资开采、配送原材料的企业，或者投资生产、运输、销售商品的企业以谋求利润。在这种情况下，企业在受监管（或多或少）的市场中开展的不受限制（在理想情况下）的竞争决定了价格。请注意括号里的修饰词。这些词表明"纯粹的"资本主义是多么罕见，这也有助于解释资本主义在不同地区、不同时代的显著差异。当资本主义体系拥有便捷的交通、丰富的能源和自然资源，容易管教、训练有素的劳动力，以及开采者、生产者和销售者之间的可靠沟通时，它能更有效地发挥作用。资本主义体系的规模小到佃农在热带村庄的集市上贩卖木瓜，大到富可敌国的交易商在纽约、伦敦等全球资本中心销售神秘的金融工具。在地方和全球层面之间，有许多复杂难懂又相互关联的层面，它们总是处于运动之中，且随着其他层面的变化而变化。农民对木瓜之类的商品的定价影响着全球资本主义，而热带的农民又会感受到国际金融"阴谋"的影响力。

资本主义的发展绝不是预先注定的。各层面的不断运动和变化以及相互作用推动着资本主义从早期到现代的历史演变。它的历史是偶然的,它受文化影响,亦与环境的可能性和限制因素不断对话。可以看到的是,资本主义体系不仅在西欧演变,也在全世界不断发展。但是,现代资本主义只在西方出现,其标志为经营与家庭分离、理性簿记、理性劳动组织。资本主义组织的两大历史形式——奴隶种植园和机械化工厂——在现代资本主义领域外没有真正的对应形式。西方资本主义拥有前所未有的力量,可以集中利用资源来产生财富。由于工业资本主义和消费资本主义在西欧和北美发展,如今又延伸至全球的各个角落,所以这段历史主要集中于通往、经过和离开这些地区的道路。

资本主义没有单一的起始时间和地点。在几个世纪之前,每种资本主义形式都有其前身。当代的消费资本主义主要由欧美工业资本主义这个前身发展而来。英国工业资本主义中的大部分元素由一个世纪以前荷兰的创新发展而来。对于荷兰人而言,他们盗取了伊比利亚帝国(西班牙、葡萄牙)的各项成果,但其最终发展依赖的是从中世纪意大利贸易帝国发展起来的商业资本主义模型。意大利人则反过来借用了伊斯兰世界和古罗马、古希腊设计的原型。从古罗马、古希腊时期回溯,这条道路又可以延伸至遥远的过去。今天让我们深陷其中的全球消费资本主义网络最初的几条简单的丝线在几千年前便已铺下,甚至在我们最遥远的祖先身上也能分辨出。这些丝线交织、断裂、修复、丢弃、替换、延展、倍增,如此数次,直至今日仍旧缠绕着整个地球和各个民族。

有些丝线从锋利石器的时代到智能手机的时代依然保持不变。从人类第一次出现在地球上开始,他们相较于任何其他动物都展现出了从一片地区的资源中获取更多物质的才能,从而能够为更多的数量和总体重提供支持。他们比任何其他动物都要善于交流与合作。人类开采矿物和土壤是为了公用事业和消费品。他们寻求更多能源。他们生产有用且值得拥有的物品。他们为商品和自己设计了更高效的交通运输系统。人类支配、剥削他们的邻居,并与其争斗。而且他们在商品、资源、技能、知识的交换中发展出了最早的经济。

资本主义的故事与自然界紧密交织在一起。一方面,特定的环境条件使得现代资本主义成为可能,并塑造了它的发展。更广泛的气候变化也发挥了重要作用。另一方面,经济活动总是让环境变得更加恶劣。随着经济发展每上一个新台阶,人们对自然资源的开发效率都在逐渐提高。这一过程一步步地破坏了生态系统,改变了地貌。今天,消费资本主义对人类环境的影响扩大到了令人咋舌的地步,消费资本主义导致了物种的消亡、生态系统的混乱、湿地的枯竭、河流的改道、森林的砍伐、土壤的退化。它又以极快的速度消耗资源、丢弃资源。它将化学物质传播至地球的各个角落里,包括七大洋中。它改变了大气,提高了地球的温度。地球上几乎没有地方和物种没被人类的行为所影响——即使在最深的海沟底部,高浓度的有毒化学物质也在毒害着生物,塑料袋像苍白的幽灵一般漂浮在水中。

本书追溯了这些交通运输、能源、传播、科学技术的发展、贸易和金融的发展是如何通往现代消费资本主义的。它将早期资本主义、商业资本主义、种植园资本主义、工业资本主义和消费资本主义视为人类长期力求更加集中地使用资源这一过程中的不同阶段。

每一章都从演变和环境影响来探索每个阶段。第一章"缘起"讲述了早期人类中的先驱和当时出现的模式。接着,这一章探索了古希腊和古罗马的商业资本主义,以及其与铸币、奴隶制、商品农业、贸易、帝国和环境变化之间的重大联系。

第二章"贸易和帝国"讲述了中世纪意大利城邦在银行、公司机构、帝国和商品农业中的显著进步。伊比利亚人及西北欧人的国际贸易和种植园帝国效仿的就是意大利人建立的模板。这一章通过克里斯托弗·哥伦布的经历阐述了意大利模式的转移，以及建立欧洲帝国制度和经济的杂乱无章、机会主义的方法。全球范围内对各民族的剥削和对自然资源的开采加速了欧洲的崛起。

接下来的两章"煤炭和机器的奇迹"与"蒸汽和钢铁的时代"追溯了工业资本主义的发展期和成熟期。这两个时期通常被称为第一次工业革命和第二次工业革命。这一时代带来了重大的、决定性的技术，社会和环境的变化，其中包括从可再生能源到化石能源的转型。詹姆斯·瓦特和安德鲁·卡内基的职业生涯阐述了重要的主题，其中包括科学在技术进步中的作用，文化对经济社会变化的速度和方向的影响，以及工业领先地位从欧洲国家向美国转移。

第五章"节约资源"探讨了为控制工业化引发的环境问题而出现的自然资源保护和公园运动。美国的乔治·帕金斯·马什和英国的威廉·斯坦利·杰文斯敏锐地分析了工业化对资源和能源基础的破坏，他们的分析颇具影响力。

另外三章"先买后付""踩下油门"和"销售一切"，描述了20世纪和21世纪主要发生在美国的消费资本主义的演变。对于今天的环境危机，这种形式的资本主义比其他任何形式都负有更大的责任。工业技术的进步使产量超过了需求。为了刺激消费，公司管理层开发了广告、财务激励和产品更换方面的新技术。从煤到石油、天然气的能源转型同时推动了生产和消费。供给和需求以不断上升的速度竞相追逐。我们的房子里堆满了物品。全球财富也在增长。没有什么比汽车业更能代表这个时代。阿尔弗雷德·斯隆的通用汽车的消费资本主义取向超越了亨利·福特的福特汽车的旧生产主义思维。二战之后，雷·克罗克代表了一种新的资本主义形象，他有着不同的文化背景，对于赚钱拥有较少的道德上的顾虑。克罗克一手策划了麦当劳这一快餐连锁典范在全球的崛起。最后，杰夫·贝佐斯的亚马逊代表了20世纪70年代以后的消费资本主义时期。在这一时期，销售商品比生产商品的利润要高得多。不断增长的消费水平吸引生产者制造更多商品，为此他们从环境中攫取了更多资源，产生了更多废物和温室气体。

"环保主义的崛起和全球化"探讨了旨在控制消费主义恶劣生态影响的全球运动。美国的蕾切尔·卡逊的《寂静的春天》是战后论及环境运动的最重要的一部作品。英国的芭芭拉·沃德的《只有一个地球：对一个小小行星的关怀和维护》（与勒内·杜博斯合著，以下简称《只有一个地球》）以及她在世界各地的不懈付出表达了环境主义全球化的重大主题。这两本书阐述了环境主义的重大关切，但也说明了环境主义的重要局限性。虽然环境主义努力对抗消费资本主义对生态的影响，但两者仍然纠缠在一起。

"结论"部分思考了我们从自然世界开采资源的效率是如何超出我们控制环境后果的能力或意愿的。

虽然资本主义长期以来一直受到环境历史学家的关注，但他们从未将资本主义作为自己研究的课题，也从未将资本主义作为自己重要作品的主要元素或主题。虽然唐纳德·沃斯特1979年的《尘暴》和威廉·克罗农1983年的《土地的变迁：新英格兰的印第安人、殖民者和生态》等基础著作强调了沃斯特的"资本主义文化"或克罗农的"商品化"等抽象力量，但没有分析制度本身。2008年的经济危机以及托马斯·皮凯蒂2013年的《21世纪资本论》和斯文·贝克特2014年的《棉花帝国：全球历史》等备受热议的书籍的出现，促使人们重新开始讨论资本主义及其影响。一系列作品也开始回应这一课题，其中最著名的是娜奥米·克莱恩、杰森·摩尔和安德烈亚斯·W.马尔姆的作品。

本书采取了不同的思路。这是一部资本主义史，试图解释资本主义如何改变自然世界，以及环境如何塑造资本主义。资本主义与物种一同发展。不可避免的是，它无处不在。它已经曲曲折折、神神秘秘地进入并颠覆了人类为控制或摧毁它而设计的每一个系统。这本书讲述了如今的资本主义困境:在最好的情况下,我们似乎只能努力减轻资本主义最坏的影响。

　　囿于篇幅,本书不得不略去一些我希望能更详尽阐述的话题。如果我有幸能像费尔南·布罗代尔那样撰写三卷书(虽说他也只是主要讨论了15世纪至18世纪少数欧洲国家的资本主义),或许我就能更多关注印度等文明中的资本主义体系。而且,本书虽然讨论了西方环境思想,但很少直接探讨亚当·斯密、卡尔·马克思、约瑟夫·熊彼特、卡尔·波兰尼、米尔顿·弗里德曼等人的经济思想。20世纪,经济学家们关于环境的争论如此之多,足以写成一本书。最后,我提到了工人、中尉和土著群体的经历,但没有聚焦在他们身上,因为这些也是值得再写一本书来讨论的话题。即使这样,本书涉及的内容也仍然很多。

Profit:
An Environmental History

目　录

第一章　缘起　//001

第二章　贸易和帝国　//021

第三章　煤炭和机器的奇迹　//052

第四章　蒸汽和钢铁的时代　//085

第五章　节约资源　//117

第六章　先买后付　//144

第七章　踩下油门　//175

第八章　销售一切　//201

第九章　环保主义的崛起和全球化　//232

结　论　利润——资本主义和环境　//260

致　谢　//267

第一章　缘起

一部生态漫游记

在 1968 年的电影《2001 太空漫游》的开头，三四百万年前人类的祖先类人猿正在为生存而挣扎。一天，不明外星生物在他们中间放置了第一块黑色巨石。在其神秘力量的指引下，类人猿学会了使用工具。他们起初为了生存而对猎物和捕食者使用武器。但很快，他们凶狠地将武器对准自己的邻居，抢占领土、争夺资源。随后，这块巨石消失了，第二块巨石被埋在了月球上。等到人类发展到足以找到它并将其暴露在阳光下时，这块巨石发出了无线电信号。一艘飞船被派往追随无线电信号的方向，飞船上幸存的船员发现了又一块围绕木星运转的巨石。第三块巨石实则是一扇星际之门，船员通过这扇门穿越星系抵达了一个遥远的星球。在那里，第四块巨石把船员变成了星孩。完成进化后，他回到了地球，为交战的国家带来了和平。

一方面，无论今天人类多么努力地寻求一点来自地外文明的仁慈指导，我们都未能在月球上找到一块埋藏数千万年的外星巨石，引导我们走出饱受困扰的当下，走入乌托邦式的未来。而另一方面，在作家阿瑟·C.克拉克和导演斯坦利·库布里克的作品问世后的几十年里，我们已经意识到，外星人没有必要干预人类历史，让人类走上现在的轨道。观察家们看到过许多猿类和鸟类使用工具。考古学家们发现的证据表明，人属出现前的人科动物也会使用石器，而且他们似乎已经自行摸索出了制造工具的方法。我们的祖先为资本主义的兴起一步步打好了基础，并在此过程中改变了环境。

开端：经济和生态

大约在260万年前，当人属中最早的种类进化时，一些变化悄然发生，几乎与电影中仁慈的外星生物及时为人类提供暗示的情节一样颇具戏剧性。地球上前所未有的变化使我们的祖先走上了漫长而曲折的道路，导致了今天的全球消费资本主义和全球环境危机。最初的变化虽小，但具有决定性。卓越的沟通交流能力让更高级的合作成为可能。这样一来，我们的杂食性祖先能够为了生存而更有效率地收集和利用资源。他们把积累的文化和技术知识传递给自己的伙伴和后代。他们的动手能力比黑猩猩和南方古猿更强，因而他们可以改进黑猩猩和南方古猿的长矛和石器。古人类聚在一起交流、劳作，可以把体型和他们一样大或比他们更大的动物端上餐桌。为了保护猎物不受食腐动物和偷食者的侵害，他们跻身顶级捕食者之列。富含蛋白质的高肉量饮食让他们变得更壮硕，或许也变得更聪明。

早期的古人类还完成了第一次能量转换，学会了从现有的自然资源中获取更多能量，这对后世的影响巨大。他们学会了释放植物中储存的热能，掌控了重要的能量来源以补充肌肉力量。人类可能是在190万年前学会用火的，也可能是在79万年前，当然还可能是在20万～30万年前。大火烧毁了下层灌丛，使森林变得更加开阔。猎物们繁衍生息，人类也随之繁荣发展起来。这是生命史上第一次,一个物种特意改造了整个生态系统,用同样的物质资源来支持更多的同类。烹饪食物让古人类有了更广泛的食物来源,而且有观点认为,烹饪食物可以节省消化生食所需的能量,以满足更大的人脑对能量的贪婪需求。另外,人类在温暖的间冰期将活动范围拓展到温带地区,随后在气候变冷时又靠火取暖。不仅如此,古人类还会通过烧制泥塑来宣泄创作欲望,接着又开始制作陶器,然后大约在1万年前的全新世早期开始使用铜器,所有这些都是燃烧木材、释放能量所带来的礼物。

虽然人们因石器的持久耐用而将这个时代冠名为"石器时代",但其实早期的古人类开发了各种各样的技术和简单的机械。骨头是制作锥子和针的绝佳材料。毋庸置疑的是,早期的古人类也会使用像筋这样容易腐烂的身体部位。大约7万年前,古人类曾经居住的温暖地带不断降温,寒冷的气候推动古人类发明了皮革加工技术,将皮革用于制作衣服、袋子等物件。全新世始于11700年前左右,在此之前的某个时候,人类发明了弓箭、鱼钩、用于投掷的投掷棒、长矛和鱼叉。6.5万年前,可能是为了出海捕鱼而建造的适航船只载着人们穿越50英里(1英里约为1.61千米)的开阔水域,到达澳大利亚。早在3万年前,人们就将染色的纤维编织成织物,做成时尚多彩的衣服。人们还会编织篮子来存放物品。到了2万年前,人们则烧制陶罐,将其作为万能的防水和防虫容器。

因此,正是最早的人类发明了简单的机械,掌控并利用了储存的技术——这就是工业革命的小小火种。然而,仅靠机械和技术本身是远远不够的。人类发展过程中极其漫长的幼稚期和成长期为教学和训练提供了得天独厚的时间条件。他们有组织地猎杀大型动物,烹饪并分享食物,举行仪式,等等。他们不断改善技术来制造危险武器、打猎、制罐、生火。此外,他们还会包扎伤口、治疗疾病,并且为了人类的利益，试图利用巫术和仪式来掌控主宰世界的神秘力量。

显然，为我们带来手机部件、具有环境破坏性的采矿活动是一种自古以来便有的实践。人类是一种能够开采矿石的物种。我们身边的岩石可能不是最适合我们使用的岩石。早期的古人类挖掘浅层的露天矿，以获得未风化的燧石。这种燧石更容易被打磨成薄片。采矿总是会在地面上留下破坏的痕迹，这对考古学家来说是个福音。一个能证明1300万年前的摩洛哥燧石采石场存在的证据保留至今。4.3万年前，或许在更早的8万年前，斯威士兰的矿工开采成吨的镜铁矿（红赭石的一种来源）。3.5万年前，在波兰和匈牙利，人们开始开采地下矿山以获取有色矿石。在旧石器时代的埃及、澳大利亚、法国、西班牙、比利时、波兰以及（后来的）美国得克萨斯州，人们还挖掘出了燧石。

控制矿藏的群体发现采矿业在经济上处于十分重要的地位，相当于今天的采矿、制造、贸易行业。考古学家在离最近的露头[①]很远的地方发现了黑曜石和红赭石，借此推断出血缘、社会和贸易网络的发展。不同的群体开采矿石、制造工具，然后用它们交换物品，这些物品无须自己捕猎或制造。这种交换或许对他们有利（第一笔利润）。红赭石市场代表了已知的最早对于没有实际用途的消费品的需求。零星保留下来的珠饰、红赭石颜料和其他文物证明了30万年前的地位标志、象征性思想，或许还有宗教的发展。到了史前时代晚期，具有独特魅力的矿石沿着贸易路线，被运往距离开采地数百英里的地方。

智人在20万年至30万年前首次出现，之后他们繁荣发展，繁衍生息。人口增长的速度非常快——在大约4万年前的欧洲，从尼安德特人过渡到智人期间，人口实现了10倍的跳跃式增长。在如此迅速的繁衍过程中，他们不断透支土地提供给觅食者的资源储备。他们中的一些在

---

① 露头，岩石、矿脉和矿床露出地面的部分。

更绿的牧草地和更强大的竞争对手的驱使下，纷纷迁往别处。在 9 万年至 12 万年前，凉爽潮湿的环境吸引智人来到黎凡特（叙利亚、黎巴嫩、约旦、以色列、巴勒斯坦）和阿拉伯半岛。在 6.5 万年前，气候变得干燥，智人以闪电般的速度在全世界分布开来。他们很快就到了澳大利亚。在 1.2 万年至 1.5 万年前，人类踏上了美洲的土地。其他脊椎动物都未能像人类一样在几乎每一种生态系统中都蓬勃发展，跨越热带和冻土地带，现在还上游太空、下潜海底探险。

无论我们将人类世的开始时期追溯至何时，人类都改变了环境，并在他们所到之处留下了印记。烹饪食物时引发大火和故意纵火表明了这一进化的新新猿类改变了生态系统，甚至拥有了彻底改变生态系统的能力。在 200 万年前，这些新晋顶级掠食者之间的竞争首次导致非洲大型掠食物种的多样性下降。古人类还抑制了非洲大型哺乳动物的物种多样性。在智人攻下世界各个大洲时，他们简化（或者说，其实是弱化）了所到之处的生态系统。更新世，在每个无冰的大陆中都出现了异常丰富多样的大型哺乳动物：猛犸象、大地懒、剑齿虎、大如河马的有袋类（双门齿兽），等等。当然，气候变化加剧了动物所承受的压力，但来自气候的压力并不会只消灭大型动物。但是现在，随着人类的到来、交流、合作、制造武器、放火、大量繁殖，各地的大型哺乳动物群都渐渐消亡了。

古人类通过消灭物种简化了生态系统，但也通过引入外来物种重构了生态系统，这种倾向如今已改变了地球上几乎所有的生态系统。有证据表明，在东南亚，史前的觅食者将动植物带至远离它们通常的生长环境的地方。4.5 万年前，山药出现在划分动物地理区时中东洋区与澳洲区的华莱士线两侧。人类在迁徙的过程中带走了动植物，当然也在与他人交换信息和物品的过程中进行了物种的交易。他们似乎还在定居地附近大量种植食用树种，可能种植了大量的坚果。在农业革命之前许久，近东地区（地中海东部）就出现了移植和栽培技术。

与此同时，就像《2001太空漫游》里的类人猿一样，人类也将积极进取的交流合作能力用于对抗同类的竞争对手。后来演变成战争的那些行为和奴隶制的"萌芽"在很早的时候便已出现。彼时，几种不同的古人类总是同时存在。但是，当智人出现在附近时，人类和野兽都不安全。尼安德特人、丹尼索瓦人、弗洛里斯人以及所有其他人属下的物种都在他们的近亲——智人到来后灭绝了。随着人数的增加和武器杀伤力的提高，暴力倾向随着时间的推移而不断增强。以各种各样的借口屠杀人类彰显了人类部落主义的力量以及对于异己的敌意。较近时期的证据一再表明，控制重要资源的群体会与嫉妒的群体发生冲突，在面对气候压力和危机期间尤其如此。

在人类历史的早期，人们一定曾面临如何处理俘虏的问题。如果我们参考哥伦布发现美洲大陆之前的美国人的做法，就会发现当时的社会对待不同俘虏的方式是截然不同的——吸收他们进部落，奴役他们（包括实行奴隶制），或者用酷刑或献祭的方式处死他们。一些发现表明，我们的体内存在人属其他物种的少量DNA，这说明智人的一些群体也同样俘虏了战败的仇敌，并通过吸纳或奴役的方式，让他们中的一部分并入自己的群体。

在冰河时代末期，田野和森林里曾经温顺的栖息者主宰了地球。人类改变了生态系统，削弱了物种的多样性和其他物种的体型。人类漂洋过海来到马达加斯加和太平洋岛屿，改变了沿途的生态系统，消灭了沿途的物种，曾经只是"坏邻居"的人类，现在变成了"坏房东"。同样重要的是，人类将现代资本主义的基本要素——技术、机器、浓缩能量的使用、资源的有效开发、可供使用和消费的采矿业和制造业、贸易、竞争、冲突、统治、生态破坏——带到了适于居住的地球的尽头。

种植和放牧：创造资本和财产

随着全新世的开始，人类开始开展真正的农牧业活动。他们现在不可逆转地通过了一扇打开社会、经济和地球重大变化的大门。农业创造了盈余，带动了城镇的发展。人类的读写能力和文学得到了发展。权力和财富不断积累。贸易增加。城邑之间战火纷飞。不平等和蓄奴现象急剧增加。为了人类的利益，农牧业从根本上简化了生态系统，而且还改变了气候。

为什么世界各地的智人要等到全新世才开始在各地独立发展农业呢？据我们所知，最早的农业出现在3万年前热带的婆罗洲高地的山药田。1.9万年前加利利湖畔克巴兰定居点的研磨石和火炉，以及1.1万年至1.4万年前黎凡特流行的纳图夫烤面包文化，都证明了人类曾制作需经加工才能食用的坚果和野生谷物。这些都是明显的例外。也许更新世晚期不稳定的气候阻碍了其他地方农业的成功。气候在冷暖、干湿之间反复变化，而且通常变化发生得非常突然。全新世的开始带来了异常稳定的气候，显然促进了农业的发展。

农业生活并没有吸引觅食者离开森林——是匮乏的资源迫使他们离开的。如果只需投入较少的精力来狩猎和采集就能从土地上获取足够多的食物，那么《创世记》里提到的"汗流满面才得糊口"就没有什么吸引力了。清理、种植、收获、研磨都是苦活累活。到了气候更为稳定的全新世，人口增长的速度更快。大型哺乳动物的灭绝导致菜单上大量蛋白质选择的消失。狩猎越来越密集，幸存的猎物就越来越少。放牧、园艺和农业降低了生态系统的多样性，人类不得不着重培育一小部分可食用或有用的动植物，从而在消耗相同资源的基础上为更多的人提供更多的食物。

如果有足够的空间，放牧就可以确保可靠的食物供应，而且放牧需要人类付出的劳动比全天耕种需要人类付出的劳动少。阿尔弗雷德·克罗斯比指出了畜群是如何把人类不能食用或使用的草、秸秆、干草变成牛排、牛奶、皮革的。在全新世早期，人类在上美索不达米亚① 驯养了牛。后来，埃及人驯养了驴子，印度人则驯养了瘤牛。牛奶和酸奶、奶酪等奶制品能使人类在不杀害动物的前提下获得蛋白质。此外，畜牧业改变了社会和权力关系。畜群使得人们能够积累财富。[在英语中，"capital"（资本）、"chattel"（财产）和"cattle"（牛）都有同一个拉丁语词根。]部分群体走向了资源私有化。和《圣经》中的始祖一样，牧民以牲畜、奴隶和后代来计算他们的财富。以约伯为例，他拥有"七千头羊、三千头骆驼、五百对牛、五百头母驴，并有许多仆婢"，还有七个儿子、三个女儿。牧民走到哪里，贪婪、嫉妒、盗窃和暴力就跟到哪里。私人财产很容易被偷。在畜牧文化中，偷牛的故事比比皆是，例如因陀罗从波尼部族夺回圣牛，赫拉克勒斯牵回革律翁的牛群，梅芙女王发动突袭捕获库林格的公牛，大卫通过偷袭屠杀了非利士人并掠夺了他们的牲畜。

没有广阔草原或者位于人口密集区的人们并不放牧，而是耕种。人与自然的关系发生了变化。自然不断摧残人为简化的生态系统。在人们锄地之处，裸露破碎的土地长出荆棘和蒺藜来，亚当的儿女在痛苦中吃着田间的菜蔬。种植单一物种的田地为昆虫、鸟类、啮齿动物和植物病害提供了饕餮盛宴。农民为征服自然、统治自然而不懈斗争。由人类、动物和神灵（Spirit）构成的平等主义狩猎采集体系分崩离析。变幻莫测的自然之神（God）充满农民的宇宙。丰产仪式（包括人类的生育和农业的丰收）急剧增长。

早期的农民通过多样化的方式扩充、丰富他们的饮食种类，并减轻

---

① 巴格达以北为上美索不达米亚，称"亚述"；以南为下美索不达米亚，称"巴比伦尼亚"。

兽疫和歉收的影响。他们牧养畜群。在大约从8500年前开始的红铜时代,近东地区的农民种植了最早的果园,他们通常种的是橄榄。很快,完整的欧亚农业系统(其中包括现在分布在世界各地的谷物和牲畜)几乎在西南亚(近东地区)、中亚和南亚同时发展起来。

农业人口不断上升。出生的婴儿比狩猎采集时代要多。为了养活所有人,农民需要借助其他的能量,毕竟人只能锄这么多地,种这么多种子,收获这么多粮食。奴隶虽然可以提供额外的能量,但也增加了对食物的需求。吃草的动物倒是无须人类培育,就能够更好地满足人类对能量的需求。7000年前,某位富有创新思维的人第一次用轭套着牛,拉着一根尖棍穿过土地——这就是第一个刮地犁。在之后的几个世纪里,随着城市和人口的增长以及需求的增加,人们利用役畜的能量来完成碾磨、研磨、压制、拉重型大车或提灌溉用水等艰苦乏味的工作(这就像我们今天仍然利用河流、瀑布、自然力或原子能来发电一样)。

畜养动物既有优点,也有缺点。当人们把动植物的生产紧密结合在一起,用动物来犁地、拖运、脱粒、施肥、提供肉奶时,农业的效率得到提升,产量实现增长,发展更加良好。役畜加快了许多流程,为开垦更多土地提供了动力。它们的粪便让它们劳作和生活的土地变得肥沃。一对牛的犁地量是人类锄地量的6～9倍,这也就产生了6～9倍的粮食需要人们进行除草和收割。人类常将田间节省下来的劳动力用于照料和饲养动物。一些耕地必须被用作牧草地。饲料必须储存起来以备过冬。谷仓、牛棚、马厩或房屋的空间必须为动物留足。最后,有时农民和牲畜之间会交叉感染疾病和寄生虫,然后这些疾病和寄生虫被传播给他们的邻居,又由商人带到遥远的地方。

从小麦到菠萝、从狗到鸭子,人类在六大洲独立驯化了大量动植物。这些动植物很少长期留在其原产地区。贾雷德·戴蒙德等人指出,欧亚大陆的东西轴线很长,主要位于北回归线和北极圈之间,因此比所有其他大陆都更具优势。这片辽阔的温带地区包含了从新几内亚到欧洲的最重要的农业发源地。非洲和美洲的南北轴线贯穿不同的气候带,缺乏便捷的通道,而长长的东西海岸线从东南亚延伸至印度、近东地区、地中海盆地和非洲,促进人们在大多数文明之间穿梭航行。最早的文明处于交流之中。贸易船只往来于哈拉帕、苏美尔,可能还有非洲之间的水域。

通常来说,在某一地区茁壮成长的动植物在另一地区也能长得很好。贸易商和航海的殖民者将新驯化的动植物带至别处。殖民者将动植物带到安纳托利亚、巴尔干半岛和地中海盆地附近。当地居民通常会留下这些动植物,有时还会驯化当地的动植物。外来动物取代了岛上特有的动物群,这是欧洲"生态帝国主义"在美洲、大洋洲甚至全球各地的早期预演。创造发明也快速传播开来,这或许解释了为何大量役畜在欧亚非大陆而非新大陆快速被驯化。

3000年前,在地球上所有农牧业生根发芽的地方,狩猎和采集都被耕种和放牧取代,如此一来,人为活动引起的环境变化便度过了初始阶段。农牧业对地球和气候的改变远超之前智人导致的任何变化。牧民为了开辟牧草地而纵火烧毁森林。其他的森林也倒在了磨光的石斧和当时更具效率的金属斧子下。裸露的土壤逐渐被风化、冲蚀。灌溉过的农田逐渐盐碱化,慢慢变得贫瘠。兽群的数量超过了山坡的承载能力,没有植被覆盖的土壤不断被侵蚀。8000年前,树干中的碳以温室气体二氧化碳的形式释放到大气中,森林覆盖率的降低开始影响气候。威廉·F.拉迪曼注意到,越来越多的牛群产生了甲烷,这是一种更具破坏性的温室气体。然后,5000年前,东亚人开始在挖有水渠的水田里种植水稻。水下腐烂的杂草和稻草会产生大量甲烷。随着水稻文化的传播,这些甲烷破坏了本会让地球变冷并进入另一个冰河时代的自然气候循环。这一温和的全球变暖现象对人类是有利的。甲烷的升温效果让气候变得稳定，使地球保持温暖，让大部分地区不结冰，从而促进了世界文明的兴起。

文明、贸易和早期资本主义

农业带来的不仅仅是粮食产量的上升。耕种也促进了人口、城市、贸易网络和帝国的扩张。埃及人、美索不达米亚人和哈拉帕人依靠每年的洪水来灌溉和施肥。为了更充分地开发土地，美索不达米亚人和埃及人将地方上的灌溉系统拓展为区域性灌溉网络，这时就需要行政监管——政府的框架由此显现。哈拉帕人只进行小规模的灌溉，但他们会利用雨季一年种两季庄稼。

与此同时，7000年前，在今天的保加利亚，一个远离上述早期文明的地方，工匠们有了重大发现。他们发现用陶瓷窑加热巴尔干山脉和斯特兰贾山脉的某些岩石，可以得到铜和黄金。铜可以被制成高级工具和武器，比燧石更容易磨尖。黄金虽然因为质地过软而没有太多实际用途，但它们永远不会变得暗淡，永远都闪闪发光、令人愉快。农民、工匠、战士以及寻求身份标志的富人对这些金属的需求迅速增长。各地的金匠继而学着冶炼其他金属，并尝试冶炼合金。没过多久，青铜就出现了，然后是铁和铅。金属产品的需求在3000年至4000年前迅速增长，并持续至罗马帝国灭亡。

古代人类的贸易活动变得越来越资本主义化，这推动了对环境资源更大规模的开发。美索不达米亚平原上丰沃的草地已经无法满足世界最早的人类文明苏美尔文明的需求。只有贸易扩张才能实现这一点。人们需要木材来烧砖建屋，打造房屋横梁和家具，以及制造工具、武器和车辆。他们需要材料来建造神殿和神庙里的雕像和建筑，还需要羊群和牧场来获取羊毛（对于印度，则需要田地来获取棉花），从而制成衣服。

苏美尔人进口了这些物品，另外还有用来制作工具的燧石和黑曜石，以及像青金石、光玉髓、绿泥石这样的名贵物品。后来，他们还引进了铜、锡、金和银。为了获得这些物品，都市商人前往扎格罗斯山脉、安纳托利亚、伊朗、阿富汗和波斯湾。埃及和哈拉帕也有类似的需求，他们的商人同样长途跋涉来寻找资源。

这里也出现了资本、银行和贸易体系的雏形，为今天的全球经济奠定了基础。苏美尔的城邦学到了今天亚马逊和沃尔玛发展壮大的秘诀——大量利润流向了中间商。大城市为经济活动指定了开放的空间，即市场。他们利用商品的差价致富。例如，比布鲁斯作为出口铜、银、青金石、葡萄酒、石油和雪松木到埃及的主要港口，变得惊人的富有。商人阶级由此出现，并发展出了合伙、代理和债务等基本商业形式。大型神庙建筑群在供奉重要神灵的神殿周围拔地而起，祭司终日在其中祭拜神灵，里面的祭品堆积如山。神庙和退隐的商人充当银行的角色，把资金借给进出口批发商。大约5200年前，苏美尔人的记账符号演变成了世界上的第一套文字系统。

璀璨的文明已经到来。在底格里斯河和幼发拉底河之间富饶的平原上，最早的大型城市的城墙和城门拔地而起，俯瞰着下方琥珀色的麦浪。在西南亚、南亚、东亚、非洲、欧洲和美洲，每个农业社会都孕育出了城市。在距今5200年至4200年前，世界上超万人的城市从寥寥数个增加至20多个。城市变成了太阳底下真正的新鲜事。城市里挤满了成千上万的人，他们吃着不必亲自培育的食物。街上熙熙攘攘满是奴隶、工匠、贸易商、批发商、牧师、战士和统治者。统治者、牧师和批发商会照顾艺术家和建筑师的生意。文字发明之后，美索不达米亚的城市里出现了最早的档案馆、图书馆、教学机构，出现了文学、数学、几何学、天文学、科学和哲学。

商业网络将印度、埃及、东地中海、美索不达米亚，甚至更远处的东亚和东南亚文明联系在一起。下美索不达米亚的城邦和苏美尔地区远离必要或优质资源，因此往往通过征服或者殖民的方式来控制货物的来源或者货物途经的路线。边远的群体则专门在经济上下功夫，以此满足城市的需求。在这个过程中，金银获得了标准化的价值，起到了交换媒介的作用。

荣耀掩盖了诸多黑暗。农业滋生了不平等。土地和牲畜不可能在村民或继承人之间得到完全平等或公平的分配。此外，作为财富的一种形式，牛群拉开了社会差距，社会差距在美洲这类缺乏役畜的文明中达到了从未有过的程度。失去役畜的农民注定饱受贫困的折磨。有权势者以不公平的方式分配多余的粮食，或将其全部侵吞。事实上，士兵可以榨取农民的利润，而农民只能不情愿地放弃他们投入了如此多劳动的田地、庄稼、牲畜、灌溉工程和房屋。从彼时到现在，富人和强者都像磁铁一样吸引着财富和权力，除非社会创造出能控制不平等的机制来。

农业的盈余加剧了战争和劳力的不自由。为了公共利益，统治者征税，并组织劳力来建设、维护灌溉工程。但是，他们也为了利润、贡品、资源或更多的税收而向邻国开战。统治者和神庙积累了大片的土地，指挥大量农民从事劳动。劳工和奴隶不仅要建设公共工程，还要建造纪念碑和宫殿。

文明和环境

增长和贸易对环境的破坏日益显现。甚至在6000年前的青铜时代前夕，近东地区的森林就已经处于危机之中。农民和牧民砍伐树木来养家糊口。越来越多（而且越来越富足）的人们需要木材来建造新的或更大的房子、宫殿和庙宇。大量的贸易需要森林为船队提供木材。黎巴嫩的伐木工人砍伐雪松和松树，为埃及人的坟墓、棺材、船只、柱子、房门和屋顶提供木材，并为他们的木乃伊和药物提供树脂。公元前3千纪中叶，贸易的增长加速了金属的提取和冶炼。矿坑和矿井遍布矿石集中的偏远山区。尾矿中的砷等有毒化学物渗入水道。冶炼和金属加工需要大量的木材来提供热量，可与烹饪和烧砖所需的木材数量相比拟。（仅当时的摩亨佐·达罗城就至少需要500万块烧制的砖块。）自由身和奴隶身的矿工需要木材来建造房屋和烧火做饭，这些木材有时是从远处运来的。低效古老的冶炼技术产生的污染比19世纪欧洲所有炼铜炉产生的污染加在一起还要多。熔炉周围的土壤积聚了有毒金属和化学物质。古老的熔炉产生的烟雾吹遍全球，在数千英里外的北欧沼泽和格陵兰冰川上留下了独特的层次感。过度开采也让许多地方的矿石枯竭。

人口的不断增长迫使人们在不太适宜的土地上发展农业，而灌溉这些土地又是必要的。砍伐山林和过度放牧造成的水土流失会淤塞灌溉工程。而且，由于水在高温下蒸发，盐分会留在地表，故而土地会慢慢变得贫瘠。在那些无法通过每年的洪水使土地恢复肥力的地方，庄稼从土壤中吸收养分的速度快于农民通过施肥补充养分的速度。

富饶的城市引来了有意扩张帝国版图的征服者们。帝国的形成让经济运行变得容易。他们打破壁垒，修建基础设施和道路，保护出行，促进贸易和繁荣。帝国的形成也促进了大都会的出现。在这些枢纽城市中，贸易和管理通过税收、买卖、进贡、缴获战利品带来了巨额财富。以前，利润交换只是商人资本家的做法，至此已蔓延至整个社会，影响着人们的日常生活。

帝国崛起于气候稳定期。晴朗的天气和雨水促进了繁荣，掩盖了对环境的损害。气温和降水模式的变化导致了文明的崩塌。大约4200年前，大气和大洋环流的变化导致了长达两个世纪的严重干旱和气候变冷。希腊、埃及、黎凡特、美索不达米亚、印度河流域和长江流域爆发了混乱和危机。美索不达米亚南部盐碱地上的苏美尔文明辉煌不再。大约1400年后，气候再次变干变冷，影响波及地中海东部地区。据考古学记载，数十座城市在大火中陨灭。古希腊进入了黑暗时代。赫梯、加喜特和埃及帝国相继灭亡。

货币、商品和帝国

在远离伟大文明中心的另一个山区地带，随着有关金属的另一项创新的出现，一个崭新的经济和环境时代开始了。公元前560年左右，安纳托利亚西部的吕底亚国王克罗伊斯铸造了最早的钱币。在此之前的很长一段时间里，某些具有标准价值的交换物促进了贸易的发展。然而，用大麦、白银、黄金，有时还会用红铜、青铜、牲畜、棉花和粮食进行交易，总是存在一定的不便和风险。大麦里藏着石头吗？黄金里掺杂着贱金属吗？牲畜健康吗？国外的谢克尔（一种重量单位）和国内的谢克尔一样吗？

标准化钱币的实用性对于今天的我们来说是显而易见的，但当时的人们只能慢慢认识这一点。几个世纪之后，整个古代世界都接受了钱币的价值——形制相同、值得信赖、可互换、可贮藏，令人向往。这时候，人们主要用金币、银币和青铜币进行交易，并开始从货币成本的角度来考虑几乎所有事物。家居用品、劳动力、能源、土地、财富、牲畜、食物、房屋等建筑、出行、税收、书籍、教育——有什么是没有价格的呢？今天，货币主宰一切。没有它，现代资本主义乃至我们所知的生活都是不可想象的。

在希腊人的手中，货币改变了经济学。希腊人定居于巴尔干半岛最南端，这里缺少伟大文明所需的滋润肥沃的土壤，但这里的群山中蕴藏着银矿脉。于是，希腊的各座城市开始铸造钱币。此时，拥有造币厂的城邦在货币和经济方面扮演着重要的中心角色。统治者需要稳定的货币政策来实现繁荣发展。货币简化了税收，使征兵和养兵变得容易很多。货币影响了神庙和宗教。货币推动了商业的车轮，改变了会计、合同、信用和工资。货币为非农业精英铺平了一条通往舒适和财富的道路，成为一种积累资本或衡量财富的简单手段。

为了从如此贫瘠的土地上获利，铁器时代的希腊城邦创造了一种新的资本主义形式，开辟了2000年后欧洲各大帝国的种植园资本主义所采取的模式。农民种植、加工高价值作物，制成橄榄油、葡萄酒等出口产品。种植和加工都是劳动密集型产业，于是农民投资购买战争中俘获的外国奴隶或来自外国穷苦家庭的奴隶。奴隶们不仅从事种植和加工，也参与艰苦、危险的银矿、盐矿开采工作。此时的商品农业与后来的种植园农业几乎相差无几，它是一种需要大量资本投入、人畜出力提供能量以及拥有诸多加工设施的新体系。希腊的繁荣发展也得益于廉价的航运，风力驱动的商船将橄榄油和葡萄酒运往远方的市场。这种早期的种植园资本主义促进希腊经济欣欣向荣，为艺术、建筑、科学、哲学的辉煌提供了支持。

希腊的商人资本家发明了复杂的单式记账法，但并没有超越在每次航行后解除合作关系的传统商业资本主义模式。希腊的种植园资本主义也没有实现向工业资本主义的过渡。虽然为计算出天体的位置，富有创造力的希腊人制造出了安提凯希拉机械装置这样复杂得令人吃惊的精密设备，但或许由于地中海地区木材和煤炭相对稀缺，他们未能发明出蒸汽机。

随着希腊的繁荣发展，希腊人口逐渐增长。早在公元前6世纪，有限的农业产量就已经无法满足城邦的需求。数座城市在爱琴海和地中海附近建立起殖民地。从埃及和其他地方进口的粮食养活了希腊人，也让他们能腾出土地来种植利润丰厚的商品作物。于是，希腊人发现了一条伟大的真理：农业社会可能因歉收而面临饥荒，而贸易社会通过进口粮食避免了这一严重危机。与此同时，财富并未加剧自由的希腊人之间的不平等。在较小的希腊城邦中，自由人之间维持了相对的平等。由于独立的农民和工匠在交战时会应征入伍，补充了常年交战的军队的力量，城市之间也保持着相对的平等。正如18世纪美国弗吉尼亚州的白人一样，希腊人的自由和相对平等建立在奴隶制基础之上。

后来，罗马人以希腊的种植园资本主义为范本，建立起了自己的大庄园制。他们史无前例地打造了繁荣兴盛的都市式帝国，直至19世纪才被超越。罗马帝国建立并保护了从埃及到英格兰以及从伊比利亚到亚美尼亚的贸易，由此变得富裕起来。成群的商人多次穿越非洲大陆，远渡印度洋，拓展了罗马的辐射范围。为在帝国各处调动军队而建造的优质道路成了商业要道。所有临海土地都因地中海没有明显的潮汐和较大的风暴而受益。他们利用风能出海捕鱼。在化石能源的早期使用中，不列颠的罗马人也会将罗马治下的所有不列颠煤田产出的煤用于加热公共浴池、冶炼金属、为家庭供暖等诸多方面。

帝国和环境

在"罗马气候最优期"（Roman climate optimum），罗马的权力和荣耀在独特而有利的环境条件下达到了顶峰。这一时期，夏季的地中海地区降水充沛，这一现象在今天已不复出现。在最优期的绝佳时节，阳光照耀着欧亚非大陆上的罗马、帕提亚、大汉和孔雀帝国，以及美洲大陆的特奥蒂瓦坎。世界上数十个城市拥有逾10万名居民。庞大的罗马城的人口数在最多的时候超过了100万，而整个罗马帝国的人口数大约有7000万之多。

如此庞大、繁荣的人口给环境带来了沉重的负担。在大城市中，大量的烹饪和烘焙、油灯、窑炉、金属冶炼、公共浴室锅炉让城市上空常年笼罩着污染的云雾。为了供应干净卫生的水,罗马帝国建立了数百条水道桥(其中,仅罗马城就修建了11条),这些水道桥通常很长(例如,君士坦丁堡的瓦伦斯水道桥长达167英里),改变了分水岭。在没有公共交通的时代,人们拥挤地生活在一起。诸多居民和动物的粪便和垃圾给政府带来了巨大的挑战。害虫泛滥,害兽横行。城市病阻碍了人们的成长发育。食物和燃料的每日需求造成大面积的资源紧张。人们砍伐森林,以求给农场和牧场腾出空间,为烧炉生火供应木料,提供建筑材料,以及为帝国的舰队和商船提供木材。罗马的不列颠人之所以使用煤炭、经常长途运输煤炭,最有可能是因为木材短缺,而和煤炭作为燃料的优越性无关。

罗马气候最优期结束于150年左右。地中海地区的过度砍伐很可能导致了降水模式的改变。无论如何,这都加剧了问题的严重程度。贸易和农业的混乱在安东尼瘟疫中达到了顶峰。这可能是第一次大规模暴发的天花,席卷了罗马人口密集的城市,造成了数百万人的死亡。最初的种植园资本主义——大庄园制消失了。而几乎与此同时,在地球另一端的中国,汉朝灭亡了。

罗马逐渐衰落,但在4世纪迎来了小规模的中兴。然后到了6世纪,气候变得凉爽潮湿,给罗马带来了巨大的灾难。多变的天气促使匈奴人、德国人、斯拉夫人往南边和西边迁徙。西罗马帝国轰然倒塌,人口锐减,贸易衰退,城市逐渐消失。钱币在罗马先前拥有的大片领土上消失了。东罗马帝国遭遇了查士丁尼大瘟疫,这是当时死亡人数最多的事件,使其元气大伤。森林砍伐造成了大面积的土壤侵蚀,在地中海东部尤其如此。充满传奇色彩的以弗所港口和许多其他地方都被淤泥堵塞了,产生了大片毒气沼泽,导致沿海大部分地区人口下降。到了6世纪末,罗马仅剩约2万名居民。此时,在更东边的印度,伟大的笈多王朝分崩离析。

第一章　缘起

鉴于罗马的无上权力与荣耀，罗马帝国与罗马文明的衰落颠覆了许多人的想象。人口密集的地区重新化为森林，直到9世纪（有些地区甚至到了19世纪）才又得到开辟。在这几个寒冷潮湿的世纪里，谷物长势不佳，田地又变回牧草地。在中世纪早期，人烟稀少，放牧取代种植，成了主要的食物来源。古老的地理景观不复存在，中世纪的新景象在罗马残存的土地上逐渐显现。

气候变化对一个民族而言可能是灾难，而对其他民族而言却往往意味着好运。第一个千年后期，中亚的游牧民族在凉爽潮湿的天气中不断繁衍壮大。不太寻常的潮湿气候让伊拉克繁荣昌盛起来。新皈依的阿拉伯人击退了日渐式微的拜占庭帝国。8世纪至11世纪，信仰伊斯兰教的黎凡特日渐兴盛。阿拉伯的中间商通过贸易变得富有，他们改进了商业实践，发明了现代复式记账法的初期版本。

在此期间，欧洲人口重新开始缓慢增长。自由土地逐渐变得稀少。农民丧失了独立和自由。地方领主迫使佃农租用田地，弱小而分裂的中央政府无力阻止。绝对的奴隶制现象减少了，农奴制现象却不断增加。城堡高墙下或城墙后面的聚居地战火纷飞。欧洲变得去中心化、不安全、不自由，而且相对贫穷。

相比之下，在中国，随着水稻文化的不断传播，人口实现快速增长。由于向农民征税比向地主征税更为容易，皇帝限制了地方上各个地主的权力。不过，政府将税率控制在相对较低的水平，以防社会发生动荡。强大的中央政府维护了和平，让分散在各地的百姓能够安全地生活在农场和村庄里。工匠和手艺人住在村里，而非城市之中。由于没有强势的同业公会的介入，整个帝国迅速刮起了一阵创新发展之风。

对于人属下面的不同人种来说，这是一段多么漫长而奇妙的旅程啊。他们通过进化（或与外来人口的交融）获得出色的交流、合作、组织、改进技术的能力，但与此同时，地球在这段相对较短的时间里变得几乎无法辨认。人类成了效率极高的顶级捕食者,所居住之处无不造成了其他物种的灭绝。人类对火的掌控也改变了地理景观。他们移植、利用食料植物,开采燧石和红赭石,与近邻开展贸易。在吃饱喝足之后,人类不断繁衍生息,遍布世界的各个角落。而且,他们通过放牧和耕种进一步改变了生态系统,从而能够更有效地支持人口的增长。人口不断增长,城镇转变为城市,资本得到了积累,不平等、不自由现象也随之加剧,王国和帝国由此在竞争和暴力中兴起。

希腊和罗马的创新加速了经济的发展。商人们借风行船横穿地中海。铸币加快了交换的速度并使其民主化,开创了奴隶和商品市场,促进了税收和雇佣劳动,引发了战争冲突。帆船载着奴隶们为大庄园的地主们生产的葡萄酒和橄榄油漂洋过海,然后满载谷物而归。这种早期的资本主义体系为庞大而繁荣的城市人口提供了支持。正如早期文明造成了土壤盐碱化和肥力衰竭,这一体系也导致了森林砍伐、物种灭绝、水污染、空气污染、土壤侵蚀、气候变化。人们对金属的需求导致矿山和冶炼厂周围形成了环境"牺牲区"。瘟疫的肆虐和气候的无常让罗马帝国走向了灭亡。到了6世纪,这场资本主义实验和地球上的环境来到了崩溃的边缘。

半个多世纪以后,种植园资本主义再次在地中海诸国中缓慢兴起。然而这一次,由于船舶设计的进步,世界上的各片海域都沦为了欧洲的"地中海"。资本主义和欧洲帝国即将出现在世界的每一块土地上。所有的抵抗都将变成徒劳。

第二章　贸易和帝国

哥伦布的意外发现

克里斯托弗·哥伦布总是喜欢吹嘘一切。或许在那个阶级意识鲜明的社会里，某种根深蒂固的自卑感驱使着这个热那亚织布工的儿子雄心满怀、勇往直前。他不切实际地吹嘘自己的计划，最终撞了大运，去了美洲。他那大胆、自吹自擂式的叙述令欧洲振奋不已，并引发了一系列意外的结果。成千上万渴求财富、野心勃勃的人漂洋过海以求大发横财。他们往往不关心、不在乎自己的行为会对那些远离习俗和权威约束的陌生人、陌生土地造成什么影响。数百万人死于疾病和战争，还有数百万人在奴役中卖力干活、受苦受难、死于非命。随着贸易和定居而来的是持续而深刻的环境变化。奉行重商资本主义和种植园资本主义的欧洲帝国的势力蔓延到了全球，将丰厚的利润和无上的权力输送至先前无足轻重的国家。几乎三个世纪之后，它们促成了工业资本主义的兴起。哥伦布没有预料到这一切，但他让这一切成为可能。

这一切都成为现实，因为这位织布工的儿子希望找到一条通往中国的捷径，为自己赢得荣耀和声望。自学成才的哥伦布想出了一个新奇的计划。他热衷于阅读马可·波罗关于自己前往传说中的忽必烈宫廷的游记。他与保罗·达尔·波佐·托斯卡内利通信，这位来自佛罗伦萨的数学家支持船只向西穿越大西洋可以到达远东地区的理论。如果有人能再次进入金碧辉煌的宫殿面见可汗，他就能获得名誉和不可估量的财富。哥伦布极度渴望成为第一个横渡大西洋、通过朝圣来获得无尽财富的人。

哥伦布身强力壮，身高6英尺（1英尺约合0.30米），金发白肤，自信坚定，赢得了生性多疑的君主的信任，无疑是一位令人惊叹的推销能手。他的婚姻为他带来了好运。他利用妻子的关系，分别于1484年和1486年将自己的计划展现给葡萄牙国王若昂二世、阿拉贡国王费尔南多二世和西班牙卡斯提尔女王伊莎贝拉一世。为了将自己的计划推销出去，他夸大了潜在的收益。他描绘了一幅极具诱惑、金光闪闪的幻想图："丰沃的土地……非常富裕，盛产金银、珍珠和宝石，人口多如牛毛。"哥伦布为成功航行开出了极高的条件：封爵；可继承的"大师"（dom）头衔；"航海司令"（viceroy）的军衔；任命他为他所发现的每个地区的终身总督；享有从他担任总督（governor）的地区购买、交换、发现或获取的物品的1/10份额；未来探险之旅的1/8投资权以及1/8收益权。

哥伦布的游说产生了效果，但效果并非立竿见影。若昂二世在搪塞哥伦布的同时，秘密尝试了他的计划——从亚速尔群岛派出一支小型舰队。由于纬度的关系，舰队遇到了强劲的信风，最终只得铩羽而归。1488年，巴尔托洛梅乌·迪亚士穿越好望角，开辟了一条更可靠的可以通往印度的路线，若昂二世因此彻底失去了向西探险的兴趣。伊莎贝拉一世对哥伦布的说辞持有更浓厚的兴趣。她和费尔南多二世为了征服格拉纳达而陷入债台高筑的境地，急需一笔财富来偿还巨额债务。此前，卡斯提尔与葡萄牙签订了和平条约，给予了葡萄牙在加那利群岛南部和西部的土地上的垄断权，人们在这些土地上发现了大量的非洲黄金和奴隶。只要从加那利群岛向西航行,哥伦布就能钻条约的空子,直接抵达印度,坐拥富贵荣华。他还扬言要将航海计划献给西班牙的对手法国。在他的威胁之下,伊莎贝拉一世同意资助他的航行。1492年,哥伦布终于在蓝色海洋上乘风破浪。

哥伦布恰好在他期望的地方找到了岛屿,当时他一定甚感欣慰——然而那里并没有富饶的文明,也没有金碧辉煌的大殿和身着绫罗绸缎的朝臣,这想必让他大失所望。那些热带岛屿上没有重大贸易,没有金银财宝,只有赤身裸体的居民,任何投资者都不会对这样的地方产生兴趣。此时,哥伦布必须说服他的资助人再次资助自己前往中国和日本探险。从在这个被他称为"印度群岛"(其所谓"印度群岛"是当今的"西印度群岛",古巴的伊斯帕尼奥拉岛是其中一个岛屿)的地方,可以看到棉花田来看,据此他认为中国和日本就在附近。因此,他在给费尔南多二世和伊莎贝拉一世的报告中又一次夸大了自己的发现。在他的描述中,这个岛的众多岛民性格温和,爱好和平,为人单纯,赤身裸体,很适合做劳力并皈依基督教。这里的土壤拥有"无限"肥力,港口"无与伦比",香料、棉花、洋乳香、沉香木和奴隶随处可见。这里比英格兰和苏格兰都大。岛上的山脉比加那利群岛上的山脉更为壮阔。这个岛的海岸线比西班牙的更长,内陆地区拥有"大量的黄金和其他金属矿藏"。哥伦布还幻想出了拉纳维达德镇,这里"是掘金……和开展大陆贸易的最佳位置……属于伟大的可汗"。无论是出于痴心妄想隐瞒实情,还是熟练的推销技巧,哥伦布的报告都鲜有可信之处,很多甚至是完全错误的。

哥伦布因过度推销他的发现而付出了代价。他的信件被大量印刷,人们将他的幻想世界传播到欧洲各地。西班牙民众热情高涨。他的第二次美洲之旅吸引了大量的投资者和定居者。他指挥的庞大舰队由17艘船组成,船上载有1200名殖民者,此外还有马、牛、猪、山羊、绵羊、小麦、花木种子和果树——这无疑是一次名副其实的生态入侵。哥伦布发自内心地认为，即使不似他描述的那般容易或有利可图，这个岛仍然可以被有效殖民，但他缺少指挥如此大规模探险的经验和技巧。参与探险的殖民者全部都是男人（没有女人），属于会为了挣快钱而放弃家庭和亲人的那类人。当他们在岛上发现没有听话的劳动力和大量黄金时，场面开始失控。哥伦布通过使用暴力、进行虐待和发展恐怖活动来管教殖民者，并迫使原住民为他寻找黄金。

当船只从岛上返回西班牙寻求补给时，哥伦布需要设法让殖民地变得有利可图。岛民虽然并不符合他的设想，不是基督徒，但他们难道没有可能成为被奴役的穆斯林吗？他围捕了 500 个左右的岛民，将他们作为奴隶送回西班牙，还送了 650 个岛民给岛上的定居者。他要求船只在返回这个岛时从葡萄牙的马德拉群岛带回糖蜜和甘蔗。在他的第三次航行中，发起暴动的殖民者逼迫他给予他们"encomiendas"，这是一种封建庄园，庄园主有权向居民征收贡品，命令他们从事定期劳动。由于对统治殖民地的殖民者以及他所认为的"印度人"（实则为印第安人）大失所望，哥伦布很快就改变方向，去做他真正渴望的事情——探寻大汗的富饶土地。

哥伦布天花乱坠般的游说能力让他成功获得了资金和船只，但也让人们产生了远非他能力所及的期待。愤怒的殖民者将他戴上镣铐押解回国。最终的结局远比这更糟。虽说无论欧洲哪个国家的人先横渡大西洋，他们身上携带的病毒与病菌都会造成疾病流行，让无数美洲人失去生命，但欧洲人在追求财富和利益的过程中对美洲人的残暴和虐待确确实实是从哥伦布和他带领的西班牙殖民者开始的。哥伦布对贵金属的痴迷，以及他对奴隶制和糖的引入，是一个不祥的兆头，预示着帝国很快就会在美洲发展起来，并将改变世界历史。尽管比起对西班牙，最终这对西班牙的对手更为有利——资本主义的未来发展取决于这些国家，而非西班牙，但所有的欧洲帝国都对巨大的环境变化起到了推动作用。

热那亚人，帝国的资本家

哥伦布是一位不称职的总督，但他的行为符合那个时代热那亚人的典型逻辑。热那亚和意大利北部其他的海上共和国恢复了植根于地中海历史的传统做法，即通过贸易帝国、殖民地、黄金、糖和奴隶制积累国家财富。早在哥伦布远航之前，热那亚人就参与了伊比利亚帝国的建设，葡萄牙人、西班牙人，以及后来的荷兰人、法国人和英国人都从中汲取了丰富的经验。热那亚的制造业、银行业、纺织业也为荷兰和英国的发展埋下了伏笔。热那亚在罗马早期商业资本主义与世界各大帝国的帝国种植园资本主义之间架起了桥梁。像哥伦布这样的意大利人和热那亚人把意大利资本主义的种子埋在不断壮大的帝国中，而意大利资本主义的发展方式对这些国家来说是陌生的。

热那亚、威尼斯和佛罗伦萨是当时奉行资本主义的超级强权。在实现城市化的地区中，只有意大利北部的城市在西罗马帝国的覆灭中幸存下来。在十字军东征的影响下，萎缩的地中海贸易网络得以复兴，意大利也因此走上了一条繁荣之路。没过多久，意大利的商人和海军舰队称霸了地中海和黑海海域。在水手的劳力和免费的风力的驱动下，满载香料、棉花和丝绸的帆船从东方以极快的速度驶向意大利港口，将货物送往欧洲的客人手中。中欧的银矿和佛兰德斯的精美布料穿过阿尔卑斯山口到达威尼斯，在意大利银行家资助下的佛兰德斯和法国的商品则抵达热那亚。产自加纳的金粉离开北非港口后，被威尼斯人铸造成达克特，被佛罗伦萨人铸造成弗洛林。① 这些意大利的船只载着现金、纺织品等

---

① 达克特和弗洛林都是欧洲曾经流行的货币。各种达克特的购买力大不相同，其中威尼斯的达克特得到了广泛的国际认可，其与佛罗伦萨的弗洛林地位相当。

物品又回到东方的集市上。

意大利人的重大创新推动了古代商业实践向现代商业实践的转变。历史上每次探险活动结束后，贸易伙伴关系都会随之解散。而意大利人创建了第一家长期性的家族企业，这就是现代企业的原型。管理分布在各地的贸易网络需要值得信赖的代理人。家族企业可以将信得过的亲戚安排到外国的港口。此外，意大利人还开创了许多现代商业实践的先河，包括复式记账法、债务工具和银行业。

维也纳共和国和热那亚共和国也创建了海外殖民和帝国扩张的新模式。这两个国家建立了殖民地和都市商业飞地，遵循维也纳和热那亚的法律。热那亚则将其帝国私有化，达官显贵们在北爱琴海地区、黑海以及西地中海地区开辟了殖民地并进行统治。后来荷兰、英国和法国公司的私有化殖民都遵循了热那亚的先例。威尼斯在亚得里亚海附近、中爱琴海地区以及东地中海地区开辟了殖民地。

意大利北部转型为制造业中心的方式也为后来的荷兰与英国所借鉴。意大利的城市不再仅仅是转运港口，它们进口原材料，再将生产的纺织品、玻璃等货物出口至各地。这些城市从黎凡特进口棉花，再出口染色布料。从黎凡特港口进口的中国丝绸会在佛罗伦萨、卢卡、米兰和热那亚完成加工。从西班牙、英国和北非进口的羊毛会在佛罗伦萨被加工成全欧洲最精美的布料。15 世纪，1/3 的佛罗伦萨人从事羊毛产业（一个世纪以后的威尼斯亦是如此），1/3 的热那亚工人从事丝绸、羊毛和棉花产业。像哥伦布父亲这样的商人企业家雇用了八九名工人，并向更多的人以计件形式支付工资。这些人在店里或自己家里工作，在将羊毛变成五颜六色的精美织物的众多生产环节中负责一环，这种分工很像亚当·斯密大为欣赏的在别针生产过程中的分工。这是西方历史上的第一次，城市一半以上的人，连同附近城镇的相当一部分人，都为工资而工作。工业也实现了机械化。在英国兰开夏郡出现棉纺厂的几个世纪以前，卢卡、博洛尼亚和米兰的工匠就发明了水力磨坊，雇用了数百名女工按照严格的纪律抛丝、卷丝。意大利北部的丘陵和高原上先后建立了数百个磨坊，有些磨坊的规模非常大。

不幸的是，意大利人还买卖人口。意大利的奴隶贸易开展得如火如荼，在热那亚尤甚。这在哥伦布看来一定非常正常。当时，欧洲的奴隶制基本已经不复存在了，而地中海地区是个例外。天主教会将奴役的范围限制在拒绝皈依的非教徒中，因此奴隶拐卖者会利用一切方便的借口抓走非教徒。奴役在各宗教间的战争中非常常见。基督教和伊斯兰教的海盗及海盗船会袭击对方的海岸和船只，劫持俘虏索要赎金，或将他们变卖为奴。1450 年至 1850 年，地中海沿岸至少有 300 万人沦为奴隶，饱受苦难。从 1400 年的数据来看，奴隶大约占热那亚和威尼斯人口的 10%，这一占比为欧洲之最。大多数奴隶来自黑海沿岸的意大利殖民地（"奴隶"一词的英文"slave"由"斯拉夫人"的英文"Slav"演变而来）。其余的都是穆斯林，其中一些来自撒哈拉以南的非洲。奴隶制很残酷，性虐待很常见。奴隶如果不服从命令或逃跑，将会面临残酷的惩罚。奴隶和他们的孩子一辈子都是奴隶，尽管解放奴隶的情况并不少见。

斯蒂法诺·德拉·贝拉,《装船》,选自《利沃诺港风景集》,1654—1655年。工人们在利沃诺将商品装载到一艘船上,体现了文艺复兴时期意大利资本主义的发展情况。这幅蚀刻版画暗示了奴隶制与宗教、资本主义和战争的联系。画面右侧有个男人正在被鞭笞,可能是个奴隶。画面左侧是四个摩尔人纪念碑,纪念了托斯卡纳大公斐迪南一世战胜奥斯曼人的事迹。纪念碑上的四个奴隶被铁链环绕在基座周围,从画面中可以看到其中一个具有非洲黑人的特征。(大都会艺术博物馆,格蕾丝·M.普的遗赠,1985年。)

糖业和奴隶

甘蔗种植园是意大利人的一项重大创新,与大庄园很接近,是暴利的美洲奴隶种植园的前身。糖作为甜味剂在哥伦布横渡大西洋的两三个世纪前进入欧洲人的饮食。古罗马人将糖视为一种来自印度的昂贵药物。中世纪早期的欧洲人则对它一无所知。1220年,第一艘装有昂贵的糖的船只驶入了英国港口。1277年,热那亚船队开始定期驶入大西洋,将糖和香料运往南安普敦和布鲁日。糖象征着高贵的地位和丰富细腻的口味,因此无论菜肴咸甜,贵族的厨师几乎会在每一道里都加糖。

糖是随着伊斯兰教传到地中海的。伊斯兰教从阿拉伯传往波斯（伊朗）、印度、黎凡特、北非和西班牙，实际上创造了一片从印度到大西洋的巨大贸易区。穆斯林从中国和印度带来了高粱、柑橘、大米、棉花和甘蔗，丰富了整个地中海地区的饮食。与此同时，灌溉技术也得到推广，从而提高了作物的产量，促进了人口的增长。当十字军带着他们自己的作物和农业技术来到这里时，穆斯林要么离开，要么被驱逐。灌溉工程也随之遭到了破坏。除了甘蔗，新的作物都消失了。

糖和资本、管制劳工、国际贸易、消费主义有着千丝万缕的关系。甘蔗需要充足的水分、大量的劳动力和造价不菲的加工厂才能变成值钱的糖蜜或糖。甘蔗在炎热潮湿的热带地区长得最为茂盛，也最甘甜。地中海地区位于甘蔗生长范围的最北部，夏季无雨，因此阿拉伯人在沿河和沼泽的优质灌溉地上种植甘蔗。在艰苦的劳动下，农民们收获了比人还高的甘蔗，去掉叶子，在腐烂之前将甘蔗迅速送进榨汁厂。然后，工人们把甘蔗切成小块，碾碎，再将汁水煮沸。为了获得更值钱的商品，他们把水加到甘蔗汁或结晶体中，并根据需要多次煮沸，获得更浅的颜色和更高的质量，从而卖得更好的价钱。马、牛或水为甘蔗压榨机提供能量。燃烧木材产生的热能熬煮甘蔗汁。人的肌肉力量解决其他活计。农民和佃户在装有加工设施的宫殿附近或便于运输的水路附近种植甘蔗作为副作物。穆斯林在农业生产中并不使用奴隶，尽管后来在埃及的大型糖业庄园里出现过偶尔强迫农民劳动的现象，16世纪的摩洛哥糖农可能也使用了撒哈拉以南非洲的奴隶。一部分糖进入了精英阶层的饮食，而大多数则被他们以极高的利润卖给了意大利人或犹太商人，最终再被卖给欧洲的买家。

11世纪，十字军国家的基督徒开始种植甘蔗，这些国家通过蔗糖获得了所需的收入。1291年，十字军国家沦陷，耶路撒冷的末代国王和他的骑士逃往塞浦路斯，行李中就装着甘蔗。在那里，他们沿袭熟悉的欧洲模式建立了封建领地。农奴和佃户种植甘蔗，意大利商人买糖再将糖转卖给西欧的买家。

这种模式并没有持续很久。14世纪初，随着中世纪暖期演变为小冰期，地球上繁荣的文明都感受到了一股真正的寒意。温暖的夏日变得寒冷潮湿。作物歉收，饥荒肆虐欧洲。社会、政治和宗教陷入一片混乱。中世纪盛期的文明摇摇欲坠，最终毁灭。瘟疫从东方席卷开来，黑死病搭乘意大利商船穿越地中海，于1347年登陆欧洲，挥舞着死神的镰刀，让无数人死于非命。

塞浦路斯的人口大幅下降。地主面临劳动力短缺和破产的问题。此时，热那亚商人在空荡荡的村庄里发现了商机。他们的船只载着奴隶驶进塞浦路斯港口，这些奴隶主要来自热那亚在黑海地区的殖民地。塞浦路斯的地主利用奴隶的劳动力扩大甘蔗生产，并因此致富。塞浦路斯的糖也被誉为世界上最好的糖。到了14世纪末，热那亚的公司大肆扩张，利用对银行、奴隶和糖业贸易的控制，几乎统治了塞浦路斯。此时的热那亚严重依赖糖业和奴隶贸易，大西洋沿岸的悲剧即将上演。

意大利繁荣发展背后的环境代价

意大利海上共和国在文艺复兴的鼎盛期间是世界上最富有的地方，这些国家的贸易和制造业对方方面面产生了深远的环境影响，预示了奉行殖民主义的世界帝国以及工业化对环境的冲击。森林变得稀疏而荒芜，经济作物耗尽了土壤的肥力，挖掘或开采石头和矿砂在地表或地底留下了洞眼。采矿和工业生产向土壤、水体以及人体释放毒素。

附近便是森林。与古代西方世界一样，经济增长需要大量的低矮稀疏的地中海灌木林，这里的森林不似北方森林那般凉爽潮湿。单是威尼斯就需要成千上万的橡木桩，以防城市因为岛屿泥土松软而沉入潟湖。

同他们的竞争对手与敌人一样，意大利的城市需要大量的木材资源以供海军和商船使用。

意大利庞大的纺织业同样给森林带来了压力。羊毛需求增长，此时就需要更大的羊圈。为了将英格兰最有价值的出口产品——羊毛——供应给佛兰德斯和意大利的制衣商，英国人圈占公用地，将传统佃农的土地变成了牧羊的草场。在西班牙，基督徒于1492年驱逐了穆斯林，重新征服了伊比利亚半岛，将郁郁葱葱、装有灌溉设施的山谷改造成产量较低的农场，或者用于放养牛羊以供应意大利纺织业和皮革业的牧场。西班牙的西南部最适合牛群，剩余的土地则是羊群的天下。到了16世纪，西班牙的草场上已有超过300万只羊。牧羊人为了开辟牧羊的草场而砍伐森林、焚毁森林，导致森林被严重破坏。在西班牙温暖干燥的气候中，那么多锐利的蹄子翻腾着土壤，那么多张大口吞食着青草，让土地变得贫瘠、样貌发生了变化。

同时，木材也为熬煮甘蔗汁提供了燃料。塞浦路斯和西西里岛是最大的两个生产甘蔗的岛屿，它们的面积似乎足够大，可以在不耗尽森林资源的情况下提供充足的燃料。经济的日益繁荣和土地的不断开发无疑给土壤和森林带来了压力。由于制糖业使用的是低级薪材和灌木，而非高大的林木，塞浦路斯的特罗多斯山脉仍然树木繁茂。然而，燃料供应的限制导致了制糖厂只能对糖进行初步加工。威尼斯和热那亚的制糖厂所用的燃料更加优质，可以提炼出质量更好的糖，从而获取了更大的利润。

许多其他的制造流程都需要使用木材燃料，尤其是玻璃厂，不仅需要木材燃料，还需要大量的其他原材料。威尼斯、维罗纳、帕多瓦等城市能制造出世上最好的玻璃，从亚洲到美洲和非洲都有买家。玻璃制造在技术上颇具挑战性，物流复杂，资金密集，环境污染严重，而利润却很高。玻璃制造是一项典型的资本主义尝试，一家出色的玻璃制造厂需要在设备和原材料上进行大量投资,并雇用20名左右的工人。在所有玻璃制造中心里,威尼斯是唯一一个原材料全部依靠进口的城市。为了达到1150℃到1200℃的高温来熔化玻璃,威尼斯的熔炉每年燃烧大约2200考得(330万板英尺[①]或7800立方米)的桤木或柳木,这些木材从切尔米尼亚诺附近的森林运送而来。为了获取二氧化硅,水磨碾碎了120英里外提契诺河和阿迪杰河的鹅卵石。为了造渣,威尼斯每年从叙利亚、埃及和利比亚进口1万袋植物灰烬。为了让玻璃变得透明,需要在米兰西北部的皮埃蒙特开采锰矿。为了给玻璃上色,需要铜、银、铅、锡。另外,用于制作坩埚的陶土来自米兰南部的瓦伦扎和君士坦丁堡。用于垒砌熔炉和烟囱的石板则来自45英里外的维琴察。

在更遥远的地方,金银矿的开采对环境的破坏尤为严重。长期的贸易赤字耗尽了欧洲大陆的货币。为了铸币以购买东方的商品,意大利人进口了黄金和白银。其中,白银产自蒂罗尔、波希米亚、西里西亚和巴尔干地区的深矿。在这些地区,雨雪会将尾矿中的有毒物质冲刷入河流和小溪。大量结实的木材支撑着矿井,使其不致倒塌。为了防止矿井漏水,矿工搭建了由畜力或水力驱动的复杂木制机械,并且经常需要让河流改道。为了从矿石中提炼出白银,熔炉中燃烧着木材和木炭。于是,随着矿井的开挖,森林逐渐消失;而随着当地木材的耗竭,树木也沿着河流等交通便利的路线被逐渐伐光。中欧矿区周围的乱砍滥伐曾经引起了许多人的警觉,然而直到18世纪,德国人才想出了相应的保护措施。

在含银矿物中将银与其他金属分离开来是一个毒性很强的过程。德国的矿工发明了两种有效的分离银的技术。15世纪,德国的矿工(或者说是一些炼金术士)发现了熔析现象,他们反复将矿石与铅熔在一起,从而将银和铜分离开来。这项新技术的快速推广让铅的需求与日俱

---

① 1考得木材指的是4英尺宽、8英尺长、4英尺高的木材堆。1板英尺(board foot)指1平方英尺×1英寸体积的板材。

增,而铅这种危险毒素在冶炼的过程中会被排放到空气中,再被土壤和生物吸收。一个世纪以后,德国的矿工开始使用汞齐法来分离银。汞含有剧毒,因此这项技术虽简单易行却极其危险。西班牙阿尔马登和如今斯洛文尼亚伊德里亚的大型汞矿,为欧洲和美洲的银矿提供了大量的汞。开采含汞的朱砂不仅毒害了工人和他们的邻居,而且破坏了环境。在汞齐法的最后一个步骤中,工人蒸发去汞,留下白银。汞蒸气毒害了附近以及下风处的所有人,破坏了周遭的一切。在汞矿完成开采后,汞还会在冶炼厂周围的环境中徘徊遗留几个世纪。

非洲的金矿开采造成了更多的环境问题。国王、酋长和当地的贵族通常使用奴隶、强迫或雇用劳工来开采金矿。加入其中的还有被金矿吸引而来的当地人和移民,他们为了获得淘金的特权,需要支付高昂的土地使用费。奴隶矿工和自由矿工都不太关心环境破坏问题。他们从河床或10英尺至80英尺深的露天矿坑底部挖出沙子或砾石,但很少修复废弃的矿坑。采矿需要大量的水来冲洗沙子和砾石,留下较重的黄金,而水通常来自改道后的河流。淘金淤塞了河流,杀死或驱赶了鱼类,河水变得不再适宜下游村民饮用。习俗和宗教禁令在一定程度上保护了当地社区的土地资源和水资源,但对下游的土地资源和水资源却没有起到保护作用。

香料贸易甚至影响了4000英里之外的环境。中国、印度、黎凡特和欧洲对香料的需求量很大,但丁香、肉桂和肉豆蔻的供应缺乏弹性。当地人只能从野生树木上收获这些香料,直到多年以后人们才能大规模栽培这些香料植物。而黑胡椒则便于种植,传播很快,能够轻松满足人们的需求。种植者将这种热带藤本植物从其原产地马拉巴尔带出来,种植在印度海岸以及苏门答腊和爪哇的热带雨林中。和意大利帆船上的大多数其他商品一样,黑胡椒让地主、统治者和中间商,而非佃农和辛苦生产的工人,大发横财。

伊比利亚探险和伊比利亚帝国中的热那亚人

如果不是1378—1380年的基奥贾之战,哥伦布、糖和奴隶可能永远也不会来到伊斯帕尼奥拉岛。威尼斯打败了热那亚,封锁了香料之路,接管了塞浦路斯的糖业贸易,并在1489年使该岛完全沦为殖民地。接着在1453年,奥斯曼土耳其人占领了君士坦丁堡,消灭了古老的拜占庭帝国,并对基督徒关闭了博斯普鲁斯海峡。热那亚与其黑海殖民地之间的通道被切断。

热那亚艰难地从这些灾难中恢复过来。它向西探寻机会,以弥补失去的贸易和奴隶。由于地中海西部的强国无法被殖民,热那亚人不得不在别的帝国内开展贸易。它在塞维利亚、里斯本、波尔图、拉罗谢尔、南安普敦、布鲁日以及摩洛哥的塞拉和萨非建立了贸易社区。在西班牙人眼里,热那亚人贪婪,有野心,喜欢投机。塞维利亚市长曾向国王抱怨说,他"太讲原则,没法和他们打交道"。然而,热那亚的企业和银行业塑造了整个地中海西部和西欧的经济。

此时,热那亚从阿拉贡的西西里岛(可能还从科西嘉岛)获取糖。阿拉贡还将西西里岛的甘蔗带到瓦伦西亚和阿尔加维(没有采用农业奴隶制),并在阿尔加维创建了制糖业,而热那亚的商人控制了金融和贸易。热那亚人在加那利群岛上,以及非洲沿岸找到了新的奴隶来源,并在伊比利亚贩卖穆斯林、柏柏尔人和来自撒哈拉以南非洲的黑人奴隶。到了15世纪晚期,奴隶占里斯本、塞维利亚、巴塞罗那和巴伦西亚人口的10%以上,且在此后的一两百年间在葡萄牙和西班牙南部沿海地区仍然常见。

年轻的哥伦布就是这些喜欢投机的热那亚外来者中的一员。1476年,他跟着一支热那亚船队前往伦敦和佛兰德斯,敌舰在葡萄牙海岸击沉了他搭乘的帆船。哥伦布抓着一支桨游到岸边,并出发前往里斯本。

在那里，热那亚的琴图廖内家族迎接了他，并任命他为代理人。不久，他登上了一艘开往伦敦和佛兰德斯的热那亚船只。他以里斯本为新基地，航行至布里斯托尔，可能到过戈尔韦和冰岛，然后去了马德拉群岛和几内亚。

哥伦布航行过许多为伊比利亚君主服务的热那亚人的航线。伊比利亚君主需要他们带来的经验和资本。1312 年，热那亚航海家兰斯洛托·马洛赛洛为葡萄牙国王迪尼什发现了加那利群岛。1317 年，葡萄牙建立海军部队，迪尼什将埃曼努埃尔·佩萨格诺（又称曼努埃尔·佩沙哈）封为世袭的海军上将，条件是他需要提供 20 名热那亚船长。1341 年，迪尼什的儿子阿方索四世派遣了一支测绘探险队前往加那利群岛，由佛罗伦萨人安乔里诺·德泰吉亚·德尔科尔比齐和热那亚人尼科洛索·达雷科担任指挥官。1456 年，热那亚人安东尼奥托·乌塞迪马雷发现了佛得角群岛。这时，英王亨利七世决定参与这场前往亚洲的西行航线的竞赛，于是他在 1496 年和 1498 年派遣了生于热那亚的乔凡尼·卡波托（又称约翰·卡伯特）进行航海探险。

西班牙和葡萄牙的意大利人不仅担任水手，还为伊比利亚的探险提供了大量资金（德国的银矿巨头富格尔家族是另一大主要的借款来源）。意大利人资助了哥伦布的航行。佛罗伦萨的银行家詹诺托·贝拉尔迪和塞维利亚的热那亚商人借给哥伦布第一次航行所需的资金。其中的两名商人——弗朗西斯科·皮内利和弗朗西斯科·里瓦罗利——同时还资助了西班牙征服加那利群岛。皮内利家族投资了哥伦布的第一次航行和第二次航行，同时也参加了这两次航行，并在哥伦布返回西班牙后留在伊斯帕尼奥拉岛。4 名热那亚商人为哥伦布的第二次航行提供了货物。琴图廖内家族帮哥伦布预付了第三次航海所需的资金。里瓦罗利则借钱给哥伦布，资助他开展第四次，也是最后一次航行。这次航行共派出 4 艘船，船上载有 8 名热那亚人，其中一名还是位船长。

热那亚人开启了大西洋上的奴隶贸易。1494年2月,哥伦布从美洲运来12个奴隶给他的债权人皮内利和贝拉尔迪。皮内利、贝拉尔迪和里瓦罗利都是奴隶商人,他们贩卖来自加那利群岛的关切奴隶,以及从1487年马拉加围攻战中俘获的穆斯林奴隶(哥伦布目睹了他们的投降和遭到奴役的过程)。1494年,哥伦布的兄弟巴尔托洛梅奥和贝拉尔迪合伙贩卖美洲奴隶。贝拉尔迪在不久之后就去世了,他的遗嘱执行人——佛罗伦萨人亚美利哥·韦斯普奇于1499年从塞维利亚出发,带回了200个美洲奴隶。不过,哥伦布在1495年向西班牙运送的300个奴隶(这些奴隶是他送出的500个奴隶中的幸存者)让伊莎贝拉女王倍感不安,她将这些美洲人视为臣民和潜在的基督徒,于是便下令禁止奴役来自美洲的印第安人。皮内利的后代放弃了买卖美洲奴隶的活动,转而投资非洲的奴隶贸易。

随着印第安人被奴役,以及遭遇了一系列的失败,哥伦布在1500年突然失势。不过,他发挥了一贯以来的推销才能,成功获得了指挥最后一次美洲探险之旅的机会。在伊斯帕尼奥拉岛上发现的黄金让哥伦布的名誉恢复如初,而且他去世的时候家财万贯,非常富有。

技术、淘金和帝国的肇始

整个欧洲在美洲、非洲、亚洲等地的商业和殖民事业都因为运输技术的进步而成为可能,而运输技术正是资本主义发展必不可少的助推器。如果依靠热那亚的划桨帆船和航海技术,哥伦布是无法抵达美洲的,因为划桨帆船不能饯风行驶。除了依靠星象和航位推算法,中世纪的航海家几乎没有其他确定航向的方法。热那亚人不敢到直布罗陀以外的摩洛哥和英国探险。如果船只设计和航海技术能让热那亚人在开阔的洋面上航行,他们便能到达更远的地方。1291年,维瓦尔第两兄弟从热那亚出发，乘坐装备齐全的划桨帆船，绕过非洲前往印度，然后便杳无音讯。如果两兄弟抵达了几内亚湾，那么他们很可能因为船只无法逆风、逆洋流航行且无法穿过开阔的洋面而有去无回。

葡萄牙人，而不是意大利人，向快速可靠的海洋运输迈出了第一步。伊比利亚诸国渴望为了基督教夺取穆斯林的土地，尤其是西班牙境内剩余的伊斯兰国家，以及被令人闻风丧胆的土耳其人征服的土地。1415 年，葡萄牙人征服了直布罗陀海峡上的摩洛哥城市休达（休达是加纳黄金商队的物资集散地），但令他们沮丧的是，商队现在转而前往丹吉尔，于是他们决定通过海路抵达出产黄金的地区，这便推动了新船只的设计。

为了探索通往遥远金矿的海上航线，葡萄牙人需要适合远洋航行的船只。他们发明了第一艘能够戗风航行的远洋船只——卡拉维尔帆船。为了装载船货在长途航行中的补给，他们将卡拉维尔帆船改装成了更宽敞的卡瑞克帆船。为了抵御或攻击海盗或敌人，卡瑞克帆船上携带了好几门加农炮。船首和船尾高耸的"船楼"可以让防守人员用火枪或加农炮扫射敌方的登船者。16 世纪初，卡瑞克帆船进一步演变成了威风凛凛的盖伦船。接着，其他国家很快效仿葡萄牙人的设计，推出了自己的改良船只。1492 年，在哥伦布的第一次航行中，他指挥了一艘卡瑞克帆船和两艘卡拉维尔帆船。

老彼得·勃鲁盖尔,《暴风雨中三艘卡拉维尔帆船和海豚上的阿里翁》,选自《帆船》,1561—1565 年。卡拉维尔帆船和体型更为庞大的卡瑞克帆船彻底改变了远洋贸易和探险。卡拉维尔帆船的龙骨、方形索具和三角帆让它拥有良好的机动性。船上的凸起甲板叫作"船楼",可以抵御登船者,上面的加农炮也让帆船看起来令人生畏。(大都会艺术博物馆,亚历山德琳·辛希默的遗赠,1958 年。)

得益于航海技术的进步,葡萄牙人可以放心地行驶到远处的海上,从而利用最有利的风向和洋流航行。干式罗盘、水手星盘、象限仪、直角器和改进的地图(哥伦布的兄弟在里斯本做制图师,像他一样技艺高超的地图测绘员推动了地图的改进)让船只在任何天气条件下都能在看不到陆地的海面上行驶,而且能行驶到赤道以南、看不到北极星的洋面上。

技术进步的结果简直是革命性的。葡萄牙人几乎可以比其他航海国家更快速、更可靠地航行到任何地方。一艘又一艘的船只沿着非洲海岸向南冒险,大肆捕捞金枪鱼和沙丁鱼,从而为探险提供资金,这也促进了非洲沿岸的贸易——非洲土著或其他商人几乎从未在撒哈拉以南的沿岸区域航行。1471年，探险家们终于来到了经过黄金矿区的河流，抢走了撒哈拉商队的黄金生意。1481年，为了保护利润丰厚的黄金贸易不受海盗和竞争对手的影响，葡萄牙国王若昂二世派出了一支探险队（哥伦布也是其中一员），在几内亚湾建造了第一个欧洲堡垒和商栈——埃尔米纳堡。因此，当哥伦布在伊斯帕尼奥拉岛的土著人中看到金器时，他希望能在岛上的山区里建造一个开展黄金贸易的新埃尔米纳堡。

随着葡萄牙的水手逐渐了解赤道附近盛行的东北信风，他们发明了一种叫作"volta do mar"的技术，这种技术能让船只向西北驶入开阔海域，然后乘风返航。在远离大陆的地方，他们还发现或再次发现了马德拉群岛、亚速尔群岛和佛得角群岛。为了保护海上航线、建立安全港口、打击对手，意大利人夺取了爱琴海和地中海东部的岛屿。和意大利人一样，葡萄牙人占领了无人居住的马德拉群岛、亚速尔群岛和佛得角群岛，不过加那利群岛落入了西班牙人的囊中。

实行种族奴隶制的甘蔗种植园

这些葡萄牙岛屿上发展出了一种制度，促进了西半球以种族奴隶制为基础的种植园的诞生。为了巩固对大西洋岛屿的所有权，葡萄牙必须对这些岛屿进行殖民——这是葡萄牙人在不断试错中建立起的一项前所未有的工程。其他殖民国家后来也纷纷效仿葡萄牙对大西洋上的岛屿进行殖民。在意大利人的援助、投资和建议下，伊比利亚人紧紧追随地中海模式。与像意大利人那样对长期有人居住，附近拥有食物和补给来源，还有劳动力和贸易路线的地区进行殖民相比，对无人居住的偏远岛屿进行殖民更具挑战性。国王若昂一世在马德拉群岛上推行封建模式——这是伊比利亚人在瘟疫肆虐和驱逐摩尔人之后开创的，用于在人烟稀少的土地上重新安置人口的模式。若昂一世将马德拉岛和圣港岛上划分为三块世袭的都督辖区：将马德拉岛划为两块都督辖区，由两个葡萄牙人担任都督；将圣港岛设置为一块都督辖区，由意大利人担任都督（这位都督也是哥伦布未来的岳父）。条件是他们需要让岛上住满殖民者。土地按照社会等级进行分配，大型庄园会和定居的佃户签订合同。

第一批定居者在1420年至1425年抵达马德拉群岛。大量木材和水资源以及肥沃的土壤为殖民者提供了机会，让他们拥有了比在国内更好的处境。当时的葡萄牙缺少木材和谷物，而马德拉群岛上未经开发的肥沃的火山土培育了大量林木和谷物，这些林木和谷物出口到葡萄牙后带来了丰厚的利润。但是，由于岛上的农畜并不多，没有足够的粪肥来滋养土壤，收成随之下降。

马德拉群岛的小农和佃户需要一种替代商品。热那亚的商人带来了甘蔗。1450年前后，糖的利润非常高，马德拉人在岛上大部分肥力极好的土壤里种了甘蔗，于是由马德拉群岛运往欧洲的糖比其他任何地方的都要多。看到岛上的劳工供不应求，热那亚人又嗅到了一丝商机。包括他们在内的商人带来了各种奴隶，包括关切人、摩洛哥人、柏柏尔人和非洲黑人。岛上的甘蔗种植园规模较小，比起后来的美洲大型种植园，更接近塞浦路斯和西西里岛的甘蔗种植园。岛上的森林遭到了大肆砍伐，变成了田地和熬煮甘蔗糖浆的工厂。奴隶基于伊比利亚半岛上摩尔人的灌溉系统建造的大型灌溉沟渠系统为田地和工厂带来了水。到了16世纪早期，由于缺少牧场来饲养牧群，马德拉群岛再次出现了土壤贫瘠的问题。薪材很可能变得稀少，糖的产量大幅下降。马德拉人用葡萄园取代了甘蔗田，虽然土壤肥力无法恢复，但酿造的加烈葡萄酒在今天依然闻名遐迩。奴隶主解放了奴隶，或将奴隶卖往别的国家。到了1600年，马德拉岛看起来和葡萄牙的其他省份没什么两样。

马德拉群岛的经济主要由外国人控制。在糖业发展的鼎盛时期，热那亚和佛罗伦萨的商人、银行家直接或间接控制了78%的糖业贸易。热那亚商人把糖运到地中海市场，而葡萄牙商人、佛兰德斯商人和法国商人把糖运到安特卫普，再销往北欧。热那亚人在马德拉群岛上定居，与当地妇女结婚，并获得了最广袤的庄园。哥伦布就是其中一员。他最早在1478年作为琴图廖内家族的代理人来到马德拉群岛，将糖出口到热那亚。他娶了圣港岛都督的女儿为妻，这使他与皇室有了重要的关系，并使他成为马德拉殖民地上实力最雄厚的地主之一。

马德拉群岛制糖业的盈利能力远远超过了地中海制糖业的盈利能力。资金短缺的葡萄牙政府注意到了这一点，并鼓励在葡萄牙的其他岛上种植甘蔗。不过，亚速尔群岛太靠北，佛得角群岛又太干燥。与此同时，西班牙也希望通过发展制糖业来增加收入。15世纪90年代，热那亚人和马德拉人在西班牙的加那利群岛种植甘蔗，并将奴隶运到那里——热那亚人几乎再次垄断了制糖业和糖业贸易。16世纪20年代，为了在金矿枯竭后培育制糖业，伊斯帕尼奥拉岛的政府派人到加那利群岛聘请工厂建造专家，并寻求热那亚的投资。

1480年前后，葡萄牙人在如今赤道附近的非洲加蓬的沿海发现了另一座岛屿——圣多美岛。这座岛让一切都发生了变化。葡萄牙国王意识到了圣多美岛的重要战略价值——岛屿位于船只从埃尔米纳堡乘风返回葡萄牙的航线上，而且靠近非洲主要的奴隶来源地。但是，只有通过殖民才能确保拥有该岛。在早期的报告中，圣多美岛听上去就像马德拉群岛——它是一座巨大的火山岛，无人居住，土壤肥沃，水源充足，森林茂密。通过种植试验，岛上收获了欧洲人此前从未见过的巨型甘蔗。于是，葡萄牙政府计划在圣多美岛上实行都督制，通过种植甘蔗来吸引定居者和投资者。

然而，葡萄牙人很快意识到圣多美岛不是另一个马德拉岛，于是计划通过特殊措施来达到定居的目的。当时，鲜有殖民者愿意在4000英里外的岛上定居。1485年的第一批定居者几乎全部死于热带病，于是定居计划暂告一段落。1493年，葡萄牙国王孤注一掷，派出了一支供应充足的探险队，主要由囚犯以及1492年从卡斯提尔驱逐出境的犹太难民的孩子组成。从疾病中幸存下来的人获得了免疫力，但由于缺钱建工厂，甘蔗只能成为次要的副作物。1515年，由于从非洲沿岸获得了大量黄金，葡萄牙国王投资兴建了几座工厂。更多的资本和贸易来自犹太殖民者，他们与皈依基督教的葡萄牙犹太人，即所谓的新基督徒有联系。几个世纪以来，犹太人一直在基督徒和穆斯林的贸易夹缝中发展壮大，并在地中海周围建立了犹太人社区。新基督徒享受着与欧洲各大贸易中心的商业联系。

不久，圣多美岛的甘蔗产业发展得和后来美洲殖民地的甘蔗产业颇为相似。来自附近大陆的奴隶在巨大的甘蔗种植园里劳作，富有的种植园主不住在种植园里，而是住在里斯本。岛上有一个独特的现象——部分投资者和个别富裕的种植园主是刚果黑人。刚果也有类似的奴隶农业系统，但种植的是粮食作物，而不是用于出口的糖。西非沿岸地区缺少适合种植甘蔗的土壤，不然非洲人自己可能就会发展制糖业。种植园主和投资者建立起了从甘蔗田到工厂的大规模工业性业务，由职业经理人打理，由成百上千个奴隶生产销往国际市场的商品。甘蔗种植园第一次在农业和工业生产阶段都依赖奴隶劳动，而且第一次所有的奴隶都是非洲黑人。欧洲人残暴地控制着在人数上远多于他们的奴隶，奴隶唯一的解脱方式就是逃到岛屿内陆森林密布的山上。不过，这些为数不多的欧洲人经常面临极具破坏性的叛乱，以至于圣多美岛上的糖业热潮在16世纪末迎来了尾声。此后，圣多美岛的主要业务变成了奴隶贸易。

圣多美岛向欧洲人展示了殖民的方式。正如芭芭拉·索洛表明的那样，欧洲列强发现将殖民者吸引到美洲非常困难，几乎没有人愿意种植商品作物，为遥远的祖国带来财富。依靠自由劳动力的殖民地都没能获得多少利润，大多数还彻底失败了。殖民者对殖民地的群众实行奴隶制，并通过他们创收。因此，非洲人在美洲的数量一直都比欧洲人多，这一现象到19世纪40年代才发生改变。

伊斯帕尼奥拉岛的制糖业也经历了由盛及衰的过程，但情况大不相同。哥伦布将糖带到了岛上，但由于缺少资本和专业技能，未能建造工厂。殖民者们无论如何都对此不感兴趣。和埃尔南·科尔特斯解释的1504年他来到岛上的原因一样："我来这里是为了掘金，而不是像农民一样耕地。"岛上的金矿枯竭后，政府开辟了甘蔗产业，大量的热那亚人参与其中。科尔特斯征服阿兹特克帝国后，殖民者纷纷涌入墨西哥。伊斯帕尼奥拉岛上的泰诺人死于虐待和来自欧洲的疾病。为了给甘蔗种植者提供劳动力，奴隶贩子突袭了小安的列斯群岛和巴哈马群岛。墨西哥和巴拿马的新甘蔗种植园同样需要劳动力。1527年至1548年，奴隶贩子至少俘获了100万尼加拉瓜居民，让他们扛着锄头在甘蔗田里劳作，或在工厂里干活。不过，死亡让各地的土著人口不断减少。1520年已经开始要从非洲运来奴隶。1535年后，葡萄牙商人和安达卢西亚的热那亚商人定期从圣多美岛开船，将奴隶运往加勒比地区。

然而，西班牙政府在征服墨西哥和秘鲁后，就不太重视糖了。伊斯帕尼奥拉岛成了一潭死水。几个世纪后，大陆的银矿日渐枯竭，岛上的制糖业才重新繁荣起来。

巴西

哥伦布的西班牙之旅为该国与葡萄牙的矛盾埋下了隐患。为了保护各自的利益，也为了维护和平，两国在1494年签署了《托尔德西里亚斯条约》，沿着葡萄牙的佛得角群岛和西班牙的安的列斯群岛之间的经线将两个帝国分开。1500年，一支葡萄牙舰队先是顺着东北信风航行，然后向东驶向印度，途中来到了葡萄牙一侧边界线上的巴西。除了一些热带产品，特别是制造珍贵红色染料的巴西红木，巴西只有新石器时代的居民，没有黄金、白银，也没有葡萄牙感兴趣的可交易的商品，于是葡萄牙暂时忽视了对巴西的所有权的掌控。然后，1555 年，胡格诺派①在今天的里约热内卢开辟了一片殖民地，葡萄牙大受震撼，于是开始在巴西殖民。葡萄牙再次将土地划分为几块都督辖区，这些辖区比此前岛上的都督辖区要大得多，但大部分衰落了，最后由葡萄牙政府接管。

巴西是最早的美洲种植园殖民地。在寻找黄金和白银的探险队铩羽而归后，伯南布哥以及后来的巴伊亚的殖民者，包括为躲避异端审判而逃往巴西的新基督徒，发展了利润极为丰厚的制糖业，不仅吸引了更多人前来定居，剩余的利润还为葡萄牙政府的殖民带来了经济效益。政府划拨的土地变成了围绕工厂建立的大型种植园，在温暖湿润的气候条件下，在土壤异常肥沃的河边低地，产出了高品质的糖。较小的种植园主和佃户也种植甘蔗，而附近较大的种植园主的工厂将甘蔗加工成食糖。17 世纪早期，制糖厂采用了一种更为高效的技术，工人们只需在三根垂直的轧辊间来回传递整根甘蔗，无须在榨汁前将甘蔗切成小段。更高效的榨汁方法要求在甘蔗汁变质前进行更高效的加工。于是，一组加热效果更好的小锅取代了单一的大锅。熬稠之后，工人们用大勺从一口口锅中舀出甘蔗汁。到了 17 世纪，巴西糖的产值已经超过了葡萄牙的香料贸易额。

种植园的奴隶制生产力很强，残酷得令人发指，而且在生态上是不可持续的。随着不断扩大，制糖业对劳动力的需求也随之增加。就商品作物的生产而言，奴隶制被证明比自由劳动具有更高的效率，能够带来更高的利润。种植园主可以组织和管教劳工，让更多的人工作更长的

---

① 基督教新教加尔文宗在法国的称谓。

时间，生产更多的糖（或者后来的烟草、可可、咖啡、棉花、大米和木蓝）。人类此前从未有过如此高效的体系，这几乎是从土壤中收获钱财。

这样丰厚的利润是靠巨大的人力成本换来的。在"旗士"（bandeirantes，也就是奴隶贩子）和疾病的影响深入内陆，几乎消灭了沿海地区的原住民之前，印第安奴隶为巴西提供了劳动力。到了16世纪70年代，印第安奴隶也开始反抗葡萄牙政府和教会。地主们开始购买从马德拉群岛和圣多美岛搭乘拥挤不堪、条件极差的船只，漂洋过海而来的非洲俘虏。一开始，奴隶增长得比较缓慢，后面则每年都会运来成千上万个奴隶。在极为艰苦的条件下，在所有活着横渡大洋的非洲人当中，几乎有一半下了船，来到巴西当奴隶。由于欧洲的地主和监工的人数比奴隶要少得多，他们便依靠暴力和恐怖手段来控制这些失去自由的劳工。奴隶种植园的条件异常艰苦、严酷，以至于大多数欧洲种植园里的出生率要低于死亡率。

制糖还需要付出高昂的生态代价。首当其冲的是潮湿富饶、生态资源丰富的大西洋森林。大西洋森林最初沿着巴西海岸绵延2000多英里，一直延伸至雨水能及的内陆地区。几千年来，由于人们发展烧垦（或者说刀耕火种式的）农业，森林的复杂性和生物量都大大降低，在葡萄牙人发现巴西的1000年前，好斗、食人的图皮人来到这片土地后尤其如此（根据大多数史料记载）。葡萄牙人带来了大量的外来动植物。来自葡萄牙的有牛、柑橘、稻子，以及用于基督教仪式的小麦和葡萄。来自非洲的有山药、香蕉、生姜、秋葵等热带作物。图皮人非常喜欢其中的部分作物，以至于香蕉和甘蔗传到了内陆从未接触过欧洲人的族群中。

威廉·克拉克，《在甘蔗田里凿洞》，"安提瓜岛十景"，1823 年。正如这张石版画所示，种植甘蔗是一门利润丰厚的生意，需要大量受到严加管理的劳工。前景中的人群和远处山坡上风车磨坊附近的人群正在一起劳作。前景中的工人用链条将木桩对齐，以便整齐地凿出方形的洞。左边圈养动物的粪便被填入洞里，然后在上面种上甘蔗。用于榨甘蔗的风车磨坊展现了荷兰技术的影响。（由约翰·卡特·布朗图书馆提供。）

殖民者和奴隶劳工都不太在意对环境造成的破坏。热带森林给人以一种丰饶肥沃的假象，但事实上农业很快耗尽了相关的资源。河漫滩平原和沿河的土壤比迅速耗竭的高地上的土壤要肥沃很多。葡萄牙人使用美洲和非洲土著的方法焚烧空地，在肥沃的灰烬中种植，然后在土壤耗竭时迁往别处继续烧垦。当时的皇家政策鼓励焚烧森林——所有的树木都属于皇室，所以地主只能烧掉它们，却不能为了获利而收获果实。食糖产量的不断增长意味着制糖厂需要大量燃料，而森林却越来越无法满足这一需求——更不用说将成千上万箱食糖运往国外也需要很多木材。不过，巴西的森林一望无垠，物种繁多，因此坚持了好几个世纪。与此同时，殖民者也只是对林木予求予取。

波托西、萨卡特卡斯和米纳斯吉拉斯的矿藏

贵金属将会超过糖,成为美洲殖民地利润最高的出口品。黄金和白银此前为意大利的贸易提供了资金,此时也为伊比利亚半岛的帝国提供了资金,但这次的规模更大。南北美洲的黄金和白银加速了欧洲人在这两个大洲的殖民,支撑了欧洲与东方的贸易,以大量货币加速了全球经济发展,并将欧洲推向了工业资本主义。然而,里斯本和塞维利亚不像威尼斯和热那亚那样拥有利润丰厚的本地产业和金融机构。葡萄牙和西班牙的财富几乎全部来自贸易或资源开采,即开挖土壤、开采矿物或砍伐森林。伊比利亚半岛随着帝国的式微而不断衰落。安特卫普、阿姆斯特丹和伦敦逐渐成了新的金融和制造业中心。在这些地方,而非伊比利亚半岛,发生了工业革命带来的巨大经济变革。如今,拉丁美洲的黄金和白银几乎都已被开采殆尽,当地的环境破坏给后世数代人带来了较深的影响。

哥伦布一直希望能建造一个美洲的埃尔米纳堡,但在1506年去世时都未能如愿。然后,1545年,西班牙人在波托西的荒凉高原上偶然发现了一座银山,也就是今天的波哥大。两年后,也就是1547年,他们在墨西哥萨卡特卡斯贫瘠的高原上发现了一座像"肚脐"一样高耸的银山。这两座银山产出的白银很快就远远超过了世界上其他所有银矿产量的总和。大约2000年后,葡萄牙终于找到了梦寐以求的"埃尔米纳堡"——巴西富饶的黄金矿床。1550年至1800年,美洲出产了世界上80%的白银和70%的黄金。

波托西的白银如潮水般涌入西班牙。1570年前后,由于高品质的白银被开采殆尽,西班牙人引入了汞齐法,从碎裂的粉末状岩石中分离出银。万卡韦利卡(位于今天的秘鲁)有一个露天矿,为汞齐法炼银提供了必需的汞。在波托西和万卡韦利卡,从当地人口中征来的劳力和领

薪水的自由工人一同挖矿，而非洲奴隶具有更高的价值，因此他们不会被安排去挖矿。

人类的生命和自然世界都作为祭品被献上了白银祭坛。汞蒸气污染了波托西和万卡韦利卡的空气，这两个地方的健康问题和高死亡率都很突出，印第安人慢慢地远走他乡，以免充当挖矿的劳力。这些地方的土壤也吸收了很多汞，以至于今天的居民仍然因为环境和大气中弥漫的汞而受到神经、发育等各类健康问题的困扰。到了16世纪90年代，万卡韦利卡的露天矿已经无法开采。矿工们沿着含汞的朱砂矿脉挖出了不通风的、错综复杂的通道，既不便于采矿，又不利于健康。这一情况在17世纪早期阿尔马登的专家挖出通风井之后才得以改善。最终，汞资源短缺，人们只能将从伊德里亚的一个新矿中的汞运到威尼斯，然后再进口到国内。17世纪30年代，在引入一种改良的从矿石中提取汞的方法后，万卡韦利卡的汞产量增加了，矿工的健康状况也得到了改善。波托西和万卡韦利卡附近数英里内的树木等可燃植物渐渐都消失了，被纷纷送进了窑炉、冶炼厂和精炼厂，徒留下光秃秃的、沟壑遍布的红色山脉。

位于墨西哥萨卡特卡斯的巨大矿脉在一片干旱、无人居住的平原上高高耸起。由于没有当地劳力可用，西班牙人奴役了印第安人（被奴役的通常是属于游牧民族的奇奇梅克人或其他在"正义战争"中被掳的人）。非洲人会在适当的时候取代印第安奴隶，与从南方来找工作的、领工资的印第安自由劳工一起工作。在萨卡特卡斯，汞齐法被大规模使用，上方巨大的金属钟罩可以使大部分挥发的汞蒸气免于外逸，这些汞在凝结后从金属钟罩的两侧滴下，以供再次利用。由于没有自由流动的河流来提供水力，工人们不得不使用骡子或非洲奴隶的肌肉来为泵和提炼过程供能。矿工们费力地背着矿石和废石穿过长长的通道，最终将矿石和废石运到地面上。

采矿对环境的影响深远持久。每年，数百吨汞散入空气和土壤中，或被河水冲到下游，污染了供应的水源以及河岸地带。各大公司自20世纪20年代以来开采的汞、金和银，今天仍有很大一部分留在土里，且更多的汞在开采过程中被释放到了空气中。工人们在当地稀疏的山坡和峡谷中采伐木材，用于冶炼厂和汞齐厂的生产、烹饪和建筑的建造。不过，岩石质地紧密，几乎不需要支撑，倒是无须坑木。汞齐法所需的盐由征集的劳动力从东部的盐田收获而来。汞通过船只和骡车队从西班牙阿尔马登的汞矿里运送而来，但是数量总是不够，因此矿工还需要从万卡韦利卡进口一些。

数不胜数的白银通过贸易从两大矿区流往世界各地，重塑了全球经济，为现代全球资本主义奠定了基础。西班牙铸造了大量比索，比索在19世纪以前一直都是国际贸易的标准单位。西班牙挥金如土，金银财宝的消耗速度几乎快赶上船队运送的速度。比索穿越欧洲，横跨地中海，进入奥斯曼帝国、波斯和印度，最后通常会在中国熔化成银条。正如古希腊的德拉克马或中世纪威尼斯的达克特，铸币加快了远方诸国的贸易。比索促进了食糖、细瓷等商品的生产，增加了当地的财富和资本。

然而，从长期来看，西班牙并未从中受益。西班牙对白银的需求超过了其他任何商品，因此忽略了其他产业。西班牙在很大的程度上实现自给自足，除了金属以及珍贵的红色胭脂虫等产品，几乎不出口商品。啃食墨西哥乡村的羊群所生产的羊毛仅供西班牙国内消费。在西班牙看来，贸易和工业是低贱的，该国的主要产品是用在其他国家的锭子和织布机上的纺织原料——美利奴羊毛。西班牙非常缺少公司和商行、银行和信贷机构，或者履行合同的商业法律体系。

在当时，热那亚控制着西班牙的资本。西班牙的白银流向了热那亚，然后又向外流出，用于购买欧洲和近东各地的产品。热那亚的经济发展使其对船队的依赖逐渐变少，转而更多地依赖其银行金库。但银行业的命运与西班牙的繁荣紧密相连。1557年至1666年，持续不断的战争让西班牙九度遭受破产。热那亚无法承受这样的损失。在几家主要的商行倒闭后，热那亚便没有了贸易帝国可以依靠，于是渐渐淡出了历史舞台。

接着就轮到了葡萄牙。1690年，一群蓄奴的巴西人发现了南美洲最富饶的金矿。这个金矿位于今天的米纳斯吉拉斯州（Minas Gerais，意为"大矿区"）的欧鲁普雷图（Ouro Preto，意为"黑金城"）附近。不久，45万名葡萄牙移民便带着50万名非洲奴隶蜂拥而至。黄金存在于河床和表层土壤下的砾石中。来自黄金矿区的非洲奴隶开始教葡萄牙人淘金。顶着热带的炎炎烈日，站在冷水中淘金很不舒服，但这比在银矿里工作要健康很多。

这片土地再次付出了高昂的环境代价。当矿工们淘完米纳斯吉拉斯州河流中的金子后，他们开始疏浚河流，然后筑坝改道，冲走表层土壤，将较轻的砾石与较重的金子分离开来。和在非洲一样，奴隶们在其他地方挖坑，以便露出含金的砾石。一度森林茂密的土地此时看上去就像月球表面。荒芜贫瘠、坑坑洼洼的土地上堆着砾石，深受侵蚀和洪水的影响。沃伦·迪恩指出，对于低质量的矿石，一般采用汞齐法，但没有人知道用掉了多少矿石，对环境产生了什么影响。此外，大西洋森林中更多的树木在大火中化为灰烬，以便开辟田地，种上粮食，供矿工们食用。随着农业的发展，附近的土壤枯竭，骡车队只能从更远的地方运来食物。

葡萄牙的经济并未比西班牙发达。几个世纪以来，葡萄牙的经济活动一直都以奴役和胁迫为标志，其经济政策的受益者是商人和军事精英，而非普通民众。黄金、糖和香料在运往别处的途中都会经过里斯本。能在当地创造和传播财富的工业和银行业没有发展出来，农业也停滞不前。在20世纪90年代以前，整个国家仍停留在小农经济的发展阶段。

商人建立了意大利帝国，十字军建立了伊比利亚帝国。对土地、机器和奴隶劳动力进行资本投资的种植园资本主义并没有发展成工业资本主义。葡萄牙的糖农从来不会使用复式记账法，也不会像意大利商人那样行事。巴西80%的黄金最终流向了葡萄牙的盟友和主要贸易伙伴——英国。在英国，黄金刺激了贸易、银行业和工业，而葡萄牙的工业发展却急需资本的支持。在北欧，关于利润的故事将发生意想不到的转折。

第三章 煤炭和机器的奇迹

在里斯本以北 1200 英里，热那亚以北 1000 英里的地方是格拉斯哥。1492 年，这座城市位于当时西欧最贫穷的国家苏格兰的寒冷潮湿的西海岸，人口只有 2500 人。虽然热那亚和伊比利亚的探险家及商人会在世界各地航行，但他们很少，甚至从未在这个出口咸鲱鱼的港口停靠。然而 1765 年，正是在格拉斯哥，一位名为詹姆斯·瓦特的年轻仪器制造商发现了如何利用热能为工业提供强劲动力。做到这一点的不是在资本主义中心意大利的佛罗伦萨或威尼斯做实验的伽利略，也不是在贸易和帝国中心塞维利亚或里斯本敲敲打打的赫罗尼莫·德阿扬斯，更不是在阿姆斯特丹或伦敦进行发明的克里斯蒂安·惠更斯。

瓦特是一位稳重、认真的年轻匠人，他几乎是在欧洲文明的极限上进行思考和实验的。他引发了一场能源革命，改变了地球的命运。2000 年，荷兰的诺贝尔化学奖得主保罗·克鲁岑和密歇根大学的尤金·斯托默首次提出，我们生活在"人类世"，这一时代可以精确地追溯到 1784 年，也就是瓦特改良蒸汽机的时间。1784 年后，燃烧的煤炭推动工业革命不断发展，至今仍是世界经济发展的主要动力。然而，这也向全球的环境中释放了大约 8000 亿吨二氧化碳。克鲁岑和斯托默认为，这些二氧化碳足以使全球气候变暖。

乍看之下，像格拉斯哥这样的城市竟然孕育了重大发现，令资本主义向工业时代和全球环境危机发展，这是多么不可思议呀！在格拉斯哥的安多尼长城尽头，克莱德河中闪现了微弱的罗马文明之光。当资本主义从古希腊和古罗马时期萌芽，发展至中世纪亚平宁半岛上各个共和国崛起，再到伟大的伊比利亚帝国称霸全球，格拉斯哥一直处于世界经济的边缘地带。除了鲱鱼贸易，格拉斯哥引以为傲的只有一位主教，最多在1451年之后再加一所大学。

种植园资本主义、帝国主义、贸易、采矿业、制造业和早期工业资本主义的发展，世界历史上一股新的知识和道德力量，以及反抗传统的新教，使格拉斯哥成为瓦特获得成功、财富和名声的跳板。在这个焕然一新、繁荣发展的格拉斯哥，瓦特结识了伟大的自由资本主义理论家亚当·斯密，以及发现二氧化碳、提出潜热概念的科学家约瑟夫·布莱克。很难想象还有谁会比这三个人更适合迎接人类活动引发的全球变暖的到来。

格拉斯哥位于曼彻斯特和伯明翰以北，这两座城市盛行新教，孕育了许多机械的创新与发明，带领工业资本主义走向了世界。在远离英格兰的权力、金融和文化中心伦敦的西部边缘地区，经济变革的狂风呼啸而来，煤烟遮天蔽日，让全世界的天空都变得暗淡。

意大利-伊比利亚中心的迁移——荷兰资本主义

如果不是荷兰和英格兰为苏格兰的工业化铺平了道路，就不会有苏格兰人改良蒸汽机。荷兰人使全球经济的主要领航者从伊比利亚和意大利转变为阿姆斯特丹。他们在荷兰建立了第一个依赖风能和化石燃料的工业部门，并在美洲推广了商品农业和种植园奴隶制。在荷兰人提供必要的援助之后，英格兰人也紧随其后成功开辟了殖民地。18世纪，当大英帝国的大门向积贫积弱的苏格兰敞开时，格拉斯哥终于与美洲种植园建立了贸易，这使得格拉斯哥人能够资助瓦特的实验。

在哥伦布横渡大西洋的时候，荷兰、英格兰和苏格兰的发展程度相当。阿姆斯特丹大约只住着8000人，伦敦大约住着5万人。荷兰的资本主义和帝国首先发展起来。在这片土地上，大自然给予了充满挑战的祝福和诅咒。在中世纪早期，为了逃避封建制度，人们开始渐渐前往凉爽潮湿、和风吹拂、平坦而布满沼泽的三角洲，那里静静流淌着莱茵河、默兹河、艾塞尔河和斯海尔德河，河流蜿蜒而行，注入北海。冰河时代的冰川、河流、风和海洋造就了土壤情况各异和广阔的泥炭地，导致洪水频发，还容易引发风暴潮。在荷兰的大部分地区，封建领主的影响力十分微弱，因为他们赖以生存的粮食无法在凉爽潮湿的气候中茁壮成长。不过，这些河流便利了海洋与内陆之间的交通。长长的海岸线不仅促进了北海的鲱鱼渔业——这一产业的利润颇丰——的发展，还提供了通往波罗的海、北极和大西洋的海上航线。

将水当作分隔的障碍有助于自治。农民们会挖掘沟渠来排光地里的水。但是随着泥炭渐渐干涸，沼泽和湖泊又重新形成，于是农民们又修建了低矮的堤坝，将水阻挡在外。莱茵河和默兹河流域的森林砍伐加剧了洪水。淤泥堆积在河道中，抬高水位，城镇居民不得不定期加高堤坝。1000年，为了预防洪涝和涨潮，村民们联合起来，修建并维护堤坝、水闸和运河。区域性水务委员会则负责协调各方工作，并掌管经费支出。运河也拓展了交通运输网。此时，北方出现了农民共和国，而统治中部和西部的伯爵和主教鼓励相对自治的村民开垦土地，换取军功。为了防止咸水入侵而修建的水坝为海运和内陆贸易商提供了方便的面谈场所。水坝旁的城镇如雨后春笋般涌现出来，尤其是阿姆斯特尔河畔的阿姆斯特丹和鹿特河畔的鹿特丹。到了16世纪，自然的地理景观几乎荡然无存，荷兰几乎没有留下任何可以被称为"自然"的地方。

对自然的控制促进了资本主义市场经济的兴起，并引发了一场农业革命。只有当农民为市场生产高价值产品时，他们开辟并维护农田的努力和费用才能得到回报。从易北河东岸进口的粮食让城市中心附近的人能够专门种植高价值的园艺作物和工业原料作物，并让远离城市中心的人可以专门生产黄油和奶酪。各种各样的土壤和便捷的交通促进了农业专业化。农民们尝试用轮作等新方法来提升作物产量。他们从奶牛场购买粪肥，从城市购买人的粪尿，从啤酒厂等工厂购买废料，然后大量施肥。这些集约的农耕实践养活了密集的人口。

在防止洪水淹没下陷农田的持久战中，荷兰人发展了先进的工程技术。1408年，加工粮食的风车经过改造，被用于抽水。一个世纪以后，荷兰有100多座风车在各地的田野上排水。这些风车造价高昂、结构复杂，需要大量资金和专业人才。城里的商人投资风车，以排干湖泊和圩田，开辟土地。他们将风车出租或出售给农民，从而创造了农田市场，进一步促进了由利润驱动的资金密集型农业发展。风力排水系统带来了更大的投资，促进了农业的发展，而在先进的轮作和重肥技术下，荷兰的农田成了全欧洲产量最高的田地。

随处可见的大海则吸引荷兰人从事渔业和贸易活动。荷兰的捕捞船队控制着北海富饶的鲱鱼产业。莱茵河南岸人口密集区的佛兰德斯人从英国进口羊毛原料，经由包出制将其制成精美的纺织品，最后在法国"香槟地区"的集市上贩卖给意大利商人。1277年，第一艘热那亚划桨帆船抵达布鲁日，意味着荷兰与意大利海上贸易的成本变得更低。布鲁日逐渐繁荣起来，如果城里的港口没有在1500年左右淤塞的话，这座城市可能会成为北方的威尼斯。接着，安特卫普取代布鲁日成为北欧的金融和贸易中心。满载食糖和香料的葡萄牙卡瑞克帆船和装满白银的西班牙盖伦船在安特卫普，而不是在伊比利亚半岛卸货。到了15世纪，荷兰热闹非凡，经济活动异常繁忙，成了欧洲大陆上城市化水平最高的地区之一。

到了 17 世纪，荷兰国旗在 1.6 万多艘船上迎风飘扬，这样的船只量比其他欧洲国家的船只加起来还要多。世界上近一半的贸易都通过荷兰的港口展开，阿姆斯特丹港里密密麻麻漂浮着欧洲各国数千艘船只的桅杆。荷兰人创新了融资和公司组织的重要形式和工具，尤其是股份制公司和有限责任公司。高工资推动了能够提高附加值的工业的发展，荷兰的产品也以做工精细和品质优良闻名于世。17 世纪，荷兰的技术创新达到了巅峰，超越了所有其他国家。高收入吸引了贫困的德国人和瓦隆人，他们开挖运河、疏浚河道、挖掘泥炭。荷兰没有强行推行加尔文宗，强有力的中央集权的缺失促进了宗教自由。这种绝无仅有的宽松包容的宗教政策吸引了大量富有才华和技艺娴熟的移民。从伊比利亚帝国移民过来的犹太商人带来了资本和人脉。1685 年，《南特敕令》废除，成千上万的法国胡格诺派带着资本和工业技术来这里避难。

国外贸易为国内工业提供了支持，其中包括许多使用化石燃料的能源密集型工业。商品和白银相继从伊比利亚帝国、大英帝国和法兰西帝国而来，为国内工业的投资提供了资金。充足而廉价的能源促进了制造业的发展。其他国家的燃料依赖木材，其陆路运输成本高昂，而且是可被用尽的，而荷兰的工业和居民使用的热能则来自当地的泥炭，或者来自从沿着默兹河运送而来以及从纽卡斯尔穿越北海运送而来的煤炭。这是历史上第一次，一个国家的发展主要依赖化石燃料（或者说，本质上属于化石，因为泥炭只有经过很长一段时间才能完成更新）。化石燃料支撑着各种利润丰厚的能源密集型产业——炼糖厂、啤酒厂、砖瓦厂、陶瓷厂（代尔夫特陶瓷非常有名）、鲸油、玻璃、蒸馏和盐业。

免费的风能对廉价的化石燃料形成了补充。水力发电只有在拥有足够的流水并且水位下降的情况下才可行（这在地势平坦的国家是非常罕见的），但风车可以在需求最大的地方被修建起来。工业风车可以加工烟草，并为蒸蒸日上的印刷业制造纸张。造船业蓬勃发展，挪威、波罗的海和德国的原木在数百座风力工厂中被锯成木材。荷兰的造船成本仅是英国的 1/3。由于廉价的能源可被用于大多数用途，荷兰人对于利用蒸汽提供更多动力的需求并不迫切。

荷兰资本主义对环境产生了巨大影响，这不仅仅是防洪排涝的大型水利工程对环境造成影响这么简单。阿姆斯特丹众多的炼糖厂以及其他城市中的工厂排放出大量散发着恶臭的煤烟，以至于当局多次提到"居民心中强烈的悲伤、苦恼和不适令人难以忍受"，并限制或禁止了煤炭的燃烧。然而，炼糖厂会向城市的领导人施压，一段时间后领导人还是妥协了。

工业对环境的影响远不只体现在低地国家中。荷兰探险家在寻找通往远东的西北航道和东北航道时，不仅发现了冰，还发现了巨大的鲸群。荷兰和英国的捕鲸者很快捕杀了成千上万只庞大而温顺的弓头鲸，以获取它们的油——用作灯油、肥皂、蜡烛和润滑剂。荷兰的商船和军舰所需的大量木材，以及沥青等海军物资，从俄罗斯、波兰和斯堪的纳维亚半岛的森林运送而来。河流两岸 20 英里以内的树木被砍伐一空，人们用雪橇拖着树木在雪地和冻土上滑行，然后顺流而下，将之运到荷兰海岸的风力锯木厂。

荷兰黄金时代的鼎盛期与小冰期最严寒的时间相吻合。在与英国的战争中，风型对荷兰舰队更有利。强劲的风使荷兰船只加快驶向香料群岛，尽管在这种情况下风浪更大，船员面临的风险也更大。在小冰期的影响下，世界各地经历了饥荒和动荡，有时还会出现政府垮台和侵略。由于交通便利且依赖进口食品、木材和化石燃料，荷兰逐渐变得繁荣昌盛，而储粮又让其从其他国家的不幸中获利。

政治和宗教环境引发了荷兰资本主义、贸易和帝国的爆炸性扩张，瓦解了伊比利亚的全球体系，并为其他国家的发展开辟了道路。通过战略联姻，哈布斯堡家族在1482年拿下了低地国家，在1516年又拿下了西班牙和奥地利。在中央集权政策和沉重的赋税下，思想独立的国民开始背井离乡。接着出现了宗教改革，加尔文宗大行其道，这就如同在一堆等待已久的柴火里扔下了一根燃烧的火柴。从安特卫普到格罗宁根，大量暴乱者纷纷涌入教堂摧毁圣像。对此，费利佩二世派遣了一支军队来维护秩序和天主教正统，但事与愿违，这在1566年引发了一场大规模的叛乱。1576年，费利佩二世发现自己因镇压荷兰的叛乱、对土耳其及法国作战、对英的紧张关系、法国宗教战争中对天主教徒的津贴，以及庞大的西班牙帝国的需求，而承担了过重的财政负担。当他宣布破产时，没有收到报酬的雇佣兵洗劫了安特卫普。商人、银行家、新教徒纷纷逃往阿姆斯特丹。在接下来的几十年里，战争使大约85万人从佛兰德斯迁往荷兰共和国。随之发生转移的还有佛兰德斯的工商业，以及安特卫普在贸易和金融领域的领先地位。荷兰独立战争断断续续打了80年，以西班牙承认荷兰独立而告终。

当葡萄牙帝国站在权力和荣耀的巅峰时，灾难悄然降临，荷兰人获得了建立自己帝国的良机。1578年，没有子嗣的葡萄牙国王塞巴斯蒂昂一世率领军队在摩洛哥发动了惨绝人寰的阿尔卡塞尔·吉比尔战役，并与该国的大部分贵族一起壮烈牺牲。经过一番斗争，费利佩二世同时继承了西班牙和葡萄牙的王位。这时，荷兰也将葡萄牙视为仇敌，发起了猛烈进攻。反观葡萄牙，他们缺少人口、船只、财富和军事实力来管理、保卫从巴西到马古鲁群岛的领土。

和热那亚人一样，荷兰人也将其海外的帝国企业和商业机构私有化。1602年，他们创建了荷兰东印度公司（Vereenigde Oostindische Compagnie，或称VOC）。这家公司垄断了香料贸易，且拥有着建立和管理殖民地及发动战争的权力。1621年，荷兰西印度公司（Westindische

Companie，或称 WIC）成立，相当于西非的荷兰东印度公司。荷兰东印度公司占领了葡萄牙在南亚和东南亚的大部分贸易据点；而到了 1641 年，荷兰西印度公司征服了巴西东北部大部分产糖的海岸地带。为了确保甘蔗种植园的奴隶供应，荷兰西印度公司占领了埃尔米纳堡、圣多美岛和黄金海岸（加纳），并掌控了大西洋的奴隶贸易。

随后，荷兰出现了最早的重大逆转。1650 年，葡萄牙开始反抗西班牙的统治并重新恢复独立。1648 年，葡萄牙人将荷兰人驱逐出圣多美岛，但没有夺回大西洋的奴隶贸易和失去的亚洲殖民地。1654 年，葡萄牙人重新占领了巴西，10 年后，英国占领了新尼德兰，导致荷兰西印度公司仅对加勒比地区的少数领地拥有控制权。在剩下的一个世纪里，荷兰西印度公司主要通过奴隶贸易获利。

在英国、法国和其他国家关闭了通往荷兰帝国的大门后，荷兰的经济停滞不前。荷兰的统治者和商人被限制在国内市场和德国内陆市场。这些市场规模很小，根本无法消化荷兰的工业产品，于是他们变得谨慎、保守。随着荷兰国内机会逐渐减少，荷兰人技术专长也相应流失——其他国家雇用荷兰的工匠和工人，他们的技能促进了外国经济的发展。阿姆斯特丹和之前的热那亚一样，成了欧洲的金融和银行中心。在经历了 1780 年对英的鏖战，以及拿破仑时期的几次战争后，荷兰陷入了混乱。之后，工业革命在英国、法国、德国、瑞士和美国推进，其中并没有荷兰的身影。

英国紧跟荷兰的脚步

大英帝国比以往任何一个帝国都更成功、更完整、更繁荣，其工业发展水平也远高于荷兰。英国效仿意大利和荷兰的殖民模式和帝国模式，在世界各地的沿海地区建立定居点，以便出口贵金属或自然资源，同时，在国内则发展出口导向型工业。英国还将帝国和贸易私有化。1600年，英国人在东方建立了具有垄断地位的东印度公司，英国东印度公司比荷兰东印度公司还要早两年成立，但资本额只有荷兰东印度公司的1/10。英国人把他们在美洲的殖民地分给了许多股份公司、私营业主，甚至殖民者自己，其中的大部分还被转化为皇家殖民地。

1607年，弗吉尼亚公司在弗吉尼亚的詹姆斯敦成功建立了第一块英国殖民地，不过距离失败只有一步之遥。最早的一批殖民者差点被饿死，而疾病又让大部分殖民者年纪轻轻就入了土。1622年，愤怒的波瓦坦人在一场血腥的战争中几乎将他们消灭殆尽。令投资者绝望的是，波瓦坦人没有任何有价值的东西可以交易，弗吉尼亚的植物或树木没什么价值，山上没有黄金，气候不利于橄榄、葡萄或蚕的生长，而这些在同一纬度的欧洲生长得很好。通过利用强制劳力，弗吉尼亚人发展出了商品农业。1612年，殖民者约翰·罗尔夫培育出了一种适合销售的杂交烟草。很快，每个殖民者都开始种植这种有利可图的植物，并希望获得更多的土地和劳动力用于种植。殖民者从人数和武器都处于劣势的土著手中获得或夺取土地。在劳动力方面，殖民者引进了英国的契约仆人。这些仆人必须为殖民者服务4到7年，而殖民者会买卖这些仆人，虐待他们，让他们超负荷工作。契约结束时，从虐待中幸存下来的人会建立自己的烟草农场。这种契约制度能产生很高的效益，非常适合殖民，因此英国试图把每一块新殖民地都打造成另一个弗吉尼亚。1634年，殖民者在附近开辟了殖民地马里兰，并且也在这里建立了依靠仆人种植的烟草种植园。此外，巴巴多斯等小安的列斯群岛上的殖民地也遵循弗吉尼亚模式来运作。

荷兰人在英国早期殖民的成功中发挥了至关重要的作用。在1620年建立普利茅斯殖民地前的十几年里，分离派在荷兰莱顿躲避迫害。参加过荷兰独立战争的英国老兵在清教徒统治的新英格兰地区组织了防御力量。荷兰人运输、加工、分销了大部分英国烟草。他们带来的非洲奴隶在17世纪中叶以后逐渐取代了契约仆人。警觉于荷兰人在其殖民贸易中的统治地位，英国在17世纪50年代和60年代推行重商主义制度，将荷兰人拒于大英帝国之外。随后发生了一系列战争。1664年，英国人占领了荷兰西印度公司的殖民地新尼德兰，并将其重新命名为纽约。在东方，英国从荷兰东印度公司的手中夺走了锡兰，并拿下了印度的贸易。不过，香料贸易仍归荷兰所有。

讽刺的是，1688年，荷兰对英国的戏剧性胜利为英国增添了永久的经济优势。1685年，信奉天主教的詹姆斯二世加冕为英王，为了防止天主教复辟，光荣革命爆发。随后，奥兰治的威廉三世在1688年进入英格兰，颇受当地新教徒欢迎。詹姆斯二世被迫逃亡后，议会将英格兰王位授予了威廉三世和他的妻子玛丽二世，也就是詹姆斯·弗朗西斯·爱德华·斯图亚特的姐姐。对荷兰来说不幸的是，资本追随着更高的利率，从阿姆斯特丹流向了伦敦。荷兰的投资者修建了道路和运河，改善了英国落后的基础设施。在荷兰移民和胡格诺派移民的推动下，英国的银行业、金融业、保险业实现了现代化。1694年，英格兰银行成立。英国就像一名出色的学生，最终超过了老师荷兰。

荷兰移民带来了新的农业技术、农作物，以及菘蓝等染料植物，推动了英国的农业革命。自从亨利八世没收、拍卖修道院土地，创建资本主义土地市场，英国的农业革命其实已经悄然发生。圈地运动也促进了资本主义农业发展——地主们合并小块耕地，耕种曾经的公用地。这些发展促进了效率的提高以及生产的商业化。荷兰的园艺技术更是推动了伦敦的快速发展。1650年之后，人口暂停增长，这减少了对于农业的需求，而城市的不断发展则推动了对于肉类的需求。农民将耕地开辟为牧场，牛群的粪便提升了土壤的肥力。很多商品不再依靠进口，英国反而还开始将商品出口至欧洲大陆和殖民地。很多农民在家从事生产制造以增加收入。后来，棉纺厂的劳动力就来自这些农民。

北欧的种植园奴隶制——种族主义、暴力和自然资源保护

荷兰人开辟了加勒比地区种植园产业。1600年后，西班牙不再拥有加勒比海的专属权，英国开创殖民帝国的机会悄然而至。和葡萄牙一样，西班牙几乎没有足够的人口和资源来统治、控制庞大的美洲殖民帝国，抵御顽固的敌人。不过，热带疾病和防御工事会将敌人拒于门外。对西班牙而言，在大安的列斯群岛和小安的列斯群岛的大多数岛屿、佛罗里达以北的美洲大陆上定居，以及持有这些土地是不值得的。于是，英国人、法国人、荷兰人，甚至丹麦人占领了这些颇具吸引力的岛屿，而荷兰人、英国人、法国人和瑞典人则在美洲大陆上展开了殖民冒险。

和以往一样，宣示一座岛屿的主权比从中赢利要容易得多。英国人在他们的殖民地上尝试采用弗吉尼亚模式，依靠契约仆人种植烟草，但事实证明，烟草、棉花等产品并不能带来足够的利润。1650年，拥有荷兰血统和人脉的巴巴多斯种植园主詹姆斯·德拉克斯访问了荷属巴西的累西腓，研究了种植甘蔗和制糖的复杂技术，并创建了第一个赢利的巴巴多斯甘蔗种植园。1654年，巴西的葡萄牙人重新占领巴西，荷兰的种植园主和商人被迫逃亡，一同离开的还有担心荷兰宗教宽容政策终结的犹太人。荷兰人和犹太人发挥了热那亚人在伊比利亚帝国中发挥的作用，他们向各国在加勒比地区的殖民地提供资本、技术、甘蔗、奴隶，希望能通过阿姆斯特丹闲置的制糖厂取代此前巴西在食糖生产方面的地位。不久，法国和英国的重商主义政策让荷兰人只能从事非法贸易和附带贸易，于是荷兰人便在自己的殖民地苏里南以及十几个岛屿上建立了甘蔗、可可和烟草种植园。

加勒比地区生产了大量的食糖，产生了巨额的利润，同时也导致了

众多非洲人的死亡。制糖业是推动欧美非三角贸易的主要引擎，在 18 世纪促进了当时世界上经济增长最快的国家的发展，满足了英国对蔗糖的无限渴望。到了 1775 年，英国人每年人均消耗 14 磅（1 磅约合 0.45 千克）糖，是法国人或荷兰人的 7 到 8 倍，大约相当于欧洲其他国家人均消耗量的总和。

和巴巴多斯的情况一样，弗吉尼亚和马里兰的种植园主用奴隶取代了契约仆人。1619 年，持有荷兰捕拿特许证的英国私掠船向弗吉尼亚人出售了大约 30 名从葡萄牙人手中俘获的非洲奴隶。尽管如此，弗吉尼亚直到 17 世纪下半叶才完全转变为奴隶殖民地，当时仆人的质量和数量都在下降，这些因素让奴隶投资变得更具吸引力。大陆上的殖民地种植园从未像西印度群岛的种植园那样规模庞大、利润丰厚，而且只能支持规模较小的奴隶贸易。

北欧人既让奴隶制变得日益残酷，又将种植园变得更加高效。他们缺乏像地中海民族那样自古以来长期持续的奴隶制历史，也从不了解以奴隶为基础的商品农业。在吸收了摩尔人和犹太皈依者之后，伊比利亚人开始痴迷血统，种族意识由此产生。在他们的影响下，英国人经常将撒哈拉以南的非洲人视为低等人类和野蛮人。加勒比地区的奴隶制普遍很残酷。和圣多美岛的种植园主一样，欧洲人越是比奴隶少，他们就越残忍，越试图通过暴力来震慑奴隶。

一方面，荷兰人和英国人（尤其是苏格兰人）的新教改革宗，或者说加尔文宗，让种植园变得更像工厂。在 1707 年英格兰和苏格兰联合后，一批又一批饥肠辘辘的苏格兰人进入了英格兰的殖民帝国。种植园主经常雇他们当会计和监工。对奴隶的虐待源于加尔文教徒对意志的态度——由于加尔文教徒认为，人类的任性导致了罪恶，因此他们试图压制自己的意志，成为上帝意志的工具，同时又期望受养者和仆人成为主人意志的工具，就像机器一样。（很能说明问题的一点是，19 世纪，一些反对加尔文宗的人声称加尔文教徒将人类视为机器。)这种观念,加之改革宗对浪费和低效的憎恶,将奴隶种植园变成了像机器或工厂一样的东西,而且事实上,英国种植园的效率和生产力超过了其他国家的种植园。一位苏格兰人写道,苏格兰监工对待奴隶普遍比其他人要更残忍、更暴躁。一位苏格兰种植园主的妻子表示,奴隶对苏格兰监工的憎恨超过了对其他监工的憎恨,因为他们对职业道德和经济的执念是"人尽皆知"的。英国和内战前的美国种植园经理通过详细的簿记来提高效率,他们会对每个奴隶的生产力进行统计。统计核算在西印度群岛传播开来。受资本主义影响的英国财产法也尽可能地将奴隶从人弱化为机器上的齿轮。

当然,人非机器。在产糖的殖民地,几乎每10年都有一次大规模的奴隶起义,这些起义通常是由新来的奴隶发动的,他们对规定的劳动量感到震惊。和圣多美岛上的情况一样,在巴西和牙买加,逃跑的奴隶在内陆山区和森林中形成了马龙人社区,他们从那里突袭、进攻种植园。不过,对于那些小岛,并不存在这样的避风港。

另一方面,也有许多人反对奴隶制。1596年,荷兰商人将130名非洲人带到荷兰城市米德尔堡出售,这些非洲人很可能是从葡萄牙人手中抓来的。米德尔堡拒绝了这笔交易,放走了奴隶。作为正义、爱国主义和利益的载体,荷兰西印度公司禁止奴隶制,但在占领巴西并面临必须让投资者获得回报的困境后,它放松了禁奴政策,再也没有提起过。新英格兰的清教徒和宾夕法尼亚的贵格会教徒也拒绝种植园奴隶制,尽管他们接受家庭奴隶。1700年,马萨诸塞的清教徒塞缪尔·休厄尔撰写了世界上第一本反奴隶制的小册子。1712年,宾夕法尼亚议会(贵格会)就一项废除奴隶的请愿书进行辩论,并通过了一项关税来阻止奴隶贸易。带着被奴役的仆人从加勒比海返回的苏格兰人迫使苏格兰面对一个遥远而理论性很强的问题。苏格兰人先是感到非常困惑,而到了18

世纪中期，长老会教会谴责奴隶制，法官裁定苏格兰法律禁止奴隶制。在英格兰地区，苏格兰法官曼斯菲尔德伯爵在1772年著名的萨默塞特案中裁定，英国普通法不支持奴隶制。相比之下，1776年，法国废除了"任何人在法国都是自由的"这一原则。此后，一个人的地位在进入法国之时便不再改变。

自然和种植园工厂

种植园是工业资本主义工厂的前身。资本家投资固定资产（加工设备和被奴役的"机器"）和自然资源（土壤和种子），并使用能源（奴隶和动物的肌肉、燃料，有时还有风、水或蒸汽动力）来生产投放至市场的商品。作为工厂的种植园与人类的意志以及另一种具有意志的力量——自然发生了冲突。

种植园资本主义改变了法属马提尼克、瓜德罗普、圣多明戈（海地）、路易斯安那，荷属苏里南、英属巴巴多斯、牙买加等岛屿的环境。法国人改造流域以灌溉圣多明戈岛上的干燥平原。荷兰人在苏里南兴建堤坝，排干土地上的水以建造种植园，把沟渠当作运河，将甘蔗从田里运到工厂。种植园主引进了外来的热带植物，以供被奴役的劳力和动物食用。奴隶贸易也带来了香蕉、山药等植物。几内亚的草地生长迅速，为畜群提供了营养丰富的饲料。椰子可能也是引入的外来植物。17世纪早期巴西的三辊研磨机和成套的加工大锅（可能是在荷兰人的统治下引进的）的改进提高了效率，增加了甘蔗的产量，但同时也加快了土壤耗竭、燃料消耗的速度。面积较小的产糖的岛屿没有像巴西那样大片的新土地可以开垦，也没有广袤的森林可以砍伐，因此很快就受到了环境条件的制约。乱砍滥伐造成了片状侵蚀，形成了千沟万壑的地貌，让本土植物和鸟类濒临灭绝。17世纪60年代，土壤侵蚀还造成了巴巴多斯布里奇顿港的淤塞问题。岛上的种植园主不得不支付高昂的费用，从其他岛屿或南美大陆进口木材。

英国的种植园主做出了一系列的改进，让巴巴多斯成了自然资源保护创新的中心。到了17世纪60年代，土壤耗竭迫使种植园主增加奴隶，收集绵羊和役畜的粪便来施肥。缺少足够资本种植甘蔗的小农户可以饲养动物，收集粪肥，将其卖给大种植园主，从而过上不错的生活。面对土壤耗竭和土壤侵蚀的问题，种植园主采取劳动力密集的开洞法来种植甘蔗。奴隶们挖出两三英尺见方、五六英寸（1英寸约合2.54厘米）深的洞，并在每个洞周围铺上土，形成土埂。每个洞中间则会填满粪肥，并种上甘蔗。这种方法减缓了地表径流的速度，控制了土壤侵蚀的影响。随着甘蔗的生长，奴隶们在根部周围填充更多的粪肥。随着时间的推移，粪肥会填满整个洞，从而和地面齐平。随着山坡上森林逐渐消失，薪材减少，巴巴多斯的种植园主将碾碎的甘蔗（也就是甘蔗渣或研磨后的废料）晒干，并将其用作加工糖和糖蜜的燃料。数十年之后，种植园主们开始使用节省燃料的"牙买加队列"——通过在一组大锅底下铺设烟道，奴隶们光靠一团火就能加热这组大锅。种植园主未能在被殖民的岛屿上发明出持续有效的重新造林的方法，特别是他们发现，将木材和燃料的需求外包，成本要来得更低。

为了获得廉价的动力，巴巴多斯人通过风车（最早可能采用荷兰的样式）对信风加以利用。17世纪的巴巴多斯奴隶曾这样抱怨："英国人就是魔鬼，他们要让一切都替他们干活。他们让黑人替他们干活，让马替他们干活，让驴替他们干活，让木头替他们干活，让水替他们干活，还要让风替他们干活。"自1655年英国人从西班牙人手中夺下牙买加以来，这个岛一直是制糖重地，内陆山区有大片森林可以用作燃料，但没有可以借助的风。1768年，牙买加的一个种植园主早早采用了瓦特的蒸汽机，用木头代替煤作为燃料。不久，蒸汽机开始为其他的制糖厂提供动力。

威廉·克拉克,《制糖流程描绘》,"安提瓜岛十景",1833年。制糖是一项资金密集型、劳动密集型、能源密集型的复杂工业。为了节省燃料,奴隶们仅用一团火加热一组盛有甘蔗汁的铜锅,从而让甘蔗汁的浓度和品质不断提高。奴隶们把大锅里的渣滓撇到前面的槽里,槽通往蒸馏间。前景中的奴隶把最后一口锅里的汁水舀到一个管道里,管道通向一个大盆,糖会在里面风干。两个欧洲人正在对糖进行查验,一个拿着秤的人在向种植园经理咨询问题。(由约翰·卡特·布朗图书馆提供。)

弗吉尼亚和马里兰的烟草同样造成了土壤耗竭的问题。和在巴西一样,由于存在大片未开垦的土地,殖民者没有马上受到生态问题的影响。大型种植园坐落在肥沃的河边低地上,而小型种植园的园主和农民只能在较为贫瘠、易受侵蚀的高地上耕作。无论种植园规模大小,园主们都会剥下树皮、焚烧树木,大大提高土壤肥力,并在10年之后重复这一流程。在温暖的气候中,牛群无须被关在牛棚中,于是它们会在森林的公用地间自由走动,这样便无法堆积滋养土壤的粪肥。当产量下降时,殖民者会放弃土地,以便其恢复肥力,同时还会开垦新的土地。只要还有森林未被开垦,这种不断移动的农业就是可持续的。美国独立战争后，高地的农民到肯塔基州和田纳西州寻找更优质的土地。1800年后，一场土壤耗竭的危机对沿海地区所有的蓄奴州形成了挑战。

17世纪后期，巴巴多斯人带着奴隶在南卡罗来纳州殖民，并建立了稻谷种植园和木蓝种植园。邻近的乔治亚州成立于1732年，也种植稻谷和木蓝，还在无霜的海岛上种植棉花。稻谷的单一栽培使富有生态多样性的沼泽被取代。从长期来看，稻谷文化对生态的影响总体不大，不过就是导致了爱吃稻谷的卡罗来纳州长尾小鹦鹉①逐渐灭绝。运送奴隶的船只带来了热带疾病，尤其是疟疾和黄热病，以及传播这些疾病的蚊子。疾病缩短了南方殖民地人群的寿命，由于欧洲人缺乏非洲人的获得性免疫和抵抗力，南卡罗来纳州的海岸变成了欧洲人的墓地。南卡罗来纳州的地形和气候将这两个种族分开。非洲人分布于沿海的稻谷种植园；而欧洲人则分布于高地上的小块农田附近，这里的蚊子相对较少。很大一部分产出的大米为甘蔗种植园里的奴隶提供了粮食。

苏格兰采摘帝国的果实

17世纪的苏格兰人只能眼睁睁看着其他欧洲国家攫取小安的列斯群岛的土地，在美洲大陆上开辟殖民地。虽然在1603年以后，苏格兰人和英格兰人拥有共同的君主，但它们仍是两个不同的国家。英格兰的重商主义政策也将苏格兰人拒于帝国的门外。战争、政治冲突、宗教冲突破坏了苏格兰的经济。17世纪90年代，粮食歉收和饥荒肆虐苏格兰大地。1698年至1700年灾难性的达连殖民计划导致苏格兰破产，以至于苏格兰别无选择，只能在1707年与英格兰联合。受过良好教育的苏格兰人激烈讨论着苏格兰贫困问题的解决方案。他们推动科学进步以促进农业发展，推动地质学进步以发现有价值的矿产，推动政治经济理论

---

① 卡罗来纳州长尾小鹦鹉是一个专有名称。

进步以诊断国家的弊病。在这场全国性的大讨论中出现了苏格兰启蒙运动的伟大作品，其中包括瓦特的好友亚当·斯密的《国富论》，这可能是大讨论中最具影响力的作品。

1707 年后，干劲十足的苏格兰人涌向英格兰不断壮大的殖民帝国，像找到了无人把守的专属俱乐部入口的外来者一样满怀热情。几个世纪以来，成千上万的苏格兰人移居国外以寻求机会、摆脱贫困。到了 18 世纪和 19 世纪，苏格兰人管理着大英帝国，移居殖民地，并控制着航运和贸易。得益于卓越的教育系统，苏格兰还培养出了很多外科医生、管理人员、植物学家、林务员和传教士。

加勒比地区的种植园需要苏格兰人的劳动力、人才以及优质教育。苏格兰的大学比牛津、剑桥的教育水平更高，爱丁堡大学医学院更是在英国的医学院中遥遥领先。此外，长老会还提供了优秀的（如果并非有意的）会计培训。许多作为监工和簿记员来到加勒比地区，为在外居住的地主工作的苏格兰人，后来拥有了自己的种植园。

三角贸易和蒸汽机的诞生

随着英格兰的殖民地为格拉斯哥的发展带来了益处，瓦特那划时代的蒸汽机登上了历史的舞台。北大西洋附近顺时针旋转的洋流和风为商贸发展提供了一条传送带，将帝国的成果送往格拉斯哥的大门。在风力和墨西哥湾暖流的影响下，船只从美洲殖民地漂洋过海来到英国面向西方的布里斯托、利物浦和格拉斯哥港口。为了满足欧洲日益增长的烟草需求，切萨皮克的烟草种植园同甘蔗种植园一样推动了三角贸易的发展。在处于三角形的顶点的格拉斯哥，不仅制糖厂的数量迅速增加，而且格拉斯哥人几乎完全接管了烟草贸易。到了 1750 年，英国的进口烟草中有一半是通过格拉斯哥进口的。到了 1772 年，在北美和西印度群岛进口至格拉斯哥的货物中，烟草占到了80%。美洲的烟草种植园主在贸易和贷款上变得越来越依赖苏格兰的"烟阀"。苏格兰人控制了此类贸易和贷款，并从中获利，在美国独立战争前夕孤立了强大的美洲殖民者群体。

　　瓦特的家族因烟草贸易而繁荣起来。1736年，瓦特出生于格拉斯哥附近的港口小镇格里诺克。他的父亲是一名为鲱鱼渔民服务的造船工人和船用杂货商。他还制作航海仪器，贩卖烟草等货物，并且建造了格里诺克的第一台起重机——用于将烟草从弗吉尼亚的船只上卸下。詹姆斯·瓦特年轻时喜欢摆弄父亲的工具，在数学和几何上表现优异。在格拉斯哥和伦敦的仪器制造商处当了一段时间学徒后，他在1756年回到了格拉斯哥。借着一名在格拉斯哥大学任职的亲戚的关系，他受聘在格拉斯哥大学清洁、修理约翰·麦克法兰的天文仪器。麦克法兰是一名已在牙买加定居的商人，拥有5600英亩（1英亩约合4046.86平方米）土地和近800个奴隶的"可观财富"。他为自己修建了一座天文观测台，并在1755年去世时将天文仪器捐赠给了格拉斯哥大学——他曾在这里获得了文学硕士的学位。格拉斯哥大学雇用瓦特来修理这些仪器在通过海路运往苏格兰途中因盐分受到的损坏。10年后，和西印度群岛有利益关系的银行家们为瓦特改良蒸汽机提供资金支持，瓦特再次受到了种植园资本主义的恩惠。

　　在1763年非同寻常的一天，格拉斯哥大学让瓦特修理一个纽科门蒸汽机的缩尺模型。瓦特让模型成功地运转了，但是由于模型缩小不当，模型没有运转多久便停下了。不过，就算是正常运转的全尺寸纽科门蒸汽机，也要消耗大量的燃料。瓦特决定找出效率低下的根源，揭开蒸汽机的奥秘。

　　当初，纽科门蒸汽机是为了采矿而设计的。英国矿工利用设计精巧的、由马匹或水车驱动的德国木制机械，将渗入矿井深处的水汲取上来。然而，马匹无法提供足够的动力来排干德文郡和康沃尔郡锡矿深处的水分，而且当地的溪流又少又小。与此同时，另一种动力源在英格兰和苏格兰大量存在，那就是煤炭。1698年，德文郡的军事工程师托马斯·萨弗里注意到当时关于蒸汽和热能的实验，他发明了一种以蒸汽为动力的水泵，该水泵在阀门外没有其他的活动部件。萨弗里蒸汽机虽然构造简单、成本低廉，但需要燃烧大量煤炭，因此只能在拥有充足廉价燃料的煤矿里使用。不仅如此，由于这种蒸汽机只能将水提高40英尺左右，人们只能将其安装于矿井之下，或者在深井中将其与一组机器配合起来使用。在胡格诺派教徒丹尼斯·帕平的热能实验的启发下，德文郡的铁匠托马斯·纽科门改良了萨弗里的设计。他花了15年时间来解决技术难题。1712年，他设计出了一种动力更强、用途更广的活塞式蒸汽机，这种蒸汽机可被安装在平面上。虽然当时有许多人尝试改良纽科门的设计，但蒸汽技术却停滞不前。

瓦特咨询了约瑟夫·布莱克，这位来自格拉斯哥的大学教授也在探究热能的奥秘。布莱克发现了"潜热"，即在冰变成水或水变成蒸汽过程中所需的额外热量。瓦特发现，纽科门蒸汽机之所以效率低下，是因为使用同一个汽缸来加热和冷却蒸汽。1765年，他设计了一种用于冷却蒸汽的分离式冷凝器，并发明了一种能将效率提高两三倍的发动机。现在，为了让他的改良成果造福于社会，瓦特需要投资者的帮助。

苏格兰的宗教文化、工程和资本主义

在清教和长老会等改革宗群体的持久影响下，推动英美工业革命朝着意大利人、荷兰人（或印第安人、中国人）未涉足的方向发展的文化逐渐形成。瓦特的先人是令人骄傲的苏格兰长老会教徒，而苏格兰长老会教徒在英国内战期间与英格兰的清教徒结成了战斗同盟。据说，瓦特的曾祖父曾在英国内战中丧生。他的祖父和父亲都是苏格兰长老会中的长老,在长老会中代表着责任和公正。瓦特的家乡格里诺克以严格推行加尔文宗、走出严肃冷酷的商人而闻名。瓦特在格里诺克的教会中表现活跃,终其一生都是一名长老会教徒。他的信念偏离了正统,而他的态度和行为固定不变,这在当时并不罕见。

在强大而激进的苏格兰长老会的影响下,苏格兰文化充满了严肃的目标和道德主义色彩。正如耶稣关于才干的寓言所教导的那样,上帝创造人类并非为了服务人类自身,所有人都有成为勤劳、多产、有用的社会成员的责任,以及提升物质、心智、精神才能的责任。"增进"一词常被挂在长老会教徒的嘴边,也是亚当·斯密《国富论》一书中首句的中心词。浪费就是在滥用上帝的恩赐,这是有罪的。加尔文教徒认为,贫穷阻碍了人们利用上帝赐予的才能来提升自己、造福社会。因此,格拉斯哥大学向贫穷的家庭小农场主和工匠的后代开放,让他们学习知识,以充分发挥才能,而正如苏格兰长老会创始人约翰·诺克斯提议的那样,苏格兰可能是第一个要求普及教育的地区。

瓦特在一本"浪费簿"中记录开支与浪费来源,在将来加以避免,他以此来提高自己的才能。他鄙视"闲散和纯粹的娱乐",甚至在他还是个孩子的时候就"无意于""加入喧闹的嬉戏和毫无意义的闲散"。作为一项副业,瓦特有时会为人们修理和制作乐器,尽管他认为音乐是"闲散的来源",而且不愿意雇用演奏乐器的人。

纽科门蒸汽机对煤炭和蒸汽的浪费冒犯了瓦特作为一名长老会教徒的灵魂。加尔文宗提倡的减少浪费、提高运转经济性,增进,以及利用才干来造福大众而非满足自身(这一切都是众所周知的新教工作伦理的要素),推动了早期热科学和工业革命的发展。信奉改革宗的研究人员主导了早期的热力学发展,其中包括布莱克和瓦特,此外还有英国清教徒罗伯特·波义耳、胡格诺派教徒丹尼斯·帕平、曼彻斯特公理会教徒詹姆斯·焦耳、苏格兰长老会教徒詹姆斯·麦克斯韦,以及任教于格拉斯哥大学的爱尔兰长老会教徒开尔文勋爵(威廉·汤姆孙)。

瓦特是人们刻板印象中那种19世纪性格冷酷的苏格兰工程师。一个常见的笑话说,如果有人对着任意一艘英国船只(或《星际迷航》中虚构的企业号星舰)的引擎室大喊一声"斯科特"(人名,也表示苏格兰人),肯定会有人回应他。1894年,拉迪亚德·吉卜林写下了名篇《麦克安德鲁的礼赞》,表达了对苏格兰轮船工程师的敬意,将苏格兰人、工程和加尔文宗联系起来。

> 主啊,你创造的这个世界笼罩在梦境的阴影之下,
> 多年来,我也如此认为——只不过我的世界总是笼罩着蒸汽。
> 从耦合器法兰到转轴导轨,我看到了你的手,哦,上帝——
> 所谓命运就是连接杆的大踏步传送。
> 巨大,坚定,缓慢——约翰·加尔文可能也是如此铸就——
> 是啊,出自这熔炉烈焰——属于我的"机构"。

苏格兰的格拉斯哥和爱尔兰的阿尔斯特位于改革宗影响下的欧洲地区的西端。这一地带总体呈现新月形:北爱尔兰,苏格兰,从英格兰的兰开夏南部到伯明翰再到东英吉利亚,荷兰,莱茵兰地区(德国西部莱茵河两岸地区),阿尔萨斯,穿过瑞士(茨温利和加尔文的土地),最后来到胡格诺教派影响下的弧形地区——横跨法国南部,经过蒙彼利埃,再到拉罗谢尔。工业革命就在这片新月形地带诞生并扩大自己的影响力。在这里,宗教理念推动了农业方法、金融工具、工业技术的进步。城市化水平较高的加尔文宗新月形地带的核心区孕育了共和国和大学。加尔文宗、城市、自治和教育的结合促进了经济创新和活跃。在频繁的宗教战争和压迫的影响下,大批难民卷入改革宗大移居,来到信奉新教的欧洲地区、大西洋彼岸信奉清教的新英格兰地区、荷兰统治下的

纽约，以及位于新泽西、宾夕法尼亚、南阿巴拉契亚山的信奉长老会的"殖民地内部的殖民地"。

运输革命的肇始

正如历史上许多其他关键时刻一样，运输的改善在工业资本主义的诞生中发挥了核心作用。运输革命推动了工业革命。如果没有水、没有和笨重的煤炭相结合，制造商就永远不可能用到瓦特的蒸汽机。与荷兰相类似，英国拥有海上航道的优势。英国的每个城镇和大海的距离都不超过70英里。虽然瀑布线将商业活动限制在苏格兰的一小片地区中，但英格兰拥有许多适航的小型水道。不过，这些水道附近常常没有煤田。

17世纪，英格兰人在荷兰人的启发下开始修建水闸和运河。当时的气候条件和地理环境也对修建运河有利。从约克到伦敦，再到伯明翰和曼彻斯特，大量的降雨落在人口密集地带相对平坦的土地上。在18世纪末、19世纪初，为了满足制造业中心和城市中心的用铁、用煤需求（铁矿和煤矿遍布岛屿，埋藏在地表附近），英格兰人加速修建运河。到了19世纪中期，密集交织的运河遍布英格兰，长度约为4000英里。这一宏伟的水运网络也将制造商与重要的英格兰本土市场连接起来。水利基础设施和国内市场的结合让英国获得了巨大的经济优势。相较之下：荷兰虽然有水利基础设施，但国内市场较小；而法国虽然拥有大型国内市场，但运输网络较差。

修建运河的热潮蔓延到了苏格兰，瓦特作为勘测员也获得了可观的收入。1768年，投资者聘请他勘测、设计一条能将煤炭从芒克兰兹运至格拉斯哥的运河，并监督运河的建设。1773年，投资者再次雇用瓦特为喀里多尼亚运河勘测路线，目的在于将苏格兰东海岸的因弗内斯和西海岸的科尔帕奇连接起来,这样人们就无须经过苏格兰北部漫长危险的路线。

瓦特的蒸汽机和纺织业

瓦特和他的蒸汽机很快融入了英国不断增长的制造业。瓦特作为勘测员获得的收入远远不足以支撑他进行蒸汽实验,而英国蓬勃发展的钢铁工业向他伸出了援手。瓦特收到的第一笔大投资来自约翰·罗巴克。他是一名来自谢菲尔德和伯明翰的非国教徒(也就是清教徒等没有皈依英格兰国教的新教徒),毕业于爱丁堡大学和莱顿大学。他也是一名忙碌不休的发明家和企业家,经营着福尔柯克的卡伦炼铁厂。罗巴克采用新工艺制造硫酸,作为布料漂白剂出售的硫酸为他赚了不少钱。毫无疑问,他受到了谢菲尔德和伯明翰钢铁工业的启发,利用苏格兰尚未开发的铁矿建立了卡伦炼铁厂。他从博内斯的煤矿挖煤,将煤加工成焦炭,用作熔炉的燃料。他还需要更多的水来驱动水车,以及比纽科门蒸汽机能提供的更强劲的动力来排干矿井的水,这使他对瓦特的实验产生了兴趣。大约从1767年开始,罗巴克资助瓦特开展进一步研究,并对他的蒸汽机专利进行投资。

具有讽刺意味的是,罗巴克的卡伦炼铁厂无法生产瓦特的蒸汽机所需的活塞和汽缸,而这对瓦特来说恰恰是一种幸运。1774年,罗巴克遭遇财务危机,他向当时世界上最大的工厂的老板——伯明翰的苏活工厂的马修·博尔顿提出转让瓦特蒸汽机专利的权益来抵偿债务。由于苏活工厂的水车经常缺水,博尔顿对蒸汽机很感兴趣,于是接受了罗巴克的提议。伯明翰的炼铁工人比卡伦炼铁厂里的工人要熟练很多。凑巧的是,1774年,另一位长老会教徒约翰·威尔金森发明了一种能够加工大炮的镗床,可以制造出更精密的发动机汽缸。瓦特作为博尔顿的合作伙伴搬到了伯明翰。1776年,博尔顿和瓦特公司卖出了第一批蒸汽机,其中的一台将苏活工厂水车的下游水抽回贮水池,让苏活工厂成了第一家使用蒸汽动力的工厂。

博尔顿和瓦特公司的主要客户是矿业公司,而不是工厂。博尔顿预见到,矿用蒸汽机的市场将很快饱和,于是推动瓦特开发一种可以为制造业提供旋转动力的模型。瓦特设计了一种双动式蒸汽机以产生恒定动力,然后在1784年(克鲁岑和斯托默提出的人类世的开始时间),他设计了一种从活塞的线性运动中获得旋转动力的方法。包括这些在内的改良设计使蒸汽机能被用于工厂生产——工厂的机器需要稳定的动力以确保平稳运转并维护产品质量。蒸汽机使制造商可以方便地将工厂设在劳动力、运输网络和服务设施附近,而不用设在靠近流水或风力资源丰富的地方。当水车或风车在干旱期或平静期无法运转时,蒸汽机可以提供生产所需的动力。

蒸汽机的订单纷至沓来。到了1800年,大约500台博尔顿和瓦特的蒸汽机被安装到了各家工厂里。他们的公司还将蒸汽机销往荷兰、法国、美国和西印度群岛。不过,1800年前,瓦特移居的伯明翰共计购买了两台蒸汽机(不算他们自己的工厂)。这不仅是因为钢铁厂的煤烟会冒出大量黑烟,还是因为伯明翰对蒸汽动力的需求很小,并非全球变暖问题的发源地。以蒸汽为动力的制造业和工厂体系最早是在曼彻斯特和兰开夏郡南部的棉纺织业生根发芽的。

英格兰与印度的贸易促进了英格兰制棉业的兴起。17世纪,欧洲商人进口了色彩鲜艳的印度布料,在棉纺织业中掀起了一股时尚热潮。英国东印度公司效仿荷兰和葡萄牙的做法,在印度沿岸,特别是加尔各答、马德拉斯和孟买建立起了筑有防护设施的贸易站和仓库("工厂")。英格兰商人向当地的中间商下单,中间商会通过传统的包出制,从小农户以及家庭纺纱工、家庭织布工那里拿到成品布。在部分城市中,半自由的织布工会在大工厂里工作。在规模巨大、利润颇丰的棉花贸易的影响下,莫卧儿①的经济日益朝着出口发展。英国人数量相对较少,占据着几块沿海飞地,他们几乎是在偶然的情况下成了帝国主义者。18世纪,莫卧儿帝国的瓦解为英国创造了机会。王朝的动荡、庞大的军队、寄生虫般的统治阶级削弱了莫卧儿管理、控制、保卫其广袤领土的能力。美洲用于支付莫卧儿商品的金银也造成了王朝的通货膨胀,为王朝的财政埋下了隐患。英国东印度公司的高级职员利用外交和贿赂莫卧儿的雇佣兵来控制当地的统治者,导致南亚次大陆逐渐落入英国手中。除了棉织品,英国东印度公司控制下的印度出口盐、茶叶、咖啡、柚木(这是上佳的造船材料,比橡木更能抵抗干腐和船蛆)等热带硬木、丝绸,后来还出口鸦片和黄麻纤维。

从中国到美国,欧洲人在世界各地为印度棉花找到了市场。非洲人用奴隶来交换印度棉花。美洲的种植园主给奴隶穿上由印度棉花制成的衣服。欧洲人还惊喜地发现,这种平价、轻便、耐用的织物比羊毛和亚麻更容易染色,而且即使不染色,颜色也更洁白。担忧的羊毛公司和亚麻公司迫使英格兰、法国等地禁止进口棉花,或者向进口的棉花征收关税。英格兰只允许出口棉布,这个国家生产羊毛和亚麻纺织品已有几个世纪的历史,但对棉花生产却一无所知。棉布的纺织和染色非常复杂费力。英格兰的制棉业是靠两批宗教难民建立起来的。16世纪中叶,大约5万名反抗西班牙的荷兰和佛兰德斯新教徒流亡英格兰。在曼彻斯特和兰开夏(以前的羊毛和亚麻生产中心)定居的佛兰德斯人从地中海地区进口棉花,织出了英格兰的第一匹棉布。17世纪,大约8万名胡格诺派教徒移民英格兰,他们中的一些是由于1620年后法国再次爆发了宗教冲突,但大多数是由于1685年路易十四废除了《南特敕令》。信奉

---

① 莫卧儿,1526年兴起于印度半岛北部的伊斯兰国家,1857年帝国灭亡。

新教的德国和瓦隆难民带来了技术、资本和最新的时尚。

如果没有实现机械化生产，英格兰的棉纺织品就无法有效地和印度的棉纺织品竞争，因为印度的织布工技艺非常娴熟，但他们的工资却不及英格兰织布工的1/4（在1790年的时候，还远远不及1/4），而且，印度当地的棉花价格非常低廉。英格兰相对健全的专利体系促进了许多有益于棉纺织品制作的小型创造发明的出现，直接推动了机械化工厂的诞生。非国教徒的许多发明设计促进了工艺的优化。路易斯·保罗是一名胡格诺派教徒的后裔，他针对繁琐的准备工序设计出了第一台滚轮式纺纱机和梳棉机。兰开夏郡伯里市的长老会教徒约翰·凯则改进了织布技术，其中最著名的就是他在1733年的重大发明——飞梭，飞梭能让一名织布工完成两个人的工作量。1764年，兰开夏郡布莱克本市的纺织工詹姆斯·哈格里夫斯为帮助妻子提高纺纱效率，发明了珍妮机——一种至少装有8个锭子、类似于手纺车的手摇纺纱机。1765年，身为假发师的兰开夏郡博尔顿市的长老会教徒理查德·阿克赖特与一位钟表匠合作，设计出了一种机器，这种机器纺出的线比珍妮机纺出的线更牢固，但所需的动力要大于一名纺织工能提供的动力。在尝试了马力之后，阿克赖特用水车来驱动机器，因此这种机器被命名为"水力纺纱机"。出于动力所需，装配水力纺纱机需要大量资金，但机器操作比较简单，不需要什么技术。1771年，阿克赖特在德比郡德文特河畔的克罗姆福德建立了第一家机械化棉纺厂，后面他又建了许多工厂，成了一位百万富翁。1779年，出生于博尔顿市一个颇具影响力的非国教徒家庭的塞缪尔·克朗普顿结合了珍妮机和水力纺纱机的优点，发明了骡机，骡机纺出的纱线更精细，适用于经纱和纬纱。这种骡机两小时的工作量，相当于手摇纺纱机10小时的工作量。

起初，棉纺厂并未对印度的制棉业构成威胁。机器织成的布料和印度手工织成的布料，质量相差很大。然而，在西印度群岛、13个北美殖民地、西班牙和葡萄牙殖民地以及非洲，品质稳定的机织布在某种程度上战胜了价格低廉的印度布。大约在1830年以后，机器织布已经能达到很高的效率，英国出口的纺织品比印度纺织品更加低廉，导致印度棉制品出口一蹶不振。到了19世纪中叶，英国布甚至开始在印度国内市场占据主要份额。此外，英国棉制品的出口也造成了奥斯曼帝国历史悠久的制棉业的衰败。就这样，机械统治了纺织业。

与荷兰人一样，英国人从大自然中获取免费的能量。水车为最早的纺织厂提供了动力。从水力到蒸汽动力的过渡是缓慢的。早期的蒸汽机无法提供稳定的动力，在机器与传动轴连接或分离而造成负荷变化的情况下则更是这样。蒸汽机还很容易突然停止运转。这两大问题影响了纱线的质量。1782年，瓦特在蒸汽机上加装了飞轮，这样运动就更加均匀，机器不会突然停转，但是相比之下，水力仍然更加便宜、更加可靠。与后来的企业相比，当时的工厂规模仍然很小，主要分布于兰开夏郡南部、柴郡北部的河边和山上，以及英格兰、苏格兰水位急剧下降的其他地方。

不过，水力也有缺点。干旱就是一个反复发生的问题。在一条河边建有多座工厂的情况下，下游的工厂只能用上游的工厂用剩的水。最后，工厂老板不得不将厂建在水量充足、水位差足够大的地方，一般位于远离市场、原材料和工人的区域，而建造包括居住区和服务机构在内的整片区域的成本又不能超过可用资金。劳动力又是一个问题。工厂老板必须将足够多的工人吸引至远离城镇、生活不便的地区。面对罢工等劳动冲突，工厂老板可能会无力平息，也可能会无法快速找到替换人员。

虽然蒸汽动力存在不少限制，而且价格相对较高，但上述问题让蒸汽动力颇具吸引力。正如博尔顿在1781年向瓦特所描述的那样，由于拥有优越的海洋资源、运河网络以及丰富的煤炭资源，曼彻斯特掀起了一股"蒸汽工厂热"。1785年,博尔顿和瓦特将他们的第一台改良型蒸汽机卖给了一家棉纺厂。曼彻斯特急速增长的纺织厂(从18世纪80年代的两家猛增至1802年的52家,接着又增长至1803年的99家)几乎全部是由蒸汽来提供动力的。将美洲的棉花运至曼彻斯特的洋流也将棉花带到了苏格兰。1830年,格拉斯哥拥有61家采用蒸汽动力的纺织厂。在纺织业之外,采用蒸汽动力的工厂也非常罕见。但水力仍然具有吸引力,水力技术直至19世纪中叶仍在不断进步。

其他国家的工业革命

此时,工业资本主义开始在全球范围内发展。在18世纪结束之前,英国纺织技术找到了通往法国、德国、西班牙等地的途径。和在英国一样,纺织品经由纺线、编织制作完成。瑞士、德国、阿尔萨斯的新教徒在法国实施棉花贸易保护主义禁令期间将纺织品走私到法国。1759年禁令解除后,他们又在诺曼底建立了工厂。此外,纺织厂还在煤炭资源丰富的法国的佛兰德斯地区以及比利时大量涌现。

1746年,第一家棉花印花公司在阿尔萨斯的米卢斯成立。米卢斯在制棉业中发挥了巨大的作用,成了法国重要工业区的一大核心。当时的米卢斯是一个奉行加尔文宗的独立共和国,附属于瑞士。它坐落于群山之间,享受着莱茵河和罗纳河的廉价水运、用于晾晒漂白布料的大片田地、清洁的水质和丰富的木材。它不受关税壁垒的约束,而且靠近瑞士巴塞尔、日内瓦和纳沙泰尔的商业住宅。1798年,在法国的强迫下,米卢斯极不情愿地并入了法国,尽管其中奉行加尔文宗的工厂老板长期保持着他们在地方上的权力和独立性。少数派的地位强化了加尔文宗努力工作、节制消费、投资工业的工作伦理。

米卢斯的公司以原创设计和色彩见长,但同时需要更多的布料。拿破仑战争阻断了廉价的英国纱线的进口,推动了对阿尔萨斯充足水力加以利用的工厂的建设,尽管当地的纺纱技术还非常原始。米卢斯和曼彻斯特相互学习、相互借鉴。到了 1812 年,米卢斯已经开始对蒸汽动力加以运用。与诺曼底相比,米卢斯离煤矿和港口更远,必须高价购买煤炭和原棉,因此更强调质量,而不是数量。米卢斯的纺织品将英国人赶出了法国市场。到了 1834 年,米卢斯一半的纺织品都销往了国外市场。到了 19 世纪 40 年代,法国整个国家的纺织品产量位居世界第二,仅次于英国。到了 19 世纪中叶,米卢斯的工厂推进现代化,技术水平和英国工厂相当。

工业革命也蔓延到了美国。塞缪尔·斯莱特曾在德比郡的阿克赖特棉纺厂当学徒,后来在罗德岛的波塔基特与依靠三角贸易获取资本的商人合作,于 1791 年开办了美国第一家小型水力纺纱厂。随后,其他小型工厂也纷纷开始纺纱,并把织布工作外包给在家工作的织布工。1807 年的《禁运法案》和 1812 年的战争切断了英国纺织品的进口,斯莱特的纺纱厂因此蓬勃发展,数量也飞速增长。斯莱特也是最早使用蒸汽动力的美国制造商之一。

由于斯莱特无法获得大量资金和最新技术,他的工厂很快就被超越了。波士顿人弗朗西斯·卡伯特·洛厄尔是一位清教徒牧师的孙子,他是中国丝绸、茶叶以及印度棉花的进口商,也是用加勒比糖蜜酿制朗姆酒的酿酒商。1812 年,他参观完英国的工厂后,回国建造了一台改良的动力织布机。他和波士顿的合伙人在沃尔瑟姆附近建了一家工厂,第一次实现了在一家工厂里完成从原棉到成品布的所有工序。在 1817 年洛厄尔去世后,他的合伙人对梅里马克河上一处拥有更大水力潜力、连接原材料和市场的运河网络的地方加以开发。他们将这个位于马萨诸塞州的新工业城命名为洛厄尔,这是梅里马克河沿岸建立的第一座工业城。

工业资本主义、种植园资本主义和环境

棉纺织业对自然环境产生了深远的影响。棉纺厂的生产流程排列在美国奴隶种植园的生产流程之后。美国奴隶种植园的棉花产量比欧洲最早的棉花产地——地中海东部的产量要高得多。糖岛种植园在具有更高价值的甘蔗无法生长的地方种植了一些棉花。美洲大陆上种植的各类棉花一度无法带来较高的利润,直到1793年,来自马萨诸塞州一个著名清教徒家庭的耶鲁大学毕业生伊莱·惠特尼发明了轧棉机,解决了将棉绒与棉籽分离的难题。棉花种植园突然之间能够带来非常可观的利润,在接下来的半个世纪里,在美国南部遍地开花,主要是建在切罗基人、克里克人、乔克托人被驱逐或被迫迁离的土地上。美国的棉花产量从1790年的150万磅增长至1830年的3.31亿磅,再增长至1860年的22.75亿磅,此时美国南方的棉花产量已达全世界棉花产量的2/3。大约70%的棉花被运往英国。英国和法国的纺织厂约有90%的棉花是从美国购入的。

棉花生产影响了从田野到棉纺厂的环境。在棉花种植园里,人和动物的肌肉力量提供了动力,土壤成了棉花生产的原材料。在闷热潮湿的环境中,奴隶们砍伐着丰饶的河边低地上茂密的森林和矮树丛,然后犁地、播种、修剪、除草、除虫,最后收获棉花。整个周期长达一年,十分累人。温暖潮湿的气候滋生了传播疟疾和黄热病的非洲蚊子。恶劣的卫生条件和裸露的双脚造成了钩虫等寄生虫的传播。时常降临的倾盆大雨冲刷着裸露的土壤,尤其造成了山坡上的土壤侵蚀。由于南部的土壤大多是旧土,因此除了肥沃的冲击洼地,大多数地方的产量快速下降,不再像开始那么高产。即使是在最肥沃的土地上,起初丰饶的处女地也开始逐渐减产,面临土壤侵蚀、肥力降低的问题。然而,只要西部还有土地未被开垦,自然资源保护和恢复土壤肥力就是不划算的。直

到 1865 年，奴隶解放运动终结了种植园里的奴隶劳动，促进了佃农制和租赁制建立，整个体系才开始土崩瓦解。佃农和租户再也无法放弃耗竭的土地、开垦肥沃的土地，而且他们无论如何都缺少开垦新地的劳动力。美国南部陷入了贫困，地表沟壑纵横，地力耗竭。英国人、法国人、德国人、俄罗斯人、日本人随后试图按照美国的模式，在非洲和亚洲的殖民地、巴西以及俄罗斯的中亚地区进行棉花的种植。他们随之也面临了土壤耗竭和水土流失的问题。

棉花生产的制造端也产生了其他的环境影响。水力棉纺厂对水道产生了影响。在英格兰、苏格兰、阿尔萨斯相对较小的河流和小溪中，水闸干扰了鲑鱼等溯河鱼类的洄游。贮水池导致了水倒灌到草地和田野里。拦河坝、导流坝和防洪闸门干扰了河运。一条河流上修建多座大坝引起了上游和下游工厂之间的冲突。工业城里需要干净的饮用水，但人们却把人畜排泄物和工业废弃物倒入河里。下游的人们饱受伤寒和霍乱的折磨。在染色的日子里，染料让河流呈现出鲜艳的颜色，不过在使用有机着色剂的时代，染料并没有造成重大的生态问题或健康问题。

梅里马克河流域蕴藏着巨大的水力资源，相当于英国所有流域能够提供的水力资源的总和。为了保证充足、便于利用的水流，投资者剥夺了整个流域中其他所有人的用水权和运河使用权。投资者还在上游的斯夸姆湖和辽阔的温尼珀索基湖上筑坝，从而控制了这些湖泊。梅里马克河在白天工厂需要水力供能时流动，在晚上工厂停工时静止。从源头到入海口，这条河被设计成棉花制造体系的一部分。它作为公共资源的属性消失了，落入了私营企业手中。

贸易和工业，煤炭和水资源，资本主义和环境

技术的发展和工艺的进步将资本主义、帝国、不断增长的全球经

济、逐渐加剧的资源利用以及日益严重的环境退化问题呈现在整个世界的面前。现在，通往财富和权力的大门出现在了欧洲的大西洋沿岸，与地中海成为西方经济中心的漫长时代相比，这时大西洋沿岸的海风和洋流带来了更多的机会。葡萄牙、西班牙、荷兰、法国、英格兰、苏格兰，甚至丹麦和瑞典，都在为世界贸易的统治权而你争我夺、相互竞争。西北欧民族为世界带来了一种不同的商业资本主义经验，一种新教的思维模式，以及姗姗来迟的不速之客所秉持的激进的机会主义思潮。他们创造出了一种与以往任何生产制造都不相类似的工业资本主义，这种工业资本主义诞生于激进的新教地区，之后迅速蔓延至整个欧洲和北美。种植园和工厂也开始改变世界各地的景观。

瓦特出生时，苏格兰刚刚开始享受加入大英帝国的好处。在格拉斯哥，种植园的资金及采矿的需求、苏格兰启蒙运动以及长老会文化创造性地融合在一起。正是这种社会背景促成了瓦特那高效、强大的蒸汽机的出现。瓦特和他的合伙人博尔顿在去世前都变得非常富有。纺织、谷物、染料、造纸、钢铁等30多个行业的工厂都购买了博尔顿和瓦特公司的旋转式蒸汽机，其中棉纺厂是主要的工业客户。瓦特的分离式冷凝器的专利于1800年到期，但在1819年他以83岁的高龄去世后，公司仍在销售被奉为"国家伟大之源"的蒸汽机。专利的到期让此前被压抑的蒸汽机工程改良迎来了一次大爆发。其中最重要的便是高压蒸汽机，这种蒸汽机无须冷凝器，体积更小，便于携带，可以为船只和火车提供动力。到了19世纪30年代，工业革命达到了高潮。资本主义加速发展。全球受到的环境影响亦是如此。一个远远超出博尔顿和瓦特想象的世界就这样诞生了。

第四章　蒸汽和钢铁的时代

全球化经济中的繁荣与贫困

　　1835年，安德鲁·卡内基出生于丹弗姆林镇，该地与爱丁堡隔福斯湾相望。他的出身鲜为人知，人们很难将他的出身与他之后全世界最富有的企业家的身份联系起来。他的职业生涯跨越了19世纪的2/3，他几乎经历或接触了工业资本主义发展过程中从以手摇织布机和地方纺织厂为特点的萌芽阶段到以重工业和大公司为特点的成熟阶段的每个主要方面。电报、铁路和钢铁工业让卡内基从一无所有走向富可敌国，也带来了新的环境影响，这些比工业资本主义的发展期（有时也被称为"第一次工业革命"）所带来的环境影响要大得多。铁、煤和几种新的有用金属的开采量迅速增加，贵金属也是如此，推动着全球商业的车轮不断向前。工业化催生了古塔波胶和橡胶的新需求，在东南亚不断扩张的欧洲殖民帝国通过在原先的森林上建立起来的种植园来满足这些需求。炼焦炉和炼钢厂（包括卡内基钢铁公司的炼焦炉和炼钢厂）为天空和人们的肺部蒙上了一层黑色，也对河流造成了污染。

　　安德鲁·卡内基的父亲威廉·卡内基是丹弗姆林富裕的亚麻织布工群

体中的一员。17世纪，移居爱丁堡和佛兰德斯的荷兰织布工创建了这一群体。织布机提花装置的发展为布料添加了漂亮的图案，导致1825年左右布料生产的重心从爱丁堡转移到了丹弗姆林，因为丹弗姆林拥有充足的水力可供纺纱厂使用。丹弗姆林生产的亚麻锦缎质量上乘，格外精美，是苏格兰重要的出口商品，其中足足有一半销往了美国。

然而，丹弗姆林织布工的黄金时代毫无征兆地结束了，因为给他们带来好运的全球贸易关系突然之间都消失不见了。世界各地的人为事件和自然事件——大量鸦片销往中国、尼加拉瓜火山爆发——为全球经济按下了暂停键。于是，以商品生产、商品贸易谋生的人遭了殃。许多人远走他乡以免受贫穷之苦。

19世纪初，一系列革命将西班牙在美洲的殖民帝国分裂为各个独立的共和国，于是一连串的灾难便开始了。这些新国家无法保证它们铸造的银比索的纯度。以往，美洲的大部分白银最后会流向中国，但现在中国拒收新比索，并用英格兰银行开出的汇票来购买印度鸦片。于是，墨西哥的银比索流向了美国，而英国用于购买棉花、支付投资收益的黄金也来到了美国。19世纪30年代，切罗基人、乔克托人、克里克人的被迫迁移使得大片肥沃的棉花地流入市场。大量的铸币（金币和银币）造成了土地、棉花、奴隶的价格泡沫，并减少了各大银行的铸币储备。更糟糕的是，1833年后，美国联邦政府将出售公共土地的收入存入监管不力的州银行，这些银行借出的纸币超出了它们的铸币储备所能担保的金额。泡沫和货币供应持续膨胀。

与此同时，英格兰银行发生信贷危机。1833年，英国宣布大英帝国废除奴隶制，为补偿奴隶主，议会借来数百万英镑。于是，英格兰银行的铸币储备减少了。担忧的银行董事纷纷指责美国，只接受与美国交易的公司的铸币。面对进一步的铸币枯竭，美国的银行提高了利率。

接着，1835年，尼加拉瓜的科西圭纳火山火山爆发。在接下来的三年里，进入大气层的火山灰导致北半球温度降低。美国和英国遇到了歉收的问题。为了购买粮食，英国的更多金银流向了国外。为了保护不断减少的储备，英格兰银行再次加息，利率高达6%，创下新的纪录。如此便冻结了商业投资。

为了抑制投机泡沫，美国政府于1836年发布了《铸币通告》，规定进行土地交易时，美国只接受用铸币，而不接受纸币。在此背景下，土地价格大跌，税收收入下降，各州债券违约，全球棉花价格暴跌，新奥尔良的大型棉花公司纷纷破产，银行关门大吉。美国经济崩溃，同时也拖累了全球经济。

精美的丹弗姆林亚麻织品无人购买。对织布工而言雪上加霜的是，在技术进步的影响下，他们的技术逐渐变得过时。1830年后，工厂纷纷开始安装理查德·罗伯茨的动力铸铁织布机，这比此前的织布机要先进很多。于是，全世界的手摇织布机都闲置了。织布工要么在贫困中苦苦挣扎，要么改做别的营生。1848年，卡内基一家从亲戚那里借了钱，到格拉斯哥坐上了前往美国的轮船。他们在宾夕法尼亚州阿勒格尼的亲戚家附近安定下来，这里离匹兹堡很近。一个世纪以来，这片地区一直吸引着苏格兰移民。匹兹堡是一个蓬勃发展的制造业中心，可以通过便利的内陆水运通往西部，其经济也在迅速扩张。此外，四周还分布着丰富的自然资源，其中的大部分尚未被发现或开采。这是一个充满潜力和可能性的地方。

卡内基和铁路

在宾夕法尼亚州西部的山林之间，一个全新的工业资本主义世界正在崛起，但卡内基家族一开始几乎没有得到什么好处。威廉·卡内基不喜欢或者可能不屑于在工厂工作。他起初是一名织布工，当他很难将自己的亚麻桌布卖出去时，他一定觉得自己的人生很失败。世界不停向前发展，而他空有一身无用的、过时的技能。1855年，威廉·卡内基去世，享年51岁。

他的长子安德鲁·卡内基（12岁时举家移民，19岁时父亲去世）抓住了美国工业化初期飞速发展带来的诸多机会。在安德鲁·卡内基成长的过程中，钢铁工业取代了纺织工业。匹兹堡在一个世纪前的地图上还尚不起眼，而如今，年轻的安德鲁·卡内基搭上了这架迅速腾飞的火箭，比同时代的其他任何人都要飞得更高。

安德鲁·卡内基的好运来自两个方面。首先，他是在1848年全球经济扩张前夕移民美国的。那一年，美国在兼并加利福尼亚州后，便在那里发现了黄金，19世纪的第一次淘金热就这样拉开了序幕。整个世界刚从1837年由铸币短缺导致的大萧条中走出来，时断时续地咆哮向前，奔向一个工业化的未来。与世界的前3000年相比，更多黄金在接下来的50年里进入了全球经济。内华达州和加利福尼亚州的淘金热几乎持续至19世纪80年代；科罗拉多州、怀俄明州和蒙大拿州出现了40多次淘金热；1851年至1894年，澳大利亚出现了28次淘金热；1857年新西兰出现了5次淘金热；1858年、1868年、1886年、1890年分别在英属哥伦比亚、拉普兰、南非、南罗德西亚（津巴布韦）出现了一次淘金热；1877年至1900年，黄金海岸时有淘金热出现；1896年后，加拿大克朗代克地区也出现了疯狂的淘金热。

这些黄金让全球经济发生了翻天覆地的变化。仅是加利福尼亚州的黄金就贡献了14亿美元的价值。1902年，据一名采矿业的记者计算，黄金每年都会贡献约7000万英镑的价值。1816年，英格兰银行将黄金作为唯一的本位货币。1870年后，在多重因素影响下，许多其他国家也采取了英国的做法。不过，金本位制也导致了一些经济问题，因为这种制度阻碍了银币的流通，造成了通货紧缩。不过，当时的世界经济发展比较平稳，虽然在出现淘金热的地区，本土民族遭遇了残忍的对待，很多人颠沛流离，社会动荡不安，水力采矿和汞对环境造成了破坏。

其次，卡内基的好运还来自他移民到了苏格兰文化区，这里是"苏格兰宗教文化在西半球最成功的种植园"。虽然比起长老会，卡内基家族更倾向于信奉斯威登堡学说，但在气质和价值观上，他们几乎没有偏离苏格兰的文化规范。匹兹堡附近住着卡内基家族的很多亲戚，以及很多苏格兰人和拥有苏格兰－爱尔兰血统的人，他们可以向卡内基家族伸出援助之手。

安德鲁·卡内基的第一份工作是在一个苏格兰人开的纺织厂里做绕线工，一天工作12小时。年轻的卡内基聪明、热爱交际，虽然只受过基础教育，但他喜爱阅读，渴望自我提高。制造缠线管的公司里也有一个苏格兰人，他聘请卡内基管理一台蒸汽机。利用在夜校里学到的簿记技能，卡内基很快就被提拔为兼职簿记员。一年以后，一家电报公司的苏格兰经理雇用卡内基当一名送电报的报童。他利用业余时间学习收发电报，得到了电报员的工作。他的表现非常突出，以至于在1853年，宾夕法尼亚铁路公司苏格兰－爱尔兰分部的负责人托马斯·斯科特聘请他为自己的私人电报员。就这样，卡内基永远地离开了缠线管和纺织品领域，进入了电报和铁路的新世界。

惊人的电报

匹兹堡的建立至今仍为人们所铭记，而卡内基见证了这座城市里现代电子通信和蒸汽运输行业的开端。他曾这样回忆："罗宾逊将军是第一个出生在俄亥俄河以西的白人孩子，我曾多次向他发送电报。我见证了第一条电报线从东部铺设到这座城市；在后来的日子里，我还见证了俄亥俄和宾夕法尼亚铁路公司的第一个火车头通过运河从费城运来，从阿勒格尼的一艘驳船上卸下来。"

彼时，电报就像一个奇迹，人们看到"没有生命的机器……移动……它表达的词句清楚易懂，虽远必达，疾如闪电"。电报对通信速度的革命性影响可与1450年约翰内斯·古登堡改良印刷术对历史发展以及经济发展的重要性相比肩。最早的电报为铁路解决了一个重要问题。随着铁路运输量的增加，对相向而行的火车进行协调需要火车站之间的快速沟通，从而防止事故的发生，减少火车晚点带来的不便。随着电学的发展，发明家们尝试沿着电线传递电码。在19世纪30年代晚期和19世纪40年代，英国采用了库克和惠斯通的双线电缆系统。在这一系统里，电子脉冲让接收端的指针发生移动，指向表盘上的不同字母。1837年，美国的塞缪尔·莫尔斯独立发明了一种更加简便的单线电缆系统，将长脉冲和短脉冲（点和线）用作字母代码。

英国人将电报视为像邮件一样的公共信息系统。1869年，英国的邮政服务吞并了几家早期的电报公司。美国人则将电报和私营铁路联系起来，并在1868年允许私营垄断企业西联电报公司收购所有的竞争对手。结果整个19世纪，每五封美国的电报里，有四封和生意往来有关；而每五封英国的电报里，有四封和私事有关。正如卡内基在匹兹堡看到的那样，商业需求推动美国公司在远超铁路范围的地方铺设电报线路。到1851年，电报线路连接了美国从波士顿到新奥尔良和圣路易斯的所有主要城市，并在1861年连到了旧金山。美国各地之间距离遥远，经济存在差异，在全国市场中，电报均衡了地域性的价格差异，消除了中间商，允许了低库存的存在，让人们了解了商品价格和财务状况。最新的消息迅速传遍全国。

电报让人与人（以及帝国与帝国）更紧密地联系在一起，推动了全球商业的车轮滚滚向前。欧洲帝国主义列强将电报线路铺设到了殖民地——到1865年，仅是印度的电报线路就长达1.7万英里。如此一来，首都便能立即获取远方殖民地的消息，并快速下达指令。中央决策变得更加有效，地方行动的自由受到更多限制。在战争方面，电报不仅为英国镇压1857年的印度兵变（又称"印度土兵叛乱"）做出了贡献，而且在1861年至1865年的美国内战中发挥了关键作用。1866年后，促使跨大西洋电缆大获成功的则是商业动机，而非国家利益。海底电缆稳定了国际价格，促进了贸易扩张。

电报不仅为资本主义经济提供了重要服务，其设施建设和操作也促进了工业组织的重大进步。电报需要大量资金、电报员、会计，以及对广泛分布的业务进行严密的协调监督，这些需要是人类历史上前所未有的。

电报和环境——铜

随着电报的出现，人类朝着在全球范围内采用电力来通信、供能、完成许多工业流程迈出了第一步，随之而来的是对环境的影响。用来传送卡内基用手指敲击键盘时发出的电脉冲的"电线网络"（莫尔斯的兄弟是这么称呼它的）需要来自世界各地的自然资源。

电报需要铜线来传递电信号。由于威尔士的铜产量不断增加，到1800年，英国成了世界上最大的产铜国。到1856年，世界上一半的铜产自英国。社会为此付出了高昂的环境代价。冶炼厂释放的烟雾中含有有毒的二氧化硫，有时还有氢氟酸，以及砷等重金属。毒烟笼罩在动物啃食的植被上，杀死了这些植被，在生态系统和动物体内不断累积。1862年，一位观察者评论道："在铜烟的直接、密集影响下，威尔士斯旺西毗邻地区的植被全部被毒死。山坡上没有一根草，只剩下一堆沙砾和石子。"废水破坏了鲑鱼渔业。采矿活动停止后，有毒的铜渣和砷渣仍然堆积如山。19世纪晚期，英国的铜产量下降，而拉美的铜产量上升,尤其是智利(一度成了世界上最大的产铜国)和古巴。

美国也在自己的国土上开采铜矿。19世纪30年代,人们在阿巴拉契亚山脉切罗基人的土地上发现了黄金,导致切罗基人被迫迁移。1843年,淘金者在田纳西州东南部发现了铜矿脉。矿石储量丰富,将它们运往波士顿和斯旺西的冶炼厂虽大费周章,但也是值得的。1850年,一条木板铺就的轨道连接到33英里外的田纳西州克利夫兰市。几家向克利夫兰工厂供应铜的冶炼厂将山林中挖出的木炭用作燃料——由于含硫量较高,田纳西州的矿石需要经过烘烤,也就是将矿石堆在木床上点燃——每次烘烤大约会产生100万磅的硫磺气体。这对植被和肺部造成了损害,而且,用于烘烤矿石、制作木炭的木材也让周围的山脉裸露在外。19世纪70年代,木材的短缺导致战后的生产时代迎来了尾声。

密歇根州有着全世界最大的自然铜矿,许多纯铜达到了50英尺长、20英尺宽、10英尺高。19世纪下半叶,低级矿石的进一步发现,以及在绕过苏圣玛丽(位于苏必利尔湖和休伦湖之间)的瀑布的地方兴建水闸,促进了产量的激增。在西部其他铜矿开发之后,美国的铜产量超过了其他任何国家。密歇根州的矿工们在矿场粉碎含矿岩,以减少运往冶炼厂的矿石量。大量的水流剧烈地冲刷碎裂的矿石,提高了矿石的含铜量,将无用的碎砂冲往下游或冲入湖中。由于矿石相对较纯,冶炼厂不会释放有害的硫磺烟雾。随着冶炼技术的提高,公司后来回收了这些碎砂,对其重新加工以获取残留的铜,并将剩下的细砂倒入湖中。从密歇根的岩石中每开采出1吨铜,就会在工厂里留下32吨砂和2/3吨矿渣。自此,尾矿中的有毒重金属就被过滤到水和环境中。

美国最早的炼铜厂建在巴尔的摩和波士顿,远离田纳西州和密歇根州的铜矿。1848年,匹兹堡成立了一家将铜矿、冶炼厂、轧铜厂和制造厂相结合的垂直一体化公司。宾夕法尼亚州西部很快也出现了冶炼厂,但到1861年,美国40%的铜是在底特律冶炼的。这座城市位于运铜路线上，很多具有创新意识的新英格兰人在这里定居。

电报和环境——电

在19世纪90年代被发电机替代之前，电池产生电力，将点和线传输到几英里之外。电池的制作过程是将电芯中的锌、铜（有时还有汞）浸泡在酸液或硫酸锌和硫酸铜溶液中，装在柚木槽里，再在柚木槽的表面涂上一层由橡胶和石脑油制成的船用涂料。大量的电池为电报线路提供电源。仅是伦敦的中央电报站就用了2万个电芯。酸液需要每周更换两次，换下来的酸液很可能被倒进附近的水道。电报局里弥漫着刺鼻的气味。

制作电池所用的锌（1837年发明热镀锌后，锌也被广泛用于工业）来自矿区。锌矿石常常含有铅，有时还有少部分银或铜，因此炼锌厂的附近往往建有炼铅厂。英格兰的锌来自奔宁山脉沿线的古老铅矿，以及英格兰西南部、威尔士、什罗普郡、苏格兰、马恩岛稍逊一筹的矿区。18世纪，人们发明了一种炼锌工艺，可以从铅矿的废渣中提炼锌。与此同时，矿工们吸入了矿井中的硅尘，从而患上了慢性病。冶炼产生了有毒的二氧化硫气体和有害的铅雾。到了18世纪中叶，西里西亚、比利时、瑞典、匈牙利、法国、西班牙和欧洲其他地方的锌矿和炼锌厂的产量超过了英格兰的产量。

1850年以前，美国人由于缺少技术和资金，几乎不从事锌的冶炼。1850年以后，新泽西和宾夕法尼亚的锌矿产量有所增加。19世纪50年代中期，宾夕法尼亚贵格会教徒发明了一种用无烟煤来炼锌的方法，成本更加低廉。锌的产量由此提升。在西边，在伊利诺伊和威斯康星的无碛带和密苏里的铅带，矿工们发现了世界上最大的方铅矿，提供了大量的铅和锌。1799年以后，波托西和密苏里的赫库兰尼姆出现了最早的炼铅厂。1820年以后，掌握了基础采矿技术的南方人将奴隶带到无碛带，挖出了大约2000口浅矿。亨利·罗·斯库尔克拉夫特谴责了环境的混乱——他觉得自己"在矿井、砾石堆、晶石，以及矿区中不断堆积的垃圾间曲折前行，很少有地面保存完好，可供游人安全通行，难以察觉的挖掘和深坑时常对游人构成威胁"。1841年，美国出口铅。虽然到1842年，用于炼铅的木材短缺，无碛带的产量有所下降，但美国的铅产量在1845年仍位居全球第一。

大量的锌埋藏在密苏里州铅矿的深处，内战后，这里和密苏里州西南部的另一个铅矿区的产量，远远超过了战前的产量。19世纪后半叶，美国西部挖出了其他的铅锌矿，澳大利亚的布罗肯山也蕴藏着丰富的铅锌矿资源。铅锌矿石的开采和冶炼导致砷和镉等微量元素的大面积释放，它们随着锌和铅一起进入土壤和水中，并在兽类、鱼类和贝类中不断积累，最后进入人们的身体。矿工将尾矿倾倒在溪流中，破坏了田地，毒死了牲畜和鱼类，引发了下游农民的怒火和诉讼。

电报和环境：绝缘材料

铜线和电缆所需的电绝缘材料通常来自巴西、南亚和东南亚殖民地的热带树木。1847年，德国的维尔纳·冯·西门子在一根电报电缆上涂上了产自东南亚树木的古塔波胶，而非柏油棉或大麻。自1656年以来，欧洲人就了解到古塔波胶是一种坚硬的橡胶状物质，但它缺少橡胶的弹性。1832年，一名马来工人向苏格兰外科医生威廉·蒙哥马利展示如何将古塔波胶浸泡在热水中，使其变得柔软，然后再将其制成有用的物体。后来，蒙哥马利在欧洲推广了这一工艺。英国、荷兰、法国、西班牙在东南亚的殖民地，以及泰国，提供未加工的古塔波胶，欧洲的工厂将其制成防水或耐酸的产品，类似于今天的塑料。在西门子的探索之后，古塔波胶也被用来涂覆电报线。

古塔波胶不像橡胶那样可以在不杀死树木的情况下被提取出来，它存在于树木的心材中。成群结队的工人冒着水蛭、昆虫、老虎和蛇的危险，到达丛林深处的古塔波树林，在距离地面14到16英尺高的地方搭建平台、砍倒树木，在树干上切开口子，让胶乳慢慢流出——大部分胶乳是无法获取的，会留在已经死亡的树木中心。一棵60英尺高的树大约可以产出11盎司（1盎司约合28.35克）的胶乳。到了1900年，仅涂覆海底电缆就需要用到2.7万吨古塔波胶，人们为此可能砍伐了8800万棵古塔波树。尽管生产古塔波胶的种植园在20世纪初就已经开始出现，但只有1900年以后无线网络的广泛使用才阻止了古塔波树的灭绝。

橡胶在室温下也是一种优质的绝缘材料，但橡胶会在温暖的天气下发软，在寒冷的天气下变硬并碎裂。1839年，康涅狄格州的查尔斯·古德伊尔改进了橡胶的硫化工艺，将橡胶和硫磺粉混合加热。经过这一工艺处理，橡胶不仅适合制成电绝缘材料，还适合制成耐候性织物、部分医疗器械、皮带、软管和垫圈。1888年，苏格兰人约翰·博伊德·邓洛普研制出第一条实用的充气轮胎，此后橡胶的应用范围就更广了。

橡胶的需求飞速增长。整个19世纪，全世界的橡胶都来自巴西亚马孙河流域的野生树木。成千上万以劳役偿还债务的工人冒着蛇、疟疾、恰加斯病和利什曼病的危险来采集胶乳。顶峰时期，橡胶占到了巴西出口收入的40%。1830年，英国只进口了500磅橡胶；1857年，这一数据增长至2万磅；而到了橡胶普遍应用于电报线制造的1874年，这一数据甚至达到了13万磅。1900年后，英国和荷兰成功建立了依靠东南亚苦力运转的橡胶种植园，极大地提高了橡胶产量，以低廉的价格普及了橡胶。不久，法属印度支那和利比里亚也建立起了橡胶种植园。种植橡胶树这样的单一品种对环境造成了严重影响，大片原始森林被取代，生物多样性随之减弱，土壤侵蚀问题也日益凸显。

工业化和帝国主义

就这样，东南亚殖民地在工业化进程中扮演了重要的角色。最早的东南亚殖民地是荷属东印度群岛（印度尼西亚），这片土地在荷兰东印度公司的管理下日益壮大，直至1800年，在荷兰东印度公司的财务问题的影响下，荷兰政府取得了这片土地的控制权。荷兰东印度公司只管理着群岛上产生利润的那些土地，而荷兰政府却不断扩大其控制范围。荷兰政府还建立了便于发展的基础设施，包括可以全天候通行的道路、邮政服务、电报和铁路，并鼓励广泛种植甘蔗、咖啡树、茶树、罂粟、棉花、烟草、橡胶树和油棕树，后面还开采了锡矿和油田。

19世纪的马来西亚除了新加坡及英国东印度公司、荷兰东印度公司的几个贸易站，大部分土地并未被殖民。成千上万的中国人为了逃离战乱和贫困而移民到这里，渴望从古塔波胶等林业产品中赚到一些钱。中国人在贸易、锡矿开采、种植园农业中占据着主导性地位，但这样轻度的开发却对维持了数个世纪的森林生态造成了巨大的影响。英国仍然乐于在这里建立保护国，并且为了维持稳定偶尔进行干涉。19世纪晚期，出于对德国殖民的恐惧，英国扩大了其在马来西亚的控制范围，在经济上取代了中国的主导地位。由于欧洲工业对锡的需求已经超出了欧洲锡矿（主要是康沃尔的锡矿）的产能，锡矿在英属半岛马来西亚（旧称马来亚）和荷属东印度群岛的战略重要性不断上升。然而，无论是中国、英国还是荷兰，脆弱的治理都催生了暴利的、不负责任的锡矿开采。矿石开采殆尽后，山坡上坑坑洼洼、沟壑纵横。随着冶炼厂不断燃烧木材，热带森林也逐渐消失。同样具有生态破坏性的露天矿坑在19世纪晚期急剧增加。水力采矿致使河道淤塞，频频引发下游城市的洪涝灾害。

卡内基是帝国主义的反对者。他认为帝国主义对商业产生了负面影响，而非积极作用。1898年美西战争爆发后，卡内基参加了反对帝国主义的运动。运动失败后，他转而反对英国人与南非阿非利坎人之间的战争，同样以失败告终。一直以来，他都致力于游说共和党总统批准菲律宾独立。

神奇的铁路

当初雇用卡内基担任电报员的就是一家铁路公司。与其说是电报，不如说是铁路的快速发展将卡内基和世界经济推向了新的高度。正如葡萄牙的卡拉维尔帆船和卡瑞克帆船代表着海洋贸易的发展，铁路代表着陆路贸易的进步。如果没有廉价可靠的海洋运输和陆路运输，工业资本主义就会面临资源和市场匮乏的困境。

铁路是蒸汽动力的馈赠。蒸汽机为当时的人们编织了以蒸汽驱动运输的梦想。不过，移动式蒸汽机在瓦特的专利垄断到期以及冶金取得进步之后才出现。1802年，来自康沃尔的采矿工程师理查德·特里维西克设计出了一台高压蒸汽机。它的尺寸很小，可以为马车或船只提供动力。不久之后，人们就从科尔布鲁克代尔、南威尔士、纽卡斯尔和利兹的煤矿上拉来煤炭，并将其运往海滨地区的市场。纽卡斯尔的乔治·斯蒂芬森和他的儿子罗伯特·斯蒂芬森发明了第一辆可以在公共铁路上奔腾的蒸汽机车。1829年，罗伯特·斯蒂芬森为利物浦和曼彻斯特铁路设计的火箭号蒸汽机车则彻底改变了铁路运输。次年，人们开始搭乘由火箭号蒸汽机车牵引的火车，火车时速可达30英里，快得令人头晕目眩。

人们对铁路的热情远远超过对运河的热情。虽然运河仍占据一席之地，运输价格也更低廉，但铁路运输更快速，而且可以在水源匮乏或坡度太陡、不适宜开凿运河的地方铺设铁轨。正如之前英国的运河修建热潮席卷欧洲大陆和美国一样，铁路修建狂潮也逐渐蔓延开来。1817年，荷兰国王和政府（统治比利时至 1830 年）向英国兰开夏郡的企业家约翰·科克里尔划拨资金，令其在一座煤矿附近建造一家综合型钢铁厂。自此，比利时开始了极为迅猛的工业化进程。科克里尔安装了欧洲大陆的第一台蒸汽机车，并在 1835 年修建了第一条铁路。到了 19 世纪中期，比利时政府建成了欧洲最为密集的铁路网络，促进了这个煤炭大国的工业的快速发展。没过多久，德国人也设计并制造了机车。其他欧洲国家紧随其后。在欧洲以外，英国开始在印度铺设铁轨。19 世纪下半叶，欧洲人在亚洲和非洲的殖民地修建铁路。到了 19 世纪末，其他亚洲和拉丁美洲国家也在欧洲国家或美国的工程支持及设备支持下，开始修建铁路。

歌川国芳，东京高轮铁路蒸汽机车插图，1873 年。铁路为全球经济和日常生活带来了变革。1872 年高轮铁路的竣工标志着日本工业化的开端。人们对此颇为着迷，因此高轮铁路常出现在艺术作品中。（大都会艺术博物馆，林肯·基尔斯坦捐赠，1959 年。）

美国幅员辽阔、人口稀少，政府弱势低效，因此美国人在没有中央规划或监管的情况下，掀起了修建铁路的狂潮。这些铁路有许多是不安全的，也是不必要的。1825 年，美国的公司开始建造由马匹或英国机车驱动的有轨车道,以运输煤炭或石料。4年后,客运铁路问世。很快,美国人制造了自己的机车,在这个森林茂密的国家,机车通常燃烧木材而非煤炭。到了1840年,美国拥有的铁路里程(3328英里)比整个欧洲的总和(1818英里)还要多,而且差距还在扩大。到了1860年,仅是美国就拥有3万多英里的铁路。费城原先缺少通往蓬勃发展的西部的水上通道,此时却成了主要的交通枢纽,在1854年宾夕法尼亚铁路越过群山,将费城与匹兹堡连接起来之后就更是如此。

与此同时,蒸汽机开始取代古老的风力。蒸汽船可以逆流而上,在无风甚至逆风的条件下也能航行。1807年,罗伯特·富尔顿设计并建造了第一艘可以成功航行的商用蒸汽船。这艘船由博尔顿和瓦特公司制造的蒸汽机提供动力,从纽约市沿着哈得孙河逆流而上,行驶150英里到达伊利运河的终点奥尔巴尼。就这样,美国举世无双的适航河网变成了"商业高速公路"。到了19世纪50年代,在密西西比河、密苏里河和俄亥俄河的广阔流域上能看到700多艘大型蒸汽船的身影。

在富尔顿发明商用蒸汽船的几十年之后,蒸汽轮船开始在海面上往来穿梭,不再借助洋流和风力,沿着更加快速便捷的航线驶向远方。不过,蒸汽轮船的普及十分缓慢,因为这些船只必须装载沉甸甸的燃料,在每次航行结束后都必须重新加满燃料。由于存在这些缺点,人们后来发明了更高效的引擎,并采用能量更高的无烟煤。这种煤几乎由纯碳组成,烧起来很热、很慢,留下的灰很少,几乎不会产生烟。然而,无烟煤矿床很少出现在航运方便的地方。英国等殖民国不得不将煤炭运往具有战略意义的装煤港口。到了19世纪晚期,大多数远洋蒸汽轮船都用桅杆和船帆作为辅助动力,以节省燃料,避免煤炭短缺。

蒸汽运输对全球经济具有深远影响。在美国,火车和蒸汽船改变了经济结构,催生了地区经济专业化现象。南部的蓄奴州为新英格兰和英国的纺织厂生产棉花,中西部各州为南部及东部经济快速发展的城市提供粮食。美国的很多谷物和大部分棉花都流向了英国。铁路和蒸汽船几乎将每一个美国人都与市场经济联系在一起。曾经在大西洋彼岸寻找市场的商人如今越来越多地把目光转向内陆。

柯里尔和艾维斯,《世纪的进步》,1876 年。这幅平版画庆祝了美国独立以来一个世纪的变化,描绘了剧烈的工业化进程对人们日常生活的改变。蒸汽机带动皮带和滑轮运转,为印刷机提供了动力,以低廉的价格印刷书籍报纸,提高了人们的识字率。图片的中间部分突出了电报,而一扇敞开的大门里出现了一台蒸汽机车、一艘蒸汽船、一家采用蒸汽动力的工厂,这些都象征着一个崭新的以蒸汽为动力的文明时代的到来。电报纸带上显示的是丹尼尔·韦伯斯特援引的《圣经》经文,表达了对基督教和美国经历内战得以完存的赞美。(大都会艺术博物馆,阿黛尔·S. 柯盖德的遗赠,1962 年。)

蒸汽和钢铁

宾夕法尼亚铁路公司引领卡内基一步步走向钢铁工业。没有什么比铁路更能促进钢铁工业的扩张和创新了。重型铁制机车牵引着由铁架子、钢轮胎制成的车厢，奔跑在数万英里长的钢轨上，驶过一座座铁桥和高架桥。然而，铁路需求只是纷至沓来的工业新需求中的第一项。在实际运用中，蒸汽机被制造成蒸汽铲、蒸汽滚轴、蒸汽拖拉机，以及采用蒸汽动力的工厂工具。19世纪30年代后，造船公司尝试采用铁制船体和船舶部件。到了19世纪末，大多数轮船弃用了木结构。欧美人的工作中大量出现铸铁器具和机械。家用的钢铁制品也大量增加，改变了人们的生活。铁制床架和弹簧床垫可以防虫；铁制的炉子、工具和小配件出现在了厨房里；铁制的农用机械彻底改变了农业，减少了对劳动力的依赖；蒸汽机带动打谷机等农用设备运转。到了19世纪末，蒸汽拖拉机已经在美国各地的田野上缓慢前行。农场的生产力得以迅速提高。为了满足需求，钢铁工业的产量必须增加。一个全新的铁器时代就这样诞生了。

卡内基时刻准备着抓住机会，除了担任斯科特的私人电报员，他还兼任斯科特的秘书和助理。宾夕法尼亚铁路公司和它的施工公司、卧铺车厢制造商及其他与之有业务往来的公司之间存在一些幕后交易，卡内基也获得了投资这些幕后交易的机会。随着卡内基对业务的不断了解，他肩负起了更重的责任。当斯科特升任副总裁时，他接替了斯科特匹兹堡分部负责人的职位。这一年，卡内基24岁。

卡内基在铁路公司的办公室里接受了最好的商业教育。铁路公司是全世界最早出现的大企业，比电报公司还要大，后来的大企业纷纷借鉴了铁路公司的经验。铁路公司在工业资本主义成熟期，即第二次工业革命中占据了主导地位。每一家铁路公司都面临着人类历史上前所未有的组织、控制和融资难题。公司必须为轨道、通行权、铁路车辆、售票厅、货运设备、铁路站场、圆形机车库筹措资金；为一切投保；雇用并监管工程师、消防员、司闸员、列车长、搬运工、开关工、扳道工、修理工和电报员,此前这些人很少按照固定的工作时间领取工资;雇用受薪的中高级管理人员、律师、会计师,很久之后才出现了培训这些人员的专门学校;削减坡度、铺设轨道、修建桥梁、开凿隧道,维护这些人们所依赖的设施,并在必要时加以更换;购买机车、货运车厢和客运车厢;加好燃料和润滑剂,确保火车得到妥善修理;在有需求的时候能够提供火车,并能准时发车;防止火车相撞或相互干扰;进行广告宣传,招揽旅客和货运客户,确保火车全部订满。19世纪五六十年代的会计和财务的创新,在20世纪80年代成了所有铁路公司的标准做法。在数十年后,铁路公司的岗位按照行业标准实行专业化。组织上的改进提高了铁路的效率,促进了技术的持续革新,让公司能够制造出更大、更重的发动机和车厢,以及更好的轨道。火车的数量不断增加,而且跑得更快、更安全。1861年之后,美国的公司看到了合作的益处,开始对设备和轨距进行标准化。这样一来,乘客和货物就可以通过铁路抵达四面八方,无须浪费人力、物力、财力进行中转。1846年,英国颁布《轨距法》对铁路轨距进行标准化,此时美国紧紧跟上了英国的步伐。

宾夕法尼亚铁路公司运营着全美最佳的铁路。公司采用详细的成本核算,投资优质项目,并对线路加以妥善维修。卡内基在这里接受的商业教育,在美国内战期间给了他很大帮助。宾夕法尼亚铁路公司对自身的战略定位是"弗吉尼亚前线的运输者",这让公司的各条线路都变得繁忙且有利可图。卡内基对士兵、工业资源和战争物资的流动进行了出色的管理,这一经历让他进一步做好了自立门户的准备。

新铁器时代

1862年,卡内基第一次走出铁路领域,涉足钢铁行业。他和三名工程师,还有两位曾经的老板创建了凯斯通桥梁公司,用熟铁桥替代质量不佳或年久老化的木桥。1864年，他投资了新成立的联合钢铁厂，为凯斯通桥梁公司供应铁。一年以后，他成了公司的总裁。内战结束后，卡内基成了一名腰缠万贯的富翁。他从宾夕法尼亚铁路公司辞职，开启了为期一年的欧洲之旅。

卡内基在欧洲顺带考察了钢铁厂，途中还去了伯明翰。自18世纪以来，伯明翰一直是工业创新的枢纽，人们可以在这里观察到钢铁行业最新的技术和工艺。这里靠近黑乡的铁矿和煤矿，不仅坐拥丰富的资源，而且有路线通往曼彻斯特、布里斯托和伦敦，另外还有来自附近人口密集的郡的充足劳动力。伯明翰曾经是清教徒的大本营，由于缺少当地的领主或城市宪章，在王政复辟时期吸引了大量非国教徒的到来。这里不受同业公会管制，呈现一派繁华忙碌、万象更新之景。贵格会教徒在当时可能控制了英格兰地区一半的钢铁厂，带来了许多创新发明。1705年至1750年，贵格会教徒亚伯拉罕·达比和他的儿子在伯明翰以西的科尔布鲁克代尔改良了用焦炭炼优质铁的方法。这种做法随着18世纪煤炭价格的上涨而普及开来。得益于不断的改良和发现，英国的铁的质量和数量都有所提高。到了19世纪中叶，英国的铁产量超过了其他任何国家。

1781年，亚伯拉罕·达比三世与约翰·威尔金森磋商后，开创性地在科尔布鲁克代尔附近建造了一座铁桥，此后，用作运河高架渠以及后来的铁道桥的铁桥大量出现。1797年出现了一家用铁柱和铁梁建成的纺织厂，这样的纺织厂拥有更大的占地面积和窗户面积。19世纪30年代出现了铸铁建筑装饰和铸铁栏杆。19世纪50年代，铸铁建筑外立面逐渐流行起来。

美国吸收英国发明创新的速度很慢。美国的炼铁厂仍旧沿用传统的方法，燃烧大量煤炭而非焦炭来炼铁。在这样一个木材丰富的国家，铁的需求量并不高。早期的美国工厂使用的都是木制机器，而非铁制机器。新英格兰的纺织厂会进口它们确有需要的铁制产品，但很少购入蒸汽机。1840年前后，钢铁工业开始快速转型。费城北部的利哈伊山谷是全世界最大的无烟煤产区。1825年后，运河网络将煤矿与马里兰、纽约等没有其他现成煤炭来源的东海岸市场连接起来，再后来，铁路承担了连接市场的功能。铁的冶炼在宾夕法尼亚州东部以及更东北的地区迅速蔓延开来。美国固定式蒸汽机的数量从1832年的100台左右激增至6年后的900多台。这时，新英格兰的工厂也购入了蒸汽机，以获得更大、更可靠的动力。

煤炭和蒸汽促进了大型工业企业的迅速发展。1830年，美国大多数大型工厂生产纺织品。25年后，从缅因州到马里兰州的燃煤工厂开始生产各种各样的手动工具和器械等物品。由于匹兹堡蕴藏着丰富的煤炭资源，在这里使用蒸汽机的性价比很高，因此早在卡内基小时候，蒸汽就为匹兹堡的纺织厂、炼铁厂、玻璃厂和蒸汽机厂提供了动力。到了19世纪50年代，企业史学家阿尔弗雷德·D.钱德勒写道："美国工厂的产量和生产技术着实令人印象深刻，英国政府开始派遣专家来学习美国的工业技术。"

匹兹堡的地下蕴藏着巨大的烟煤层，这是一种比无烟煤质地更软、产烟更多的煤。19世纪40年代，在卡内基家族来到匹兹堡时，匹兹堡的各类工业正朝着钢铁工业集聚。工厂里大量使用蜂房炼焦炉，能将煤炭炼成含碳量较高的焦炭，这导致阿勒格尼高原的山谷里弥漫着烟雾。大部分焦炭通过匹兹堡密集的河网，或者通过铁路运到工厂的熔炉里。1867年，一名英国游客描述了在一座可以俯瞰匹兹堡的山丘顶上"见到的最震撼人心的景象"，这一描述非常著名。

> 山岳之间充满了深黑色的烟雾，浓烟遮蔽下的烟囱喷出几道火舌。深渊底部则传来数百个蒸汽锤的噪声。有时看不见一丁点火

焰；但很快，风会把笼罩的烟雾吹到一边，整片黑色依稀被一圈圈微弱的火光照亮……如果有人想欣赏（震撼人心的）壮观景象……只要沿着绵延的山径（走）到匹兹堡的悬崖街上，然后（眺望）——那个掀开了盖子的地狱。

俄亥俄州发现的巨大铁矿、密苏里州的铁山，以及分布在苏必利尔湖周围的世界上极为重要的一大铁矿区，都通过轮船和铁路，将铁矿石运往宾夕法尼亚州西部煤层上的炼铁厂。

美国人开始炼钢

卡内基在美国炼钢业的崛起中发挥了重要作用。欧洲之行结束后，他继续投资电报公司、建造卧铺车厢的普尔曼公司及凯斯通桥梁公司。彼时，凯斯通桥梁公司是圣路易斯伊兹桥（第一座横跨密西西比河的大桥）的供铁商。1870年后，他频繁前往伦敦和纽约出售桥梁和铁路债券。一些热衷于探寻投资良机的欧洲人购买了大量的美国铁路证券。在纽约市，铁路的资金需求催生了投资银行，健全了包括营销和投机在内的所有现代金融工具。现代化的纽约证券交易所应运而生。一个庞大而复杂的资本市场此前已在纽约发展起来，在内战结束后能够为铁路和工业提供资金。卡内基正处于这一资本市场最活跃的地带，他通过一桩又一桩内幕交易积累了大量财富。

1872年回到匹兹堡后，卡内基撤回了钢铁产业以外的所有投资。1870年对进口钢材征收的关税让钢铁产业成了一项颇具吸引力的投资。卡内基的钢铁生意不断扩大，利润也日渐丰厚。卡内基最大的经商天赋就在于他能够吸引并留住优秀的经理和工程师。虽然自19世纪70年代中期以来，他的欧洲之旅都涵盖参观钢铁厂的行程以及和钢铁厂老板的交流讨论，但他本人对如何炼就钢铁其实知之甚少。

1872年，卡内基考察了亨利·贝塞默位于谢菲尔德的钢厂，这让他印象十分深刻。谢菲尔德位于奔宁山脉山麓地带、伯明翰以北70英里处，自18世纪末以来一直是世界领先的钢铁之城。在很久以前，谢菲尔德人便依靠从瑞典进口的优质铁来制造钢制餐具。贝塞默是胡格诺派教徒的后裔，他在1855年设计出了一套工艺流程，通过在一个巨型窄口缸（也就是转炉）中对着熔化的生铁吹空气来减少铁中的含碳量。贝塞默炼出的钢材在整个英国首屈一指。各大铁路公司很快意识到，贝塞默的钢材可以造出更好的铁轨。虽然用贝塞默的钢材制造的铁轨的成本是普通铁轨的2倍，但贝塞默的铁轨要耐用得多。

内战结束后，为取代战时因运输任务繁重而破损不堪的铁轨，并修建横贯美国东西部、通往太平洋沿岸的铁路，美国对钢铁的需求激增。为了满足这一需求，从威尔士到兰开夏再到格拉斯哥，英国钢铁厂的数量与日俱增。美国对钢铁的需求非常大，即使在1870年征收关税之后，美国仍然进口大量钢材。美国的炼铁厂实验了贝塞默的方法。出生于康涅狄格州的亚历山大·莱曼·霍利根据美国的情况调整了贝塞默的工艺，尽管牺牲了钢材的质量以获取更多的数量，但改进后的炼钢法降低了制造成本，极大地提高了效率。在最早的13家位于美国的贝塞默工厂中，霍利为11家设计了工艺流程。

一直以来，美国的铁路公司都从谢菲尔德购买钢制火车轮毂，直到钢铁行业出现了强有力的竞争者。阿尔弗雷德·克虏伯，一名来自普鲁士鲁尔区埃森市的改革宗新教徒。阿尔弗雷德的父亲弗里德里希经营着一家小小的炼铁厂，趁着拿破仑战争期间缺少来自英国的竞争，发明了坩埚法。阿尔弗雷德改进了这一工艺，后来又采用了许多英国的创新方法，在欧洲大陆上建立了第一个贝塞默工厂。到了19世纪70年代，阿尔弗雷德公司的产品包括钢轨、火车车轴、船舶螺旋桨、齿轮轴、机车零部件和钢炮。他还发明了生产无缝火车轮毂的方法，在迅速扩张的美国市场上保持着出色的销售业绩。接着,他收购了欧洲各地的铁矿,并进行垂直整合。依靠着创新能力和全球竞争力,阿尔弗雷德的公司在19世纪80年代成了欧洲最大的私营公司。

铁路拓宽工业资本主义的边界

铁路公司对工业资本主义的促进作用并不仅仅体现在对钢铁工业的刺激上。最显而易见的就是在美国和俄罗斯,铁路公司铺设的陆路交通运输网扩大了工业资本主义的影响范围,加速了对偏远地区资源的开发。在美国,密西西比河以西干旱、没有树木、几乎没有河流的土地让欧洲人难以在此定居或对其加以开发。铁路线从芝加哥蜿蜒伸展至平原地带。随之而来的是资本主义的发展和环境破坏,尽管在俄罗斯,铁路系统的弱点限制了它的经济影响和环境影响。

工厂通过皮带将动力从高处传送到地面的机器上,而大部分皮革是由美国、印度、南非和拉美的牛皮制成的。在铁路的影响下,美洲野牛濒临灭绝。制革用的单宁则来自世界各地的橡树和铁杉,这也使19世纪中叶美洲铁杉林遭到破坏。1871年前后,伦敦人(也有可能是德国人)发明了一种用美洲野牛的皮来制革的方法。1873年恰逢经济萧条,一大帮失业者急于寻找各种路子来赚钱,美洲野牛皮是一种无须投资饲养动物就能获取的兽皮,市场便如此诞生了。在接下来的10年里,捕猎者几乎杀死了美国大平原上所有的野牛,大约有1000万头,并通过铁路向东运输,将野牛皮用于制革或出口。

铁路先是把大平原的草地变成了奶牛牧场,然后又变成了麦田。得克萨斯州的牧场主需要将牛群运往市场。19世纪70年代,以堪萨斯州阿比林市为代表的城市开通了铁路,大量牛群被从这些地方运往他处。一节节车厢载着牛群来到芝加哥。在这里,大型包装公司通过"流水线"(借鉴了亨利·福特的流水线)快速高效地宰牛,然后再通过发明不久的冷藏车将低成本生产的牛肉运往全国各地。

若非政府津贴,横贯大陆的铁路就无法穿越数百英里乘客稀缺的平原和山脉地带。联邦政府将成千上万英亩的公共土地用于修建大部分横贯大陆东西部的铁路,而铁路公司又将这些土地转卖给农民。买到地块的农民种植大量粮食,并用铁路将其运往市场。火车将粮食运往芝加哥的谷仓。在那里,大型碾磨公司会将谷物磨成粉,然后再通过铁路运到全国各地的消费者手里。

除了宰牛和碾磨谷物,芝加哥还孕育了制造业。铁路公司希望开往平原的火车车厢能载满货物。由于人烟稀少的平原上缺少劳动力,农民们迫切地从塞勒斯·麦考米克的芝加哥工厂购买收割机等机械。从威斯康星州砍下的林木会被送往芝加哥的木材加工厂,然后再运至树木稀缺的大草原,草原上的农民会用木材来建造房屋和谷仓。蒙哥马利沃德公司、西尔斯罗巴克公司会给农民寄去消费品目录,里面满是在芝加哥制造或存储,并通过铁路运输的产品。为了服务这一切,庞大的银行业在这座城市悄然兴起。大批移民涌入芝加哥,机会俯拾皆是。芝加哥的官方人口数从1840年的4470人暴增至1910年的2,185,283人。

俄罗斯也希望通过开通铁路,对广袤而偏远的西伯利亚边境的资源加以开发。莫斯科梦想着围绕"欧洲的丝绸、茶叶和皮毛,以及远东的制造业等行业",发展成为东西方贸易中心。政府修建了通往西伯利亚的铁路,并且在英国和法国投资者的支持下,让铁路一路通到了太平洋沿岸。西伯利亚大铁路连接了资源和不断发展的工业中心。它穿越了主要流域,串联了西伯利亚的河流与俄罗斯全国的交通网络。它促进了俄罗斯人半自发地定居,以摆脱贫困和抓住有限的机会。它吸引了许多地质探险队来勘探西伯利亚的矿产资源。它的建造刺激了俄罗斯,尤其是乌拉尔地区的钢铁工业,尽管东部的铁路依赖美国的钢材。然而,从长期来看，糟糕的设计、混乱的管理、政治和官僚主义障碍以及能力不足阻碍了俄罗斯开发西伯利亚的雄心。因此，西伯利亚的采矿业和工业未能发展起来。在环境方面，最明显的影响就是为了提供火车燃料、修建铁路、满足新定居者的需求，森林遭到了破坏。由于火车引擎进出的火花频繁引发了森林火灾，森林亦遭到了破坏。

卡内基钢铁

卡内基借助铁路方面的关系建立了自己庞大的钢铁帝国。1872年，卡内基创办了埃德加·汤姆森钢铁厂，公司名直截了当地取自宾夕法尼亚铁路公司总裁的名字。次年，他采用霍利的设计建了一家非常先进的钢厂，该厂靠近莫农加希拉河及从巴尔的摩到俄亥俄的铁路。这里交通便利，因此卡内基可以谈到最优惠的货运价格，而无须依附于宾夕法尼亚铁路公司。得益于霍利高效的设计和创新，工厂制造的钢轨量大价廉，一时间没有哪家工厂可以望其项背。在精心的布局下，原材料可以被便捷地运入工厂，各幢楼宇的位置又能满足生产的需求。霍利设计出了一种方法，可以捕获贝塞默转炉产生的白热[①]，减少煤炭消耗量。按照设计，工厂必须连续生产钢材，不能间断。

1873年，杰伊·库克在建造他的横贯大陆的北太平洋铁路时破产。美国的银行体系也随之崩溃，影响波及整个欧洲。通过出售剩余的非钢铁类投资（通常是亏本出售），并让银行家相信，他和他的合伙人是诚信的商人，并非投机者，卡内基得以继续建造新的钢铁厂。1875年，埃德加·汤姆森钢铁厂开始生产钢轨。由于工厂按照设计连续生产钢材，随着经济萧条的加剧，卡内基接受了更低的价格。卡内基开出的薪水很丰厚，因此工人的工作表现出色，没有受到工会的影响。1877年灾难

[①] 白热，指物体受热发出的白光，此时温度往往达到1200～1500℃。

性的劳工暴乱亦未波及卡内基的工厂。

卡内基在竞争中抢占先机。他总是第一个推进机械化、大胆创新的人。卡内基明白，横贯大陆的铁路竣工后，钢轨的需求会急剧下降。19世纪80年代初，经济放缓抑制了对钢轨的采购。1883年，卡内基收购了附近陷入困境的霍姆斯特德工厂，将其业务从生产钢轨转变为生产结构钢，并加装平炉，从而相较于贝塞默工艺，能够以更稳定的水准生产出更优质的钢材。

与其他钢铁公司相比，卡内基更好地经受住了1893年的经济萧条以及钢轨订单的下降，成了美国最大的结构钢生产商。美国城市针对快速发展的问题所采用的解决方案（高架铁路、地铁，以及美国人的发明——摩天大楼）都需要钢铁。钢框架让摩天大楼可以使用薄而轻的墙壁，并装上许多窗户。1890年，卡内基又吞并了迪凯纳工厂——当时全世界最现代化的工厂。到了19世纪末，卡内基的四家钢厂的钢产量超过了英国的一半，且超过了德国、比利时、法国钢产量的总和。

工业资本主义的全球产物

工业资本主义在全球传播的过程中呈现出多种形式。只有在英国和美国，工业资本主义的发展几乎完全来自私人的自发和投资，虽有政府的激励，但没有政府的直接投资或监督。而在其他地方，国家发挥了更为积极的作用。

在法国，尽管政府等方面通过窃取英国技术、雇用英国技术人员来建立工业基地，但烟囱工业化并未大获成功。法国缺少易于开采的大型煤矿。在高关税的保护下，农民免受国际农业竞争的影响，他们保留着在法国大革命期间获得的小块土地，没有推行机械化。资本主义农业并未发展起来。农民留在土地上，没有迁往城市成为劳动力。通过雇用德国天主教工人,米卢斯成了法国工业化的一个小小引擎。当1837年的大萧条使纺织品市场崩溃时,米卢斯奉行加尔文宗的各大家族扩大经营范围,投资缝纫线、墙纸、纺织机、蒸汽机、涡轮机、铁路、机车、染料和化学制品,以及后来的汽车、电力、银行、石油和塑料制造业。为了利用贝尔福市孚日山脉丰富的水力资源,他们在山脉的西坡建立了工厂。1871年普法战争后,德国吞并了阿尔萨斯,贝尔福成了德国的一个工业中心。

德国的工业化起源于16世纪的莱茵兰,与荷兰资本有着贸易联系、能够获取荷兰资本的佛兰德斯和荷兰宗教难民在这里建立了纺织业。由于他们的产品受运输成本影响而在大众市场上缺乏竞争力,他们便针对德国和俄罗斯市场生产高质量的羊毛和丝绸。19世纪上半叶,工业推行机械化,引领着德国各大经济部门的发展。莱茵兰的工业化为煤炭资源丰富的莱茵-鲁尔地区的重工业发展铺平了道路。19世纪30年代的德国关税同盟,从19世纪50年代开始、由私人资本资助但由政府官员指导的铁路建设,以及1871年的德意志统一促进了工业化的发展。鲁尔区的煤很适合炼焦,但铁却依赖进口。信奉新教的商业和工业精英雇用了德国和波兰的天主教劳动力。强大的德国军队对钢铁制造业产生了极大的刺激作用。在军事资金的支持下,阿尔弗雷德的公司成了重要的工业创新者。德国修治并疏浚了莱茵河的河道,不仅使之成为一条大运河,还让其为国家的贸易和工业服务,尤其是一船船的铁会通过莱茵河运往工厂。这改变了河水的流动,迫使上游的瑞士和下游的荷兰也重新修缮莱茵河河道。

一些国家之所以推行工业化,是为了避免沦为殖民地,或陷入对西欧国家和美国的经济依赖。在克里米亚战争中败北后,幅员辽阔、乡土气息浓厚的俄罗斯开始走向现代化。俄罗斯政府意识到,俄罗斯的经济依赖向西方出口谷物、木材和铁,以此来进口贵族所需的奢侈品,于是他们创办银行，提高关税，雇用来自西方的工程师，从而修建铁路网络，以及发展煤炭和钢铁行业。寻求高回报的法国和英国投资者为俄罗斯的发展提供了大部分的资本，这和他们在美国及其殖民地的做法如出一辙。在苏联共产党的统治下，政府支持工业化的传统得以延续。由于担心工业化的资本主义国家入侵，苏联领导人在1928年推出的第一个五年计划中提出要大力发展重工业。由于和世界经济相隔绝，苏联通过向国外出售粮食（以及几乎任何可出售的东西）来购买设备和技术，从而为工业化提供资金。在大萧条以及干旱的影响下，第一个五年计划的实施变得非常复杂。乌克兰盛产煤矿的顿涅茨克地区（1869年，威尔士企业家约翰·休斯在这里建立了第一座钢城）成了苏联的工业中心，由欧洲最大的水电坝提供动力，后来这也使该地区发展具有战略意义的铝工业成为可能。其他重大的工业化项目主要在马格尼托哥尔斯克、西伯利亚的库兹涅茨克盆地和伏尔加格勒开展。

类似地，日本也迎来了依赖国家支持的工业化。由于日本缺少炼焦煤或铁的资源，日本工业化对环境的影响波及了整个东亚。1853年，美国海军准将马修·佩里率领军舰长驱直入，要求日本开放国际贸易。鉴于鸦片战争对中国的影响，日本人非常警觉。1868年，明治天皇掌权，废除封建制度，强化中央集权。由于私人资本无法涉足工业领域，政府便全盘接管。1911年前，日本受不平等条约影响，无法控制自己的关税，于是出口丝绸和棉纺织品以购入煤炭和铁矿石，进而增强自身的军事力量。到了1914年，连接多山岛屿的铁路线已经长达1万多英里。与此同时，家族控股公司统治由金融公司和垄断性工业公司构成的综合性系统的独特体系悄然诞生。工业生产能力和技术知识的发展也十分迅速。日本在1894年至1895年的甲午战争、1904年至1905年的日俄战争中的胜利，为20世纪日本更具侵略性的外交、经济政策奠定了基础。

钢铁和环境变化

卡内基的钢铁生意展现了每个国家的钢铁行业带来的环境影响。匹兹堡对环境的影响远远不只是带来烟雾弥漫的山谷。为了获得高质量的铁，卡内基千里迢迢来到明尼苏达州的梅萨比山脉。约翰·D. 洛克菲勒此前买下了梅萨比山脉新开发的铁矿床低价卖出的所有铁矿，获得了通往苏必利尔湖的铁路以及五大湖上采矿船的控制权。作为回应，卡内基购买了他的铁矿，并扬言要建立属于自己的铁路和船队。双方达成的协议对卡内基非常有利，现在，梅萨比山脉的铁矿只向卡内基供应。梅萨比山脉则承受了巨大的代价。山脉中的浅层矿石更适合露天开采。露天采矿能减少浪费，这是因为公司发现通过筛选矿石质量、进行高低等级混合，很容易就能获得适于销售的产品，并减少尾矿中的矿石。采用露天采矿法还能开采那些开采隧道式矿井时不得不遗留在地下的矿石。最后，铁轨可以直通矿坑，并将蒸汽铲直接装载到火车车厢上。然而，露天采矿法留下的寸草不生的大洞对土地、流域以及整个生态系统都造成了巨大的破坏。

如果没有煤炭，也就无法锻造钢铁。宾夕法尼亚州西部的煤矿在向工厂提供动力、供应焦炭的同时，造成了空气污染，而且，矿井和尾矿排出的酸性物质严重破坏了俄亥俄州北部的排水系统。煤矿偶尔会着火，在几十年甚至几百年的时间里缓慢燃烧。矿井有时还会坍塌，将矿工埋在地下，酿成惨剧，并在上方形成落水洞。1959 年，诺斯克矿上的矿工在萨斯奎哈纳河下非法开挖隧道，导致矿顶坍塌。数十亿加仑（1 美制加仑约合 3.79 升）的水一涌而下，在水灌满坑洞之前就淹死了 12 名矿工。

约翰·瓦尚,世界上最大的露天矿,赫尔 - 鲁斯特 - 马霍宁矿,位于明尼苏达州希宾附近,1941 年。地里 2.5 英里长、3/4 英里宽、400 英尺深的洞代表了蒸汽和钢铁时代巨大的环境代价。(美国国会图书馆,《农场安全管理局和战争情报办公室照片集》。)

更胜一筹的焦煤

将煤炭炼成焦炭会产生煤气、煤焦油等副产品。在英国,以及在 20 世纪末的美国和欧洲大陆,每个主要城市都建立了管道网络,将煤气输送到街道、民宅、画廊和工厂中,以提供清洁照明,并为冶炼钢铁等工业流程提供燃料。煤气方便、干净,比明火更安全。

煤焦油催生了现代化学工业。它在化学上的复杂性令 19 世纪初的化学家为之着迷。英国的纺织业则扮演了催化剂的角色。工厂生产纺织品的数量远远超过工人加工天然产物所生产的纺织品数量——工人在碱性洗涤剂（由灰烬加工而成）和软水中洗涤布料，用变质的酸牛奶中的乳酸中和碱性，然后将布匹晾晒在阳光底下漂白，接着再给布料上浆，将布料染成蓝色。相较之下，化学制品可以按需生产，反应的过程也比自然变化快。詹姆斯·瓦特的投资者约翰·罗巴克发明了更加高效的制取硫酸用于漂白的方法，并因此获得了大量财富。1785年，人们从盐中提取氯，制成了一种有毒但高效的漂白剂。1799年，苏格兰人查尔斯·坦南特发明了氯漂白粉，用其进行漂白，则漂白过程不会产生难闻的烟雾。

研究煤焦油的化学家还将纺织工人从另一种天然产物——有机染料中解放出来。从各类植物、木材以及胭脂虫中提取的有机染料大多来自遥远的热带地区。能否充足供应取决于是否丰收。通过艰难繁重的工艺生产出的染料，质量和颜色都不稳定。1856年，伦敦的大学生威廉·亨利·珀金在试图通过煤焦油合成奎宁时，发明了第一种苯胺染料。苯胺染料价格更低，可以被制成更多的颜色，也更容易应用于工业生产，而且比天然染料更不易褪色。在珀金成功将苯胺染料商业化后，制造合成染料的化学公司在英国、法国、莱茵兰和巴塞尔大量涌现，其中不乏汽巴-嘉基、山德士、巴斯夫、拜耳这样的企业巨头。由于煤焦油具有医药用途，这类公司中的许多还生产药品，有些后来成了专门的制药公司。

从煤焦油中提取染料所用到的化学物质会在空气和水中产生有毒废弃物。在英国，这一反应过程排放的烟雾产生了盐酸，杀死了林木、树篱和庄稼，伤害了下风口的人和动物。在抗议之下，英国通过了1863年的《碱业法》。1864年，巴塞尔发生了一起严重的中毒事件，破坏了渔业，此后，巴塞尔和德国出现了反对倾倒污水（特别是含有砷的水）的声音。对此，工厂主摆出事实断言，没有直接证据表明空气污染和人类健康有关，而且自文明出现以来，人类就在河里倾倒废水，因为河流在流动的过程中会进行自我净化。

认识工业资本主义的社会代价和环境代价

1870年左右，工业资本主义进入第二次工业革命阶段。至此，由詹姆斯·瓦特开启的英国引领创新和机械化的时代画上了句点，迈入了先由德国，再由美国占据主导权的时代。20世纪，卡内基的事业达到了顶峰。

卡内基的良知让他无法安享巨额财富。新教改革宗文化培养了他富人对社会公正负有责任的道德观。从穷苦的纺织工的孩子成长为实力雄厚的资本家的经历让他相信，自我约束、自我教育、自我激励能引领人们走向成功。当然，他非常清楚运气在他的人生中发挥的作用。早在1868年，卡内基就暗暗记下了关于财富的笔记，将追求财富称为"最糟糕的偶像崇拜"，并考虑如何"将每年的盈余用于慈善目的"。1889年，变得更加富裕、声名显赫的卡内基发表了《财富》一文（又名《财富的福音》）。他认为，群体比个人更能创造巨大的私人财富。因此富人拥有通过财富来改善社会的道德义务。1901年，卡内基将自己的钢铁企业卖给了J.P.摩根，以世界首富的身份隐退，此后便致力于捐献自己的财产。卡内基兴建了图书馆，向大学捐款，并为受伤的工人和伤亡事故的幸存者设立了救济基金。他还投身于反对帝国主义、争取和平的活动。在世界大战中，钢铁、科技和化学的进步导致了可怕的屠杀，这对他来说是一个残酷的打击。1919年，卡内基过世。他获得辉煌并帮助建立起来的世界与他的期待渐行渐远。社会和文化在变化，钢铁行业在变化，资本主义本身也在变化。

第五章　节约资源

工业资本主义和增长的极限

19世纪60年代中期，安德鲁·卡内基在钢铁行业进行第一笔投资时，大西洋彼岸的学者出版的书籍动摇了盲目乐观的公众的信心——公众此前认为工业资本主义文明的进步是可持续的。1864年，查尔斯·斯克里布纳在纽约出版了乔治·帕金斯·马什的《人与自然：或，人类活动导致的自然地理变化》（以下简称《人与自然》）。一年后，麦克米伦公司在伦敦出版了威廉·斯坦利·杰文斯的《煤炭问题：关乎国家发展和煤矿可能耗尽的调查》（以下简称为《煤炭问题》）。尽管效率在不断提高，但几千年来，人类一直都从土壤和石头中攫取资源，马什和杰文斯因而认为，工业资本主义前所未有的攫取自然资源的能力可能会造成自然资源的枯竭，从而影响后代的利益。令人担忧的对话充斥着高层政府，学术期刊中随处可见关于20世纪末将迎来增长极限的忧心忡忡的报告。几百年甚至几千年以来，思想家们一直就社会破坏一个又一个重要资源（最常见的是林地资源）发出警告，但是马什和杰文斯第一次令人信服地说明了人类对文明的物质基础构成了威胁，用杰文斯的话说就是"杀了下金蛋的鹅"。马什提出了解决方法。杰文斯建议，在利润存续期间，要有道德地对自然资源加以利用。

马什的书在美国获得了巨大的政治反响。《人与自然》为人们敲响了警钟，推动了美国的自然资源保护和护林运动。杰文斯的书催生了相关的政府委员会，促进了深入的研究，如今成了能源经济学的经典著作。马什和杰文斯的作品预示着一场新的国际运动的诞生。这场国际运动由像马什和杰文斯这样的拥有改革宗或新教背景的男性和女性领导，拥有惊人的规律性。自然资源保护运动与19世纪50年代和60年代兴起的其他事业（包括保证城市卫生、减少污染、建设国家公园）相结合，进一步催生了20世纪的环境保护主义思潮。然而，很少有自然资源保护论者认真质疑工业资本主义本身，他们寻求的是解决或缓和工业资本主义的问题，让"鹅"保持健康、快乐，能够永远"下金蛋"。

《人与自然》——自然的生态极限

在《人与自然》一书中，马什坚持认为，美国和欧洲殖民者正在重复古人的错误。在环地中海之旅中，马什探寻了古书描述的草木繁茂、水源充足之地，结果只发现在烈日炙烤下的荒芜、贫瘠的岩石堆。他看到了这样的历史情景——人们砍伐森林，将山羊和绵羊放养到山坡上吃草，看着土壤被侵蚀，泉水和溪流渐渐干涸。他观察到："在人类活动的作用下，地球表面几乎变得和月球一样荒凉。"

自19世纪40年代以来，马什经常就美国森林的快速退化发表演讲和文章。如果人们忽视森林和土壤，美国和欧洲的殖民地看起来就会像那些荒凉的地中海景观。在相对短暂的欧洲殖民时期，他警告道："巨大……有时甚至是无法挽回的伤害已经造成……"人们认为自然可以从任何破坏中恢复过来，而马什认为，人类对自然的丰饶和资源造成了永久性的破坏，而且这种衰退预示着未来的贫困，这一观点令读者大为震惊。

马什明白，美国的环境变化和工业资本主义密不可分。为了向人们提供食物、向欧洲的工厂提供燃料，美国的森林被改建为牧场和田地，用来种植食物、棉花和烟草。工业需求令鱼类、哺乳类、鸟类大量死亡。马什注意到，"农业、机械工业和化学工业的所有流程"都会杀死鱼类。在全球范围内，商业和工业恣意取其所需、废弃剩余。

人类捕猎大型哺乳动物和鸟类以获取单一产品，这显然印证了人类的破坏性。伴随而来的还有大量的肉以及动物其他具有实用价值的部分的浪费。南美洲数百万头野牛因牛皮和牛角而惨遭屠杀；北美洲的野牛则因牛皮和牛舌而死；大象、海象和独角鲸因长牙而死；鲸类等海洋动物因油和鲸须而死；鸵鸟等大型鸟类因羽毛而死……在本世纪，机械和制造业对油和鲸须的巨大需求刺激了人们对这种"最大的生物"的频繁捕猎。如今，在许多深受人们喜爱的渔场里，鲸鱼几乎已经完全消失；在另一些渔场里，鲸鱼的数量也急剧下降。

工业资本主义几乎破坏了它所触及的自然界的一切。

《煤炭问题》——自然的增长极限

与马什广泛的全球分析相比，杰文斯的调查只涉及英国的煤炭储备。不过，他也得出了人类可能会耗尽自然资源的结论。他注意到："我们有幸拥有的优质、丰富的煤炭是现代物质文明发展的主要动力。"煤炭的热量推动了工业流程和发动机的运转，温暖了壁炉，煮熟了食物。煤炭通过化学反应还能制造出各种彩色染料和实用物质。一切令英国变得日益强大的事物——它的钢铁行业、制造业、工业技术、交通运输、化学工业、帝国威力——都来自绿色宜人的地面下几乎取之不尽、用之不竭的煤层。不过，杰文斯认为，易于开采的煤炭用尽后，开采的成本就会增加。其他拥有大量可开采的煤炭的国家和地区——杰文斯反复提到了宾夕法尼亚州——就会拥有经济优势。英国的经济也会随着这一过程倒退至前工业化时代。

减少浪费和提高效率能延续一国的辉煌吗？杰文斯认为不能。效率的提高会降低燃煤成本，从而导致消耗更多，而非更少的煤炭。与萨弗里蒸汽机或纽科门蒸汽机相比，詹姆斯·瓦特的蒸汽机的效率要高得多。燃煤成本降低，就意味着更多的资金可被用于企业扩张，以及购置更多的蒸汽机，燃烧更多的煤炭。效率的提高也促进蒸汽动力被用于铁路、蒸汽船等新用途。这些因素叠加人口增长和国民收入的增加，导致煤炭需求急剧上升。杰文斯补充说，任何国家都可以使用高效的蒸汽机，因此效率的提高并没有给英国带来任何竞争优势。更高的能源效率导致更高的能源消耗，这一原则被称为"杰文斯悖论"。

杰文斯预测，当时的英国即将迎来我们今天所谓的"煤炭峰值"。或许在一个世纪之内，英国的强盛时代会走向终结。"我们现在正处于国家繁荣时期的上午阶段，"他警告说，"快到中午了。"对于煤炭的任何潜在替代品，英国的储备都不多。他思考了是要迅速耗尽全英国的煤炭，还是要节约能源以持续使用煤炭："我们必须在短暂的辉煌和长期持续的平庸之间做出重大选择。"也就是说，要么燃烧殆尽，要么逐渐消失。

就这样，一位籍籍无名的年轻作家的《煤炭问题》引发了全国性的恐慌。约翰·斯图亚特·密尔在英国议会中也引用了此书的内容。英国当时的财政大臣、未来的首相威廉·格莱斯顿读罢此书还与杰文斯通信。议会成立了国家委员会，就杰文斯的观点进行调查研究。研究报告表明，在可预见的未来，英国仍将引领全球煤炭的生产。这一论断平息了人们的担忧。于是，《煤炭问题》逐渐淡出了人们的视野，直到几十年后杰文斯的预言成为现实。

解决资源极限问题的两条路径

虽然这些有关环境的预言宝书都对资源的短缺和文明的衰退发出了警告，但是马什和杰文斯来自两个截然不同的世界，这导致他们的批判方式大相径庭。1801年，马什出生于佛蒙特州伍德斯托克市一个家教严格、受过良好教育的家庭。他的父亲是一名毕业于达特茅斯学院的律师，是一名联邦党人。他的祖父曾在康涅狄格州参加法国-印第安人战争，于1772年迁往佛蒙特州，在美国独立战争期间担任民兵上校，并在战争结束后担任副州长和法官。马什也毕业于达特茅斯学院，在毕业后从事法律工作。1843年，马什以辉格党人的身份被选为国会代表，在任期间推动了史密森学会的创建。

在佛蒙特州，马什见证了工业革命对环境的破坏，这些破坏近似于地中海地区遭到的环境破坏。农民砍伐、焚烧树木，将灰烬卖给当地的碳酸钾工厂。随后，碳酸钾出口至英国，由制造商制成漂洗的肥皂，用于洗涤羊毛，以便生产纱线。1810年，为了获得更稳定的收入，农民引进了美利奴羊，在已经看不到树木的草坡上放牧，并将羊毛卖给新英格兰的纺织厂。到了1825年，佛蒙特州大约有50万只山羊，将山坡啃得精光。雨水毫无阻拦地顺着裸露的山坡流下，河水泛滥，冲垮了桥梁和工厂。水土流失导致河道淤积，破坏了鱼类和鸟类的栖息地。干燥的夏日，骄阳炙烤着全然不见树木的山坡。泉水和溪流干涸见底。由于过度依赖采矿业，佛蒙特州的未来看起来黯淡无光。

马什担心，西部新成立的州会重蹈覆辙，这些地区的移民会导致环境的恶化和贫困。自 1847 年以来，马什一直提倡要更妥善地利用土地，更好地保护林地。在担任驻奥斯曼帝国公使期间，他前往地中海考察土壤和农业。1854 年，他回到佛蒙特州，虽然投资的一家佛蒙特州的铁路公司营私舞弊致其破产，但他仍继续从事公共事业。他撰写了一份关于佛蒙特州鱼类孵化场的报告，并出任佛蒙特州铁路官员。1861 年，马什被任命为驻意大利大使，担任这一职务直至 1882 年去世。由于工作较为轻松，他有充足的时间将他在佛蒙特州和地中海的见闻提炼成《人与自然》一书。

相形之下，威廉·斯坦利·杰文斯出生于灰蒙蒙的煤铁都市，并在这里逐渐成长。他的祖父是伯明翰附近黑乡的一个钉子匠，1798 年作为一家钉子公司的代理人来到利物浦，后来自立门户，做起了钢铁生意，积累了不少财富。1835 年，杰文斯出生于利物浦。与马什相似的是，他成长于一个受过良好教育的富人家庭。然而，在铁路泡沫破裂后，经济危机悄然而至。铁路停止修建，钢铁需求骤降。杰文斯一家也在 1848 年不幸破产。家庭经济状况的恶化令杰文斯不得不中断学业，离开伦敦大学学院。1853 年，他在澳大利亚的皇家造币厂（该造币厂成立于 1851 年淘金热之后）找到了一份鉴定师的工作。这份工作的空闲时间很多，因而杰文斯能够就铁路政策、气象、悉尼的城市卫生等各类主题进行调查研究，并发表文章。1859 年，他回到伦敦大学学院攻读文学学士和文学硕士的学位，接着任职于曼彻斯特的欧文斯学院。

为了将经济学建立在坚实的数学基础上，从而对摧毁其家族企业的商业周期加以解释，杰文斯发表了逻辑学、经济学和科学理论领域的重要著作。在《煤炭问题》一书中，杰文斯从统计学和数学的角度解释了英国的煤炭供应是否限制了经济增长这一热议话题。1876 年，他被聘为伦敦大学学院政治经济学教授。5 年后，他从伦敦大学学院离职，全身心投入一本经济学著作的创作中。杰文斯希望创造一种在没有外界干预的情况下就能运行的自由或自由主义经济机器，一种理性经济学模式。1882 年，杰文斯在游泳时意外溺亡，去世时年仅 47 岁，此时距离马什的去世仅有 3 周。

自然资源极限这一社会和道德问题的清教主义根源

尽管存在上述差异，清教徒后代的角色塑造了马什和杰文斯分析问题、解决问题的方式。马什的家庭是坚定的信奉公理会的加尔文教徒，虽然他本人偏离了正统的加尔文宗信仰。他的妻子称他为"最后的清教徒"——他既不信奉也不否认先人的宗教。杰文斯的先人是信奉长老会的清教徒，从加尔文宗转信上帝一位论。杰文斯的父母两边都有亲戚担任上帝一位论派的牧师。作为一名被剑桥和牛津拒之门外的非国教徒，他在不属于教会大学的伦敦大学学院获得学位，并先后在世俗的欧文斯学院和伦敦大学学院任教。虽然他很虔诚，但是晚年很少去教堂。

马什不乏新英格兰清教徒创教者的雄心壮志，即建立一个虔诚、公平、公正、可持续的社会。为此，殖民地政府将土地赐予城镇，而非个人。城镇公平地（不过不是均等地）划分土地以消除贫困。牧师强调克己为公，宣扬戒酒、勤奋、助人的道德责任。清教徒和长老会教徒都拥有强烈的照管财产的观念，这体现了加尔文教徒对于上帝负有增加个人财产的职责的一面。农民发展可持续农业。由于树木是重要的燃料和木材，新英格兰的城镇和殖民地对农民的林地进行了管制，以确保能将资源留给后代。

此外，改革宗的神学提倡从宗教的角度看待自然、自然科学的宗教价值和原生态思想。自然界是展现上帝荣耀的舞台。在加尔文宗的教义里，上帝在错综复杂、相互联系的宇宙中指导着最小的分子的运动。整个大自然都显示了上帝的智慧、善良和存在，是上帝临近、表达自身的地方。

清教的道德主义、生态思想和现实情况在《人与自然》中展现得淋漓尽致，书中的各个段落都体现出说教的性质。就马什而言，人类破坏了连接自然元素的造物之网，或者用现在的话说，破坏了生态系统。"人在任何地方都是引起烦恼的主体。在人类落脚的地方，自然的和谐音就变成了不和谐音。当前的一切保持稳定的比例和调节方式被推翻了。当地的植物和动物逐渐消亡，被其他的外来物种所取代。人类限制或禁止了自发的生产，地球的表面变得光秃秃的，或者被新的不情愿生长的植物以及动物部落所覆盖。"

马什并未将责任归结为工业资本主义本身（工业化前的地中海毕竟也面临着类似的问题），尽管他严厉谴责了不守道德的公司导致"商业道德的衰败"以及政府和司法的"腐败"。相反，他指责个人缺乏责任感，并谴责"前几代人挥霍浪费，亏欠了他们的后代"，导致后代面临着"恢复被破坏的自然和谐的必要性……从而完成宗教和实践智慧的命令，利用这个世界，而不滥用这个世界"。"人类早就忘记，赐予他们以地球仅仅是为了让他们获得使用收益权，而非让他们消费，更不是让他们恣意挥霍。"他告诫道。人类并不是合格的管理人。

马什认为，我们必须改造"因人类的浪费或恶意而荒废的土地"。他认为，"此前的住客的疏忽或放纵导致结构受损，变得无法居住"，人类"在其重建过程中与自然并肩作战"。这将如何实现呢？马什将新英格兰视为理想，把它当作一个民主、道德的社区典范，其居民是具备自我约束能力的土地管理者。在他精练的长篇著作《人与自然》中，只有一个段落讨论了政府工程的潜在好处，外加几个零零星星的段落承认了国家和地方政府的修复或森林保护工程的作用。对于美国，马什一再抨击中央政府和州政府保护公共土地不力，这令自然资源保护成为个人的责任。

与其说《煤炭问题》是公理会福音派的布道，不如说它是上帝一位论对理性的呼吁。《人与自然》的卷首语引用了康涅狄格州公理会牧师霍拉斯·布什内尔的名言，而《煤炭问题》的卷首语则引用了亚当·斯密的话。在启蒙运动的影响下，英国的长老会逐渐发展出融合了理性主义和清教道德主义的上帝一位论。作为一名上帝一位论派教徒，杰文斯重视理性的力量，坚信一个人在道德上有义务改善世界、同情外人，尊重个人的良知。他在逻辑学和经济学方面的努力反映了他对社会问题的浓厚兴趣。1851年至1853年，杰文斯在伦敦求学，其间他常常漫步于贫困的居民区和工业区。霍乱的暴发促使他阅读了查尔斯·狄更斯呼吁卫生和社会改革的文章，这两个话题通常被认为是相互关联的。他晚年开始研究社会问题，代表作为1882年出版的《国家与劳动的关系》及1883年出版的《社会改革方法》。作为一位城市居民和上帝一位论派教徒，杰文斯比马什更关注社会问题。

像杰文斯一样，大部分当代自由主义经济学家和功利主义经济学家都拥有非英国国教的宗教根源或上帝一位论的宗教信仰。英国的自由市场经济在上帝一位论的理想和异教文化中发展得相当顺利。虽然大多数上帝一位论派教徒来自非英国国教家庭，但是许多国教徒和犹太人都认可上帝一位论派对个人良知、冷静的理性的尊重。在杰文斯的经济学前辈和同行中，主要有被理性宗教所吸引的爱丁堡大学道德哲学教授、长老会教徒亚当·斯密，胡格诺派经济学家、商人让·巴蒂斯特·萨伊，从上帝一位论派牧师约瑟夫·普里斯特利的著作中获得了"最大多数人的最大利益"这一哲学标准的上帝一位论派哲学家杰里米·边沁，来自荷兰的西班牙裔犹太移民的后代、皈依上帝一位论派的大卫·李嘉图，以及其父由苏格兰长老会牧师转为理性主义者的约翰·斯图亚特·密尔。

我们从《煤炭问题》的字里行间可以清晰地看到其对道德问题的关注。在第二版的引言中，杰文斯讨论了英国人在煤炭优势达到顶峰时对自己和后代的道德责任。他评论道："我们的财富和考究的文明的总体结构建立在无知、贫困和罪恶的基础上。但是，我们现在面临着一种可怕的责任，在自由贸易和挥霍资源赐予我们财富和权力并使其开花结果的时候，我们不应该忽略任何可行的补救办法。如果我们让这个时期过去，而不做出比现在更广泛、更系统的努力，我们将受到应得的报应。"他还补充道："我们不应该考虑对财富的自由使用进行干涉，是上帝让我们任意使用财富的，但是我们的全部责任在于认真、明智地使用财富。一方面，我们可能会将财富用于奢侈享受、炫耀和腐败，这是需要责备的。另一方面，我们可能将其用于提高人民的社会和道德水平，减轻后代的负担。即使我们的后人并不比我们幸福，他们也不会责怪我们。"杰文斯总结道，在整个国家繁荣发展、如日中天的时候，"我们还未开始偿还亏欠数百万同胞的道德债务和社会债务，而我们必须在夜幕降临前偿清"。煤炭发电量越大，社会责任也就越大。

《人与自然》及《煤炭问题》以前的自然资源保护——土壤

虽然马什和杰文斯引发了保护自然资源的重大运动，但对资源枯竭的担忧长期以来一直存在。农学家长期以来一直在与土壤肥力下降做斗争，世界各地拥有土地所有权或控制权的农民发明、改进了保持或恢复土壤肥力的方法。而大庄园主或在外居住的地主往往会对某些粮食的产量或数量提出要求，这不利于土壤的保护。

真正的农业科学发轫于16世纪的欧洲。文艺复兴时期对于古代农业著作的关注掀起了一阵针对绅士或贵族的耕种手册的出版风潮，这些手册大多由经典轻微改编而成。16世纪，胡格诺派作家开始越来越多地根据科学和经验编写农业手册，其中包括伯纳特·贝利希在1563年和1580年出版的书籍、夏尔·艾蒂尔和让·利埃博在1572年出版的图书，以及奥利维尔·德塞尔在1600年出版的图书。1594年，休·普拉特爵士出版了英国第一部关于农业化学的作品,其中就贝利希的观点进行了讨论。就这样,胡格诺派农学跨越了英吉利海峡,来到了英国。与此同时,"改善"土壤成了英国加尔文宗的一种道德之举。"改善"(improvement)一词原指为获取利益而对某事物进行管理,后来,加尔文宗牧师塞缪尔·加德纳在1606年为这个词赋予了宗教色彩。自此,改善成了一种关乎个人道德责任的口号,指的是令自己和自己的所有物变得尽善尽美。在农学领域,这个词专门指通过实验和科学来提高农业生产力。这是一个极度乐观的年代,人们努力为匮乏画上句号,让荒地焕发生机,尽管改善者们无视传统做法和经验知识,为圈地辩护。然后,1798年,在兰开夏郡一所非国教学院接受教育并师从上帝一位论派教徒的英国国教牧师托马斯·罗伯特·马尔萨斯发表了《人口论》。这部著作预测人口增长有超过食物供应增长的趋势,并断言大自然将限制人口的增长。食物供应增长能跟上人口增长吗?改善者们并未展现出保障食物供应的能力。

作为对马尔萨斯理论的回应,化学和植物学不断向前发展。亚历山大·冯·洪堡曾发表报告,论述秘鲁农民如何利用海鸟粪使贫瘠的土地增产。对此,汉弗莱·戴维研究了海鸟粪的特性,并于1813年出版图书,论述植物需要某些化学物质才能茁壮成长,尤其是海鸟粪中富含的氮和磷。在德国,农业化学家尤斯图斯·李比希于1840年出版了一本被大量翻译且颇具影响力的著作,表明氮、磷、钾是促进植物生长的关键元素。此时,德国在科学耕种领域居于领先地位。1852年,德国率先在萨克森州建立了政府资助的农业研究站,此后德国其他地区以及奥地利、意大利、日本、美国纷纷效仿,建立起了自己的农业研究站。

戴维和李比希研究还引发了太平洋地区的"挖粪热潮"。太平洋的一些孤岛数千年来只有鸟类在此栖息,因此岛上覆盖了厚厚的海鸟粪。工人们在氨气笼罩的岛屿上,以奴隶制或近似于奴隶制的方式开挖沉积的海鸟粪，然后将其出口至英国、荷兰、德国和美国。对于美国的种植园主而言，海鸟粪似乎为他们不可持续的种植业提供了解决方案。农民和种植园主变得逐渐依赖土壤添加剂，而他们无法自行生产土壤添加剂，只能通过购买获得。这样的外部资源，再加上机械化，预示着工厂化农业的兴起。

科学、自然资源保护与工业资本主义的工业危机

马什拯救农民的愿望在欧洲和美国都得到了广泛的认同。提高土地产量以养活更多的人，这一古老的动力使农民深入19世纪资本主义的市场交换体系。逐渐提高的产量意味着需要更多的资本进行投资。产量的提高还压低了价格，从而促进产量进一步提高，以回报投资、创造利润，这就导致了对土壤的不可持续的利用。

英国率先踏上了这条道路。到了1850年，英国农民的收成颇佳，为美国和欧洲大陆国家的农民树立了标杆，英国农民也成了他们羡慕的对象。为了获得良好的收成，英国的农民将公用地圈为可以被更高效利用的私人地块，改良了牲畜，发明了新的排水技术，并增加了大量的进口海鸟粪、硝酸盐（氮肥）、石膏、石灰、磷酸盐和碳酸钾（钾肥）。如此一来，土地的产量确实很高，但农业的资金密集程度也很高，以至于高价的英国食品需要关税的保护。1848年，英国废除《谷物法》，其农业不得不面临国际竞争。轮船的航行速度也变得越来越快，轮船载着美国和加拿大过剩的谷物，同俄罗斯的小麦一道压低了价格，导致了19世纪70年代小麦价格的暴跌。芝加哥大量生产的面粉和肉制品也对全球市场造成了影响。冷藏运输的发展则使美洲和澳大拉西亚（狭义指澳大利亚、新西兰及附近南太平洋诸岛，广义指大洋洲）的肉类和奶制品能够被运往世界各地。英国的农村景观发生了变化。随着农业机械化程

度的提高和农场规模的扩大，农业对劳动力的需求逐渐下降。村庄变得空空荡荡。由于牛肉比谷物更有利可图，耕地的面积不断缩小，牧场的面积相应扩大。

相对古老的土地上的美洲农民也在苦苦挣扎。印第安人开拓了纽约和五大湖地区西部的土地；于是新英格兰的农民也向西迁徙，将大量谷物运回东部。古老、退化的东部土地上的农民或者精于商品蔬菜种植，或者将林地与田野开辟为奶牛场，为不断发展的工业城市提供食物。内战结束后，成千上万的农民搭乘横贯大陆的铁路交通来到大平原。他们的产品也通过铁路运往芝加哥的磨坊。农业机械技术一年年在进步，在广袤、平坦、劳动力稀缺的农田上，耕种变得越来越简单，但也为农民带来了债务。机械化扩大了原本狭小的利润空间，但更高的产量不可避免地压低了商品价格。食物变得更廉价意味着人们吃得更好，可这也让农民背上了债务，并导致人们离开了美国东部各州以及英国的土地，去往别处。

美国南方的农民和种植园主也遇到了困难。内战后，分成制和租佃取代了种植园制度，并将黑人农民束缚在特定的土地上。农民再也不能放弃枯竭的土地，迁往新开垦的土地。地主要求佃农和租户种植棉花，而非轮种收益较低的作物或休耕，即使棉花的价格不断下跌，收成也逐渐减少。针对这一现象，农民开始种植更多的棉花。白人农民逐渐陷入了债务危机，加入了佃农和租户的行列。南方变得日益贫困，耗竭的土壤不断受到侵蚀。

农民们找到了许多应对之策。在农民众多、农业在经济各大部门中占据相对重要地位的欧洲大陆上，大部分国家通过设置保护性关税来解决农民所面临的困境。英国人和美国人创办农业期刊、成立地方农业协会，为农民提供最新的建议和农业知识。英美两国就研究和教育进行了投资。1842年，爱丁堡建立了全英国第一家农业化学实验室。英国还组织教育机构向农民及其后代传授最新的科学知识。在美国，新英格兰人和他们的西部亲属设法通过科学机构和专业机构来支持农业发展。他们还设立了农学教授的职位，游说政府成立农业部（1861年）和林业管理局。同时，他们四处奔走，以求政府拨地，建立提供机械和农业教育的学院。此外，他们在康涅狄格建立了美国第一座农业实验站，为其他在国家和各州支持下建立的实验站树立了典范。

《人与自然》及《煤炭问题》以前的自然资源保护——木材和燃料

马什对森林保护的关注展现出另一个自古以来便存在的担忧。乱砍滥伐在很多时候、很多地方为国家和官方机构敲响了警钟。工业化以前，中国、日本、印度的统治者通过各种途径来应对乱砍滥伐的问题，并取得了一定成功。这些国家在管理森林的时候保留了用作建筑材料和燃料的树木。统治者们通过保护森林来防止水土流失，维护木材资源。欧洲贵族则出于畋猎的目的对林木进行保护。

国家保护森林很大一部分也是出于军事方面的考量。16世纪，威尼斯开始建设政府森林，因为其国力和财富依赖强大的海军和商船队伍。为向其在地中海、红海和印度洋的海军和商船供应木材，奥斯曼土耳其人对安纳托利亚和黑海沿岸的林木的使用、砍伐和运输进行了严密监管。西班牙强大的海军则依靠西班牙北部的森林资源。1547年，查理五世下达了第一道敕令，意在为西班牙的海军保护森林并扩大森林面积。1588年，西班牙无敌舰队战败，船只损失惨重，腓力二世便对西班牙的林业采取官僚式管理。然而，西班牙等欧洲列强还是采取外包的方式满足其木材需求。18世纪，西班牙在森林资源丰富的古巴建造船只，而葡萄牙则将目光投向了巴西。英格兰海军所用的木材很多来自波罗的海、北美和印度。荷兰几乎没有属于自己的森林，只得从波罗的海和德国进口木材,并从荷属东印度群岛获取柚木。

到了 17 世纪晚期,对保障海军木材供应的关注催生了林学的两大里程碑——1664 年约翰·伊夫林的《森林志:又名林木论》(*Sylva, or A Discourse of Forest Trees*),以及法王路易十四的大臣让-巴普蒂斯特·柯尔贝的 1669 年法令。由于英国缺少大面积的皇家林地,加之土地所有者拥有的权利很大,伊夫林的建议并未奏效。起初,柯尔贝的 1669 年法令同样收效甚微,但它为后来的《森林法》奠定了基础,让法国的林业获得了国际声誉。在法国大革命期间,教会和贵族的森林被收归国家所有,对其需按照政府的规则和办法进行管理。1824 年,法国南锡成立了一家颇具影响力的林业学校。

19 世纪,德国也在科学管理森林的道路上遥遥领先。在几次毁灭性的战争之后,德国各州试图清点包括森林在内的资源,并对其加以合理化管理。然而,地方管理似乎不具系统性,而且效率过低,无法实现经济效益的最大化。在科学化管理的德国森林里,一排排单一种植的林木像是阅兵式上的普鲁士士兵,等待着采伐和再植,从而持续获得可预测的产量。其他国家会雇用德国的林务员来管理他们自己的森林和林业学校。

英属印度和美国的林业

《人与自然》收获热烈反响的道路已经铺就。大英帝国和美国的殖民者和私人公司都因不了解当地土地管理实践而在陌生的新地貌中面临生态问题。这一问题首先出现在岛屿上,这里的殖民者快速挥霍着丰富但有限的森林资源。然而,树立科学林业典范的却是殖民印度的英国官员,而非岛屿上的殖民者。殖民地的植物学家和外科医生对乱砍滥伐及其造成的干旱、洪水、水土流失问题发出了警告。苏格兰人在此方面发挥了重要作用，这主要得益于爱丁堡大学医学院的建立。爱丁堡大学的医学课程以莱顿大学的医学课程为蓝本，而自然史是课程的重要组成部分。爱丁堡大学培养的大量外科医生纷纷加入陆军、海军和殖民地部队，形成了一个自然科学家的网络。苏格兰人和爱丁堡大学的毕业生建立了大英帝国许多早期的植物园。

另外，苏格兰人和爱丁堡大学的毕业生还领导了催生印度林务官的运动。身为苏格兰医生及著名植物学家的休·克莱霍恩渐渐将目光投向乱砍滥伐对印度的河水流动和干旱的影响。1850年左右，他关于印度森林遭到破坏的报告引起了苏格兰达尔豪西伯爵的注意。达尔豪西伯爵在1848年至1856年担任印度总督，他采取了一系列行动推动了印度森林部的成立。由于克莱霍恩的积极行动和倡导，1864年，也就是马什出版《人与自然》的这一年，英国政府建立了全印森林部（1857年，英国政府从英国东印度公司手中接管了印度）。

克莱霍恩还动员德国人迪特里希·布兰迪斯同他一道建设森林保护委员会。在布兰迪斯的配备下，担任领导职务的是法国和德国学校的毕业生，他们对农民对森林的传统管理方式持怀疑态度。如同在法国和德国一样，国家资助的科学林业已经能够持续为大英帝国带来效益，并击败了地方上的传统和做法。

然而，这里和欧洲的情况并不完全一样。克莱霍恩、布兰迪斯，以及许多其他的印度林务员阅读了《人与自然》，渐渐理解了印度森林在其商业等用途之外还具备巨大的生态重要性。克莱霍恩和布兰迪斯都和马什通过信。"我曾带着你的书爬上喜马拉雅山，进入克什米尔和西藏。"克莱霍恩在给马什的信中这样写道。

除了马什，还有一个因素削弱了德国和法国对印度林业的影响。虽然印度林务官体系中的高层来自欧洲大陆，但普通的林务官大多来自苏格兰。苏格兰人开发了林业的多种用途，同时对只知追求商业利益的贪婪与自私持怀疑态度，力求摒弃森林的商业属性。苏格兰的林业肇始于 17 世纪，当时，苏格兰的大地主种植林木来改善他们的土地。除了提供木材，森林还有许多其他用途，例如美化庄园、打造围猎场。地主们会在保护树林的同时尝试种植外来树种，在高地光秃秃的山丘上种植数百万棵树木。小地主们则纷纷效仿大地主。经验丰富的林务员队伍也逐渐发展壮大。自从印度林务官体系设立公务员考试后，苏格兰人的比例下降了。尽管如此，志存高远的英国林务员会在南锡学习林业课程，然后在苏格兰的庄园里，在具备资质的林务员手下工作，最后再前往印度。由于需要适应各种各样的森林条件，印度的林务员发展出了杂交林业。布兰迪斯也很清楚，如果当地人民反对，林业是不可能获得成功的。在印度很少能看到整齐排列的德国式或法国式森林种植园。

另外，马什的《人与自然》还启发了美国专业发展林业的人。这些人和马什一样，自己或者上一代人信奉的是新英格兰公理会。其中，富兰克林·B. 霍夫注意到，纽约的森林面积缩小的速度十分令人担忧，而马什的书则加强了他的危机感。1880 年，他被任命为美国农业部新成立的林业署的首任主任。1883 年，公理会牧师纳撒尼尔·埃格尔斯顿接替了霍夫的职务。1886 年，普鲁士林务官伯恩哈德·费尔诺接替埃格尔斯顿的职务。12 年后，该职务则由吉福德·平肖接任。1901 年，平肖见证林业署转变为林业局，并在 1905 年见证机构变更为林务局，同时，森林保护区也移交至林务局管理。

在英国人、德国人和法国人的引领下，美国的林务员适应了美国的条件。平肖为新组建的林务局配备了在新成立的美国林业学校受过培训的林务员。就这样，德国、法国、苏格兰、印度和美国都发展了专业林业，尽管在形式和细节上各不相同。这些地区的专业林业都受到了为利润和共同利益而在中央政府的管理下发展高效、科学的林业这一普鲁士理想典范的影响，但发展得更宽松、更适合生态环境，且服务于更广泛的目的。

野生动物保护的兴起

马什对资本主义社会肆意破坏野生动物的担忧获得了广泛的认同。当时的美国人已经意识到野生动物数量减少的问题，但野牛和候鸽的迅速消失仍令他们震惊不已。贩猎者的效率很高，他们将大量猎物出售给当地和城市里的食品杂货店，也会寻觅长有贵重羽毛的鸟类，用羽毛来装饰时尚贵妇的帽子，这几乎令许多大型鸟类濒临灭绝。运动式狩猎[①]者担心他们的猎物会变得所剩无几，于是发起了打击贩猎和规范运动式狩猎的活动。进入20世纪后，各州纷纷出台狩猎法。英国人在南非的运动式狩猎和集猎也拉响了警报。20世纪，英国人在非洲东部的各块殖民地建立起了野生动物保护区，其中大部分成了国家公园。英国还制定了《狩猎法》，倾向于将白人、黑人和猎物隔离开来。在美国和大英帝国，执法的资金不够充足，且执法往往无效，但两国的狩猎法依旧开创了此方面的先河。另外，大英帝国的《狩猎法》还在非洲带来了复杂的影响，将野生动物保护与狩猎及狩猎者的荣耀、当地族群的猜疑，以及帝国主义糅合在一起。

缓解工业城市的社会危机和环境危机

虽然马什和杰文斯都担心工业资本主义会消耗大量的自然资源，但二人皆未谈及资源的流入会如何造成废弃物的产出。公众对空气污染、水污染和城市的不宜居性感到越来越不安。如此便诞生了相关的联盟，保护自然资源、建设公园的倡导者纷纷加入20世纪环保运动的行列中。

[①] 运动式狩猎，一种以娱乐为目的的狩猎活动，通常在特定地区和季节进行。

虽然几个世纪以来，城市一直肮脏不堪，容易滋生疾病和瘟疫，尤其是伦敦人，他们呼吸的空气里弥漫着浓浓的煤烟，但工业城市的出现标志着一个新的黑暗时代的来临。当时，曼彻斯特作为英国最肮脏、卫生条件最差的城市饱受诟病。这座城市位于半环形的奔宁山脉中心河口头部的一条河流上，是英格兰最潮湿的城市之一。河流流入大海，为水力发电提供了许多绝佳的场所，并为纺织品的加工和染色提供了清洁的软水。煤炭则通过英国的第一条现代运河，从周边的煤矿运至曼彻斯特。随着燃煤蒸汽机数量的爆发式增长，滚滚黑烟笼罩着奔宁山脉围成的半圆形区域。煤粉引起了浓雾，煤烟带来了黑雨。虽然煤气灯令夜晚不再昏暗，同时还减少了一小部分对煤火的需求，但煤气只是烟雾弥漫的炼焦工艺的副产品。焦炉操作工会将另一种副产品煤焦油（20世纪中叶以前，人们尚未找到煤焦油的用途）倒入河流。煤焦油和从蒸汽机里清理出来的灰烬混合在一起，堵塞了河流，污染了水源。

工人们住在最阴暗、最肮脏的地区，距离工厂只有几步之遥。工厂则挨挨挤挤地排布在用于提供动力、交通运输以及工业用水的水道附近。私人投机者建起了质量低劣、通风不畅的经济公寓。工业流程中产生的黑煤烟和废气污染了空气。人们密密麻麻地挤在一起，这对于公共卫生而言简直是一场噩梦。地方政府艰难地为居民提供充足且足够清洁的水。有机废料同样带来了挑战。人类的排泄物堆积在污水池和私人地窖。即使频率不高，市政服务机构也会定期收集居民的排泄物，然后将其作为肥料出售给农民，从而在获得收益的同时避免修建昂贵的下水道系统。如果没有马匹拉着食物和动物饲料，城市便无法运转。但是，它们也会在街上留下大量的马尿和马粪，并且死后尸体也会烂在街上，直到被市政服务机构运走并扔进河里。另外，城市里疾病肆虐。曼彻斯特的死亡率，尤其是婴儿死亡率高达全国平均水平的数倍。肺结核在拥挤的居民区蔓延，流行病时常席卷整座城市。1832年，霍乱（源自印度的水媒疾病）传播至英国，令数千人丧生。

拥有足够经济实力的人们搬到了更加干净、健康的市郊，在室内装上了管道和抽水马桶。城市之所以采取这样的布局，是出于资金和道德的考虑。19世纪初，信奉上帝一位论的自由主义者控制了市政府，这一现象直至1881年男性公民普遍获得选举权方才终止。为了保持较低的税率，他们将人类粪便出售给农民，用这笔钱来支付建造自来水厂的费用，但是这就导致室内管道和抽水马桶只能安装在工人区以外，从而方便收集工人的粪便。他们把贫穷、疾病和污秽归咎于爱尔兰天主教工人的不良习惯和个人卫生。

来到新兴工业城市的人们倍感惊恐，纷纷谴责黑烟弥漫的空气和肮脏拥挤、臭气熏天的工人区，这与市郊舒适宜人的中产阶级社区以及工厂主们漂亮的豪宅形成了鲜明的对比。然而，地方当局过了很久才意识到需要针对这些问题采取行动、加以纠正。但即便如此，围绕需要解决哪些问题、如何确定原因，以及如何采取补救措施的怀疑和分歧，导致行动推迟了数十年。随着工业资本主义向其他国家传播，这些国家的公民也发现自己被人类、动物和工业废弃物所淹没，他们笨重地喘着粗气，大口喝着污浊的水。美国人与英国人一样，对城市的贫困和疾病深感苦恼，并同样指责移民道德沦丧。

渐渐地，人们不再将疾病归咎于个人品质，而是归咎于环境，医生和工程师能够更容易地加以解决这些问题。"瘴气"或臭气导致疾病的理论促使城市采取措施排干疟疾沼泽，清理死马、腐烂的食物和人类的粪便。人们开始意识到，干净的水源是解决问题的关键。在自由市场的影响下，英国城市难以为重大基础设施建设项目筹措资金，因此只得依赖私人水务公司。然而，疾病暴发，流行病肆虐，市政府见状接管了供应优质水源的任务。在美国，许多城市从上游取水或建造市政水库、输水管道和供水工程，以供应清洁、健康的水。水库需要离得足够远才能保持水的洁净，但又要离得足够近才能方便地通过管道将水输送到城市，这导致城市大肆收购并淹没村庄和农田。针对城市本地水源肮脏浑浊的问题，苏格兰人于1804年在佩斯利发明了第一个市政砂石过滤系统；而在三年后，格拉斯哥安装了第一个与城市配水管相连的净水系统。

1855年，伦敦在英格兰地区率先采取措施——约翰·斯诺博士严谨地论证，伦敦一个片区的霍乱患者都喝了同一口被污染的井里的水。政府封住了被污染的水井，并要求此前以泰晤士河受污染的潮汐河段为水源地的自来水公司从泰晤士河相对洁净的上游取水。1840年埃德温·查德威克有关公共卫生的研究标志着转折点的到来。根据他的"卫生理念"，应该用管道将清洁纯净的水输送到每户家庭，同时将抽水马桶与下水道相连。这一卫生理念影响了世界各地的公共卫生部门。在短短的100年里，所有主要的现代城市都向家庭和企业供应水源，并通过下水道处理人类的排泄物。

如何处理人类的排泄物又带来了一个新的问题。路易斯·巴斯德和罗伯特·科赫的著作使医疗部门相信了细菌理论。到了19世纪末，卫生工程师也意识到，虽然细菌理论提出了在将污水排入下水道之前对其进行处理的方法，但相关的费用，以及只有下游的非地方税纳税人才会受益的认识减缓了对于这项技术的采纳。一些城市出于节约资金的考虑，早期决定将雨水管道和生活污水管道合并成同一个系统，这令污水处理变得困难，因为大量的降水可能会让系统变得不堪重负。

工业城市和公园运动的诞生

工业城市的恶劣环境激发了一场运动，这场运动呼吁为工人提供接触自然和清新空气的机会。资金充裕的人们会到城市以外的乡村或自然区旅游或度假，而科技则拉近了人与自然的距离。蒸汽船和铁路能够帮助人们抵达远离繁华都市的地区，并促进了美国自然旅游的快速普及。19世纪初，人们努力对城市进行了反思和重新设计，以期让城市生活变得更舒适、更健康。公园制造了清新的空气，营造了休闲娱乐的空间，通过上帝创造的自然界提升了人们的道德水平。英国最早的城市公园一开始属于皇家园林，后来逐渐向上流社会和中产阶级开放。19世纪30年代，自然成了一大卖点。开发商打造了摄政公园来提高周边地块的价值，而周围地块的售价也补回了打造公园的花费。其他开发商纷纷效仿这一策略，譬如其中一家打造了利物浦的王子公园。最初，这些公园仅向购买周边房屋的业主开放，但后来公园维护费用的来源渐渐从私人捐款变为公共资金，公园便开始向公众开放。1829年，苏格兰园林设计师约翰·克劳迪斯·劳登发起了一项呼吁政府划拨资金建造公园的运动，最终在1844年成功在东伦敦拥挤的贫民窟建立了维多利亚公园。为了改善工人的生活，关注这一运动的企业家相继捐赠土地。英格兰各地出现了许多其他的维多利亚公园。

伯肯黑德镇是一片工人聚居的郊区，与利物浦隔默西河相望。伯肯黑德镇聘请了王子公园的设计师约瑟夫·帕克斯顿，建造了第一个完全由公共资金打造的公园——伯肯黑德公园。帕克斯顿将沙丘脚下125英亩平平无奇、遍布沼泽的低洼土地打造成了一个小小的伊甸园，里面有树林、空地、蜿蜒的小路和风景优美的车道。公园于1847年开放，公众可免费游览。以公共资金打造公园的理念传遍了整个欧洲。1850年，康涅狄格州公理会曾经的教徒弗雷德里克·劳·奥姆斯特德参观了伯肯黑德公园。1853年，他参加了纽约市的一次公园设计竞赛，作品的设计灵感就来自伯肯黑德公园。他的设计最终赢得了竞赛，成了中央公园的设计基础，并为波士顿、旧金山等几十个美国城市的其他公园提供了设计灵感。

公园并不是将自然带给人们的唯一途径。工厂主们也创建了拥有大量绿地的理想社区。早期英国的工厂主不仅要在靠近流水的偏远地区建造工厂，还要为工厂的工人和提供相关服务的工人兴建住宅、学校、教堂、商铺和车间。城镇必须足够舒适宜人，才能吸引工人的到来。许多工厂主非英国国教徒，他们试图在工厂周围打造愉快、和谐、道德的社区。就这样，大卫·戴尔在苏格兰的新拉纳克打造了一座样本工业城，该样本在18世纪90年代被认为是英国最大的纺纱企业，秉承着开明的家长式经营风格。在曼彻斯特的上帝一位论派教徒的影响下，大卫·欧文在1799年买下了新拉纳克。在这里，他通过教育和再培训改善了工人的条件，也让他成了英国社会主义领域颇具影响力的人物。作为样本的新拉纳克启发了法国阿尔萨斯大区米卢斯市信奉新教的企业家。1853年，他们成立了米卢斯工人阶级住房协会，以期打造一座模范工业城。为了提倡节俭，工人们不再租房，而是按时间计划照价购买住房。根据建筑师亨利·罗伯茨1850年出版的颇具影响力的《劳动阶级住宅》，每套四单元公寓的两侧都有自己的花园，这样就在城市中保留了一丝乡村风貌。米卢斯的范例让整个西欧都纷纷效仿。许多美国的企业家也兴建了可供效仿的公司城。对中产阶级和上流社会而言，城市交通的完善催生了郊区的大量绿地。奥姆斯特德设计的芝加哥的滨河绿地就是早期美国颇具影响力的绿地之一。

大约在20世纪初的时候，城市规划者开始更全面地思考问题。从社会学的角度来看，城市环境的规划设计可以解决社会问题。美国的城市美化运动及英国的花园城市和城镇规划运动力求将工业城市的环境打造得令人振奋、引人向上，从而恢复个人、社会、自然三者之间的和谐。从美国到欧洲国家再到日本，工业时代的城市规划需要新思路的观念变得极其流行。

不久，公园的设计就超越了城市的环境。马什构思了一种公园，预示着国家公园的设计目的："……美国大片便于通达地区的土壤应尽可能保留其原始状态，同时充当传授学生知识的博物馆，自然爱好者的休闲公园，乡土树种、喜阴的含羞草、鱼禽走兽栖居繁衍的庇护所，享受着崇尚克制的国民的法律所提供的不完全保护。"无独有偶，1864年，也就是《人与自然》出版的这一年，美国联邦政府在加利福尼亚州建造了约塞米蒂公园，这是第一座为了保护自然风光而建造的公园。《人与自然》更直接地启发了1875年至1895年为了保护自然美景和重要流域而建立的阿迪朗达克大型州立公园的设计。1872年，美国建立了全世界第一座国家公园——黄石公园。建立国家公园的想法很快在新教国家流行起来，最终大多数国家都建立了国家公园。在大英帝国，国家公园十分常见。欧洲的第一座国家公园则出现在瑞士，但由于人烟稀少的景观并不多见，欧洲各国不得不建造更少的公园，或者建造融城镇、文化遗址、自然风光为一体的公园。

自然资源保护

在19世纪80年代到20世纪10年代中期的动荡时期，企业家和政府试图解决伴随着工业资本主义在全球取得胜利而产生的问题。企业家们享受着巨大的财富，而工人们却生活在污秽、肮脏、可怕的污染之中，这种令人反感的景象引发了社会主义、无政府主义革命性的解决方案和政治运动。上流社会和中产阶级希望通过改善穷人的状况来改善局面，防止矛盾的激化。德国等国家通过了《社会福利法》来削弱社会主义运动的影响。然而，污染是一个更为棘手的挑战。20世纪中叶，英国和美国相继出现了烟雾减排联盟。而在德国，烟雾弥漫的城市令人们的不满情绪日渐高涨，但因此导致的公民团体和政治行动却寥寥无几，这是因为人们错误地相信政府会做出强有力且有效的回应。阻挡天空恢复明净的障碍包括技术难点和烟雾减排的费用、关于烟雾有害健康的医学证据不足、企业家的经济影响力、工人对失业的担忧，以及家庭火灾和火车烟雾的难题。许多制造商通过建造更高的烟囱来"解决"烟雾问题，这对当地而言是一件好事，但对下游而言却是一件坏事。

工业资本主义在1900年左右达到顶峰，伴随而来的是对其资源基础的担忧。英国之所以重新发现了《煤炭问题》的价值，不是因为英国的煤炭耗尽了，而是因为杰文斯有关美国的煤炭产量将超过英国的预测成了现实。正如杰文斯意识到的那样，英国作为全球能源生产引领者的地位相对下降，预示着衰退即将到来。

美国人重读了《人与自然》一书，担心资源的绝对（而非相对）减少会威胁美国未来的崛起。19世纪80年代晚期，一场旨在解决大公司政治腐败、劳工动乱、污染、森林快速退化问题的运动积聚了力量。一系列长老会出身的总统——本杰明·哈里森、格罗弗·克利夫兰、西奥多·罗斯福、伍德罗·威尔逊，以及信奉上帝一位论的威廉·霍华德·塔夫脱——都在寻求建立一个将公共利益置于个人财富之上的政府。随着反垄断立法、第一批国家监管机构的设立，以及儿童和妇女劳动法的出台，总统们开始于1891年建立森林保护区，并于1905年后出于公共利益将森林保护区收归林务局管理。苏格兰裔美国作家、活动家约翰·缪尔对国家公园进行了大力宣传，并在1890年至1920年促进了国家公园的扩张。自1916年起，美国的国家公园接受国家公园管理局的监督。与此同时，科学家们开始从生态学的角度思考问题，这一学科研究的是生物与其生长环境之间的相互联系。在系统思维的影响下，平肖与罗斯福紧密合作，公布了一个以"自然资源保护"（conservation）为名、旨在解决自然资源过度开发问题的总体方案，罗斯福广泛宣传了这一概念，并使之成为其政治生涯的核心。自然资源保护成了美国人资源思想的核心，并日渐成为国际话语的中心。

彼时，野生动物保护达到了高潮。早在 19 世纪六七十年代，鸟类保护协会就已经在英国、法国、德国等地大量涌现。1886 年，美国也成立了奥杜邦协会。英国和德国成立了自然保护区，罗斯福更是建立了 50 多个野生动物保护区。为了保护候鸟，12 个欧洲国家于 1902 年签署了《世界保护益鸟公约》，美国和加拿大则于 1916 年签署了《候鸟条约》。1900 年，非洲野生动物保护会议召开。1903 年，大英帝国野生植物保护协会成立。1909 年，瑞士自然保护联盟成立，促进了 1914 年 14 个国家在伯尔尼成立国际自然保护协商委员会。在接下来的几十年里，美国通过了最早一批规定狩猎季节、渔猎许可证办理以及捕捞量的州法律，并且数量还在成倍增加。

在两次世界大战的间歇期间，自然资源保护成了一项国际事业。地方组织、国家组织和国际组织出面游说并提供建议。各国通过了相关法规、法律和条约。地方野生动物保护组织、区域野生动物保护组织和皇家野生动物保护组织纷纷成立。罗斯福总统将自然资源保护作为新政的中心主题，这在他组织成立民间资源保护队一事上也得到体现。罗斯福政府推进了针对土壤保护（特别是在美国"黑色风暴"肆虐的环境灾难期间）、森林扩张和野生动物保护、以荒野为导向的新国家公园的政策的制定与落地。在 1945 年罗斯福去世后，美国在自然资源保护方面的政治领导作用逐渐减弱。1948 年，世界自然保护联盟成立，成立的地点是欧洲，而不是美国。

西方工业资本主义的衰落

自然资源保护论者从未对工业资本主义本身发起过挑战。缺少工业资本主义的生活简直是无法想象的。自然资源保护仅仅意味着解决工业化造成的环境问题。工业资本主义是杰文斯那只"下金蛋的鹅"，尽管这只"鹅"沾满烟灰、气喘吁吁。无疑,这只"鹅"需要的只是一点新鲜的空气、一次清洗,还有一小块令人振奋的绿地,这样它就会永远"下蛋"。

工业资本主义触碰到了发展的极限。诚然,实验室和车间仍在源源不断涌现技术奇迹,欧洲贵族在一战前的动荡岁月里仍像孔雀一样趾高气扬,但帝国主义抢夺地球上最后一块未被殖民的土地的竞赛几乎已经结束,剩下的只是相对无聊的统治。欧美的铁路基础设施已经铺设到位,美国钢铁工业令人瞩目的增长也放慢了脚步。英美的煤炭产量停滞不前。50年前,西方的科学、艺术呈现出极大的自信和乐观,但到了20世纪末,似乎收敛了一些锋芒。奇怪的反常现象令物理学家们深感困惑。艺术家们抛弃了文艺复兴早期所孕育的美学,日耳曼交响乐和歌剧在数小时内展现出一种自我放纵的高傲。

前方的道路充满了不满和压抑的暴力。20世纪粗暴地将维多利亚时代推到一边,以期建立一个有秩序、有道德的世界。阿尔伯特·爱因斯坦于1905年提出的相对论表明,永恒的外部参照系是一种错觉。新的艺术运动——立体主义、野兽主义、表现主义——否定了19世纪的艺术传统,作曲家们抛弃了传统的调性和节奏。西格蒙德·弗洛伊德将光明照亮了心灵的黑暗角落,证实了大肆宣扬的西方理性的虚假性。

工业资本主义在接下来的几十年里顽强地前进,经历了两次具有惊人毁灭性的世界大战和一次大萧条,特别在大萧条期间,"鹅"几乎一度停止"下金蛋"。工业资本主义的黄金时代已经过去。1945年后,欧洲各大帝国以惊人的速度崩塌。蒸汽机消失了,只能在博物馆里看到它的身影。大烟囱也一根接一根地停止冒烟。但是,随着新世纪的到来,一种新的资本主义来势汹汹,它促进了消费而非生产,带来了一些新的、更具威胁性的环境问题。

第六章　先买后付

20 世纪 20 年代汽车的兴起

1899 年，年轻的阿尔弗雷德·P. 斯隆在新泽西州纽瓦克市海厄特滚珠轴承公司担任总裁，该公司制造了一种受专利保护的特殊轴承。当时，车轮轴承订单的一大新来源为美国中西部的一个新兴产业——汽车制造业。汽车制造商希望为他们的汽车配备比上了润滑油的车轴更好的部件。与此同时，为了专门的市场，数百名机修工每年都会手工打造约 1500 辆汽车。由于难以启动、表现不太可靠、不适应美国乡村破败不堪的道路，汽车对富人而言就像一个昂贵的玩具。不过，在卖出最初的几十个汽车轴承的 30 年后，斯隆成了通用汽车公司的总裁，当时通用汽车公司汽车的年销量达到了 148.2 万辆。

斯隆涉足汽车制造业时，一场面向大众的交通革命一触即发。从 19 世纪 80 年代开始，内燃机技术迅速发展，蒸汽和电力互为替代品，这鼓励德国、法国、意大利、英国和美国的无数机修工和修补匠在改装的车厢上安装发动机。与此同时，自行车和电车让人们习惯于自推进式车辆的概念。不过，如果要让汽车成为一种大众交通工具，制造商需要按低廉的价格生产大量汽车。在此方面，美国的表现非常优秀。1895年，查尔斯·杜里埃和弗兰克·杜里埃在马萨诸塞州斯普林菲尔德市成立了杜里埃汽车公司。这是第一家生产统一款式汽车的公司。次年，公司售出了13辆汽车。1902年，在密歇根州的兰辛市，兰索姆·E. 奥兹是最早使用装配线的汽车行业的企业家，装配线被用于大批量生产奥兹莫比尔汽车。1908年，托马斯·爱迪生所创公司的前总工程师亨利·福特设计出了造型美观、性能可靠、坚固耐用的T型车。在流水线的帮助下，T型车的生产成本很低，即使是农民也买得起这款车。到了20世纪20年代，全世界一半的汽车产自福特汽车公司。1910年，福特汽车公司售出了200万辆T型车。在1927年停产前，福特汽车公司共计售出了1500万辆T型车。到了1929年，60%的美国家庭拥有一辆汽车，或者说，每5个美国人中就有1个人拥有汽车——比例远远高于任何其他国家。在此前的历史上，从未有过能够令人们的生活和社会景象发生如此巨大变化，同时又能够以如此快的速度获得普及的产品。

吸引消费者不断购买大量推出的汽车，需要创造性的销售技巧。这些销售技巧的创新的引领者并非福特，而是斯隆。他专注于吸引消费者购买汽车，这使通用汽车公司成了资本主义新阶段——消费资本主义的先锋。斯隆也体现了从工业巨头（安德鲁·卡内基、约翰·D. 洛克菲勒等人，一般具有新教改革宗背景，有时也被称作"强盗大亨"）时代到经理人和企业投资者（他们极少受改革宗熏陶）时代的转变。最后，汽车体现了从煤炭到石油的革命性的能源变革，同时也带来了一系列新的环境问题。

从另一种发展趋势来看，通用汽车公司是一家控股公司，而不是像福特汽车公司那样的制造商，而且公司创始人威廉·杜兰特是一名推销员，也不是像福特那样的机修工或修补匠。杜兰特在密歇根州弗林特市担任推销员，先后推销过雪茄和保险，都获得了成功。他四处寻找投资机会,并买下了一家设计出了新型悬挂系统的小型马车制造公司。他开创了一种商业战略,将大批量、标准化产品和对主要供应商的所有权、控制权,以及全国特许经销商网络结合起来。到了1906年,杜兰特-多特马车公司已经是全美最大的马车生产商。1904年,投资者请求杜兰特帮助资金短缺的汽车制造商别克。虽然杜兰特对汽车知之甚少,但他突然设想了一个不依靠马来拉车的未来场景。于是,杜兰特接管了别克,而别克很快成了最大的汽车制造商。1908年,杜兰特创立了通用汽车公司,并运用杜兰特-多特马车公司的商业策略,以控股公司的名义收购与通用汽车公司有互补效应的汽车制造商和重要供应商,发展出了一个经销商网络。由于财务支出过多,杜兰特在1910年市场萎缩时失去了对通用汽车公司的控制权,接着在1916年重新获得了控制权,然后又在1920年战后经济衰退期间再次失去了控制权。

和杜兰特一样,斯隆也没有做过机修工或修补匠。1875年,斯隆出生于康涅狄格州纽黑文市,父亲是一名咖啡与茶叶进口商,祖父是一名循道宗牧师。他毕业于麻省理工学院电气工程专业。父亲的一位富人朋友为他谋得了海厄特滚珠轴承公司制图员的工作,他对这家公司颇感兴趣。1899年,斯隆的父亲和另一名投资者买下了海厄特滚珠轴承公司,任命斯隆为总裁。1916年,杜兰特买下了这家公司,斯隆很快就成了通用汽车公司总裁的贴身顾问。1923年,斯隆本人被任命为通用汽车公司总裁。

在斯隆的引领下,通用汽车公司成了世界上最大的工业企业。与杜兰特这个乐于承担风险的热情推销员不同,斯隆是一名缺乏幽默感的工程师,他将通用汽车公司管理得像一台运转良好的机器,其中包含有许多相互联动的部件。他对通用汽车公司的各大零部件公司进行协调,让它们使用相同的零部件和车身供应商。1921年,斯隆组建了通用汽车公司的各大汽车部门,包括雪佛兰、庞蒂克、奥兹莫比尔、别克和凯迪拉克，从而生产价格和豪华程度不断提升的汽车。他掌控着总体的业务活动，但允许下属在授权的情况下，高度自由地发挥自己的最佳判断力。通用汽车公司的各大部门相互配合但权力分散，因此保持平衡并非易事，而斯隆在此方面的表现异常出色。

斯隆领导下的通用汽车公司彻底改变了汽车行业。1919年，通用汽车公司的首席财务官创建了通用汽车承兑公司（GMAC），旨在为潜在客户融通资金。1920年，通用汽车研究公司（GMRC）在斯隆的推动下成立，由工程师、发明家查尔斯·凯特林担任总裁。斯隆在市场营销方面的创新反映了从扩大生产到促进消费的转变。有了通用汽车承兑公司，消费者无须攒下购买汽车的全款，而且可以更频繁地换车。斯隆提出的设置从便宜的雪佛兰到豪华的凯迪拉克等一系列品牌的想法，使通用汽车公司能够随着客户的年龄和财富增长留住他们。斯隆在广告营销上出手阔绰。到了1924年，通用汽车公司购买的广告位比其他任何公司都多。另外，斯隆还意识到汽车市场正在发生变化。由于T型车的实用造型和黑色的配色几乎每年都没有变化，所以买家能够以更低的价格购入一辆二手车，而且二手车与新车几乎没有什么不同。自1925年起，通用汽车公司每年都会推出新造型，同时还引入了由通用汽车研究公司研发的Duco瓷漆，买家可以选择明亮的颜色。每年的车型更换和颜色的选择激发了消费者对最新、最时尚、技术最先进的汽车的渴望，因为这能让他们的汽车和邻居的汽车区别开来。

福特汽车公司更像是19世纪而非20世纪的产物。亨利·福特非常关注对单个高质量的产品进行大规模生产，这反映了工业革命的思想。他对消费资本主义的到来反应迟缓。福特出于道德原则拒绝提供让人们负债的融资，也拒绝为一款做工精良的实用产品做广告，他认为这种产品的质量不言自明。就这样，通用汽车公司抢占了T型车的市场份额。1927年，通用汽车公司的销售额超过了福特汽车公司，于是福特汽车公司停止生产T型车，关停巨大的荣格工厂一年以更换设备，并推出了改进后的A型车，向消费者提供了一系列的车身风格和颜色选择。福特汽车公司还增加了广告营销。1929年，福特汽车公司开始提供有限的资金融通服务。

斯隆带领的通用汽车公司从詹姆斯·瓦特和安德鲁·卡内基代表的工业资本主义向雷·克罗克和杰夫·贝佐斯代表的消费资本主义过渡，并走在了世界的前列，成功地作为世界上最大的工业组织运行了整整半个世纪。消费资本主义是资本主义的升级版，其前提是通过加快消费者手中的资金流动速度，以更快的速度销售越来越多的商品和服务。消费资本主义诞生于1870年，并在20世纪20年代的美国达到了成熟。1922年，美国消费者共计花费562亿美元，5年后这一数值达到了743亿美元。由于制造和使用的消费品不断增加，需要开采更多的能源和自然资源，并倾倒越来越多的废弃物，消费资本主义就这样永远改变了人类与地球的关系。

消费简史

需要明确的是，消费资本主义并不等同于消费主义，后者拥有悠久的历史。最早的消费者是早期农业社会里那些积累了超过维生所需财富的人。消费者从商人、工匠、抄写员那里获取稀有或名贵的物品，修建宏伟壮观的建筑，购买仆人和服务，从而彰显他们的荣耀和权力，震慑敌人，提升自己的形象。然而，他们至此还未达到现代消费者的标准。除了美食饮料，人们购买的东西很少要用完扔掉。偶尔在某些时代，商人或上层阶级会追赶最新的、转瞬即逝的服装潮流。不过一般来说，历史上很少有人会为了猎奇而寻找物品。买家通常希望特殊的物件、服装、建筑能经久耐用，并作为有价值的物品在家族中流传下去。

对某些消费品的渴望为帝国和西方资本主义的兴起奠定了基础。古代，糖、香料、中国丝绸、印度棉花等奢侈品的贸易跨越了半个地球，发展得非常活跃。罗马的式微打破了西欧和北欧的贸易联系，直到十字军东征才重新激起了人们对异国奢侈品的兴趣。为了寻找这些商品，葡萄牙人来到非洲、印度和中国，见证了大明王朝规模巨大、兴旺活跃的贸易。中国的丝绸和瓷器与南亚、东南亚的棉花、糖、香料一起被装进了欧洲商船的货舱。随着荷兰和大英帝国的崛起，欧洲人开始享受不常见的消费品带来的新鲜感。五颜六色的印度棉花、烟草、茶、咖啡和巧克力慢慢渗透进欧洲社会的各个阶层。消费主义沿着贸易路线蔓延。在美洲殖民的欧洲人享用马德拉酒、波特酒、茶、糖、巧克力、咖啡，以及欧洲制造的物品。非洲人想要的则是欧洲的枪支和印度的棉花。

妇女的消费构成了18世纪向工业资本主义过渡的隐形动力。帝国主义和工业化的大多数产品能满足女性在家庭领域的常见需求。厨房方面有茶、咖啡、糖等农业革命的产物以及瓷器，缝纫方面有别针和缝纫针，服装和织物方面有纽扣、棉花、靛蓝染料以及其他布料和染料。在被工厂生产取代之前，纺纱的机械化使妇女在家中以传统的方式纺织变得更加容易。当然，18世纪，男士也在搜寻带有多个纽扣的优雅服饰、带扣的鞋子、染色的假发、烟草等消费品。但在贸易、帝国和制造业所推动的消费主义中，女性需求构成了重要组成部分。

对新颖的外国商品的强烈渴望推动了工业革命的发展。为了仿造昂贵的中国瓷器，詹姆斯·瓦特和马修·博尔顿的好友约西亚·韦奇伍德对制陶工艺进行了工业化改造。另外，由于进口棉花受到限制，消费者的需求无法得到满足，这也促进了棉花生产的机械化。

美国在为大批量生产、建立大规模消费制度以及激发大众兴趣和欲望这三个方面走在了世界前列。1800年，欧美的大部分人还是自己缝制衣服、种植粮食、豢养禽畜、建造房屋和谷仓、打造家具，但在一个世纪以后，很少有人会自己动手做这一切。大多数人会从商店购买需要或想要的物品。19世纪中叶，百货公司这一名副其实的消费殿堂出现在巴黎和欧洲其他的首都。在美国，19世纪70年代以后，大城市和小镇里出现了很多百货商店。百货公司不仅仅是迅速发展的乡村商店，还象征着一场市场营销的革命。此前，店家会把商品放在柜台后面，然后在顾客要求下摆放出来，以防止有人偷窃。顾客购买的是他们到店前想买的物品。百货公司则将商品陈列在潜在的买家可以看到并细细审视的地方。陈列的物品非常诱人，吸引了顾客的眼球，鼓励他们在冲动下购买超出原计划的商品。因为这些大型公司靠销量而非加价赚钱，所以价格可能比一般商店更低。百货公司会赞助内部和外部的活动（例如梅西百货在纽约市举行感恩节大游行），利用不同季节的不同商品来装饰橱窗，以室内装潢来吸引和取悦顾客。针对美国农场和小镇的消费者，蒙哥马利·沃德于1872年发明了邮购目录——这是采取了书页形式的"百货公司"。之后，西尔斯罗巴克公司也加入其中。到了19世纪末，西尔斯罗巴克公司和蒙哥马利沃德公司这两家来自芝加哥的公司也开展着庞大的邮购业务。

此时，工业资本主义正在为消费资本主义让路。制造商们已经对低成本、大批量生产商品颇为精通。交通运输也变得如此廉价，以至于消费品源源不断地到达美国，甚至世界的各个角落。到了19世纪晚期，工厂制造出大量的产品，以至于企业家们不得不面临饱和的市场。生产已超过消费，而控制生产以匹配消费导致了失业、消费减少和经济停滞。工业资本主义经济在1819年、1837年、1857年、1873年、1882年、1893年和1907年有规律地萎缩。为了鼓励消费，各类方法应运而生，并在20世纪20年代的美国达到了顶峰。

通用汽车公司的成功取决于许多因素，这些因素都是消费资本主义的标志，包括金融化、消费者债务、向石油过渡、企业研究、计划报废和广告营销。作为一家控股公司，通用汽车公司加入了资本主义金融化的潮流。在金融化过程中，公司和投资者通过买卖公司等金融行为获得了比直接投资贸易或制造业更高的利润。在公司等级体系的顶端，像斯隆这样的经理人变得越来越常见，掌握的权力也越来越大，而发明家、企业家、机修工、修补匠则变得越来越少见。消费资本主义中消费增长的永恒循环只部分地依赖消费资本主义所带来的稳定的收入增长。债务让买家的手中有更多的钱，而成立通用汽车承兑公司仅仅是20世纪20年代兴起的通过让客户负债来销售产品的众多方法中的一种。同时，美国开启第二次能源过渡——从煤炭到石油——最大的动力就来自汽车行业。只有石油才能提供生产和消费无尽循环所需的巨大能量。就其本身而言，通用汽车研究公司预示着在企业资助下新材料和新机器的研发这一新的重点，这对以前主要由车库修理工和厨房发明家完成创新的情况进行了改变，并加速了其进程。此外，通用汽车公司通过让以往的车型显得陈旧过时来促进消费者购买新车，这反映了公司越来越频繁地使用计划报废来销售新品——这体现了消费资本主义购买和丢弃的无尽循环。最后，通用汽车公司在广告上的巨额支出反映了广告对消费资本主义的运转和发展至关重要。1929年的大萧条表明，当消费者支出放缓时，消费资本主义会像一个泄气的气球一般崩溃瘫痪。

消费资本主义的集中和协调

金融化的出现是为了促进各大产业的效率提升和合理化。威廉·杜兰特组建了通用汽车公司，所用方法与1850年至20世纪30年代J.P.摩根等金融家重塑全球资本主义经济的方法如出一辙。19世纪晚期，生产过剩对利润形成了威胁。为了规范竞争、保障利润，投资者会收购竞争公司。公司合并在19世纪90年代末的美国达到了巅峰。美国公司大多通过托拉斯（一种由约翰·D.洛克菲勒的标准石油公司所开创的法律和金融工具）实现合并，最后全美数千家公司仅由100来家公司控制。J.P.摩根创立的美国钢铁公司成了当时世界上最大的公司，也是第一家规模达到10亿美元的公司。1901年，摩根购买了安德鲁·卡内基的钢铁公司，让卡内基得以退休，卡内基在退休后将他的巨额财富捐给慈善事业。摩根将卡内基的钢铁公司和几家竞争公司合并，以求对钢铁行业进行合理化改革。1880年至1920年，金融收入占美国GDP的比重从2%上升至4%。杜兰特观察到了摩根等金融家所采取的策略，开始在证券市场上买卖各大公司的股份。收购别克的股份令他走上了创建通用汽车公司的道路。

20世纪20年代，美国出现了大量如摩根和杜兰特所策划的公司合并和公司扩张的情况，同时期金融收入占GDP的比重从4%跃升至6%。大型企业甚至开始控制小镇的主街。各行各业涌现出大量连锁商店。连锁商店使规模经济成为可能，并通过全国范围的广告营销来吸引顾客。人们在连锁百货公司里购买衣服鞋子，在连锁药店里买药，在连锁影院里观看最新的电影，在连锁餐厅里用餐，并在连锁酒店里入住。数以万计的A&P和克罗格杂货店出现在美国的大街小巷。蒙哥马利·沃德、理查德·西尔斯和詹姆斯·潘尼开了数百家商店，以作为邮购业务的补充。大型百货公司会在附近的社区开设分店，而联邦百货公司也收购了许多地方百货公司。为了装满所有这些商店的货架，雷曼兄弟、高盛等投资银行家促成或推动了小型消费品制造商合并为高露洁－棕榄－皮特、通用磨坊、博登等巨头公司。

金融部门为金融化和公司合并奠定了基础。证券交易所（例如17、18和19世纪早期在阿姆斯特丹、伦敦、纽约建立的证券交易所）使企业更容易获得资金，创造了股票市场，并将所有权和经营权分离开来。19世纪初，西欧出现了以营利为目的的民营商业银行，这提供了另一种资本来源。这类银行以极快的速度在美国大量出现。随着通信的可靠性和速度不断提高,且邮寄、电报、跨洋电缆、电话和无线通信的费用不断降低,伦敦和阿姆斯特丹成了全球金融中心,1870年之后,纽约也成了全球金融中心。资本越来越便捷地在世界各地流动,寻求着最佳的投资回报。金融化可以为投资者带来巨额利润,但往往无助于经济发展或公司创新政策的发展和落地。因此,尽管伦敦是全球金融中心,但英国的工业创新落后于其他国家,大量的英国资本还是流向了海外。

消费者债务的融资需求

通用汽车公司之所以创立通用汽车承兑公司,是因为它意识到,只有口袋里有钱用于消费,人们才会成为顾客。为了更快地将更多的钱送到潜在消费者手中,通用汽车公司必须使人们拥有更多途径来获得现金。20世纪20年代,宽松的信贷政策几乎让所有人都受到了消费资本主义的影响。

20世纪20年代,美国消费者掀起了史无前例的借贷狂潮,这依赖大西洋两岸银行家和投资者不断建立的为其提供条件的机构。如果没有这些机构,只有最富裕的阶层才能贷款。一个世纪以前,放贷者开始冒险贷款给不那么富有的人。贷款机构的数量不断增长,并开始提供消费者银行服务。随着保险公司变得越来越常见,到了20世纪中叶,人寿保险成了一种广受欢迎的储蓄方式。各种各样的储蓄贷款银行和互助储蓄银行的前身也出现了。工人们可以在这些银行里储蓄,并贷款购买房屋等高价商品。批发商、中间商和小商贩也会向那些从未踏入银行的人,或因过于贫穷而无法获得银行贷款的人提供信贷(通常是高利贷)。

制造商和零售商发明了为购买耐用品的消费者提供资金的新方法,这种现象始于美国,美国人往往比欧洲人背负了更多债务。1807年,家具的分期付款计划问世。到了19世纪50年代，人们可以按分期付款的方式购买农用设备和钢琴。1856年，辛格缝纫机公司推出分期付款计划后，销售额增至原先的3倍。1900年以后，以分期付款方式销售商品的零售商和邮购公司的数量迅速增加。几乎在同一时期，销售金融公司大量涌现，为大型消费品提供按揭贷款。10年后，购买汽车也可享受按揭贷款。汽车的大批量生产意味着需要大规模销售，而银行不会为此提供资金，因此麦克斯韦汽车公司于1916年首次提供分期付款计划。规模最大、最具重要性的金融公司通用汽车承兑公司成立于1919年，仅用了10年时间就挤垮了其他大多数销售金融公司。1920年，大约1/4的美国人通过分期付款的方式购物，常见的消费品有冰箱、收音机、留声机、衣服和汽车。10年以后，美国人以分期付款的方式购买了价值70亿美元的消费品。由于分期利率比较高，大多数采用分期付款方式购物的人往往会变得更穷，更加无力承担债务，但分期付款计划让他们能够买下超出自己经济能力的收音机或衣服。

20世纪20年代诞生了一种吸引人们负债消费的新方法——赊销牌，这是信用卡的雏形。19世纪晚期，百货公司会向值得信赖的顾客提供信贷。19世纪末、20世纪初，为了促进交易，百货公司会向顾客发放圆形金属购物卡，上面标有编号，但购物卡可能会失窃，或为未经授权的人所用。1928年，波士顿的菲琳百货公司向顾客发放了印有识别信息的小型赊销牌。其他商家也纷纷效仿，每张赊销牌仅对发放这张赊销牌的商家有效。20世纪30年代，一些银行尝试推出银行卡，但未能克服反诈骗、快速付款、追踪大量可随意获得贷款的顾客的购物情况、从银行卡中获利等问题。二战以后，这些障碍终于被克服，第一张国际通用的信用卡——大来卡问世了。

赋能消费——能源革命

石油推动了消费资本主义在全球的崛起和胜利。20世纪20年代的美国和二战后的欧洲都经历了从煤炭向石油的过渡。石油之所以能取代煤炭，很大程度上是因为石油的生产、加工、运输、销售都要简单得多。钻开一口油井之后，石油会自动流动，或者几乎无须人工便能泵出，和煤炭开采的复杂流程形成鲜明对比。石油的储存和运输几乎不需要劳动力，在管道运输的情况下就更是如此。这也和笨重的煤炭存在较大区别，煤炭的运输、储存、送货和使用都很麻烦。而且，许多交通工具很难以煤炭为燃料。最后，燃烧汽油不会产生灰烬、煤烟或污垢。油田不需要用到大量劳动力，这样就不会出现罢工，进而不会令经济陷入停滞。取暖油将房屋主人和维修工从铲煤入炉的工作中解脱出来。从煤炭到石油的过渡促进了20世纪20年代以及1945年后史无前例的经济繁荣。煤炭价格无法与劳动力成本分离，并随着工资的增长而上涨。工资的增长对于相对稳定的油价则影响较小。不断上涨的工资和稳定的能源价格之间的差距越来越大，这让工人拥有更多可用于消费的可支配收入。

石油时代始于煤油，化学家在19世纪50年代学会了从石油中提取煤油。从此，煤油取代了昂贵的鲸油，大大减轻了捕鲸的压力。1859年8月27日，埃德温·德雷克在宾夕法尼亚州泰特斯维尔附近的油溪成功钻探到了第一口现代油井，为匹兹堡一家生产煤油的炼油厂提供了燃料。当地的苏格兰–爱尔兰长老会教徒在这片区域里钻探或投资了数千口井。安德鲁·卡内基就是其中一名投资者，他将所获利润投资钢铁行业。

洛克菲勒发现，他可以脱离钻井和生产的繁荣和萧条周期，从炼油中获得更稳定的利润。他开始在距宾夕法尼亚州的油田最近的港口——俄亥俄州的克利夫兰收购炼油厂。为了使石油工业更加合理高效、有利可图，洛克菲勒完善了托拉斯这一法律工具，收购了竞争对手，并将它们整合到自己的标准石油公司中。被他挤走的石油商分散到美国各地，在加利福尼亚州、得克萨斯州、俄克拉荷马州等地开发油田、相互竞争。于是，石油变得供大于求，满足了美国对石油产品日益增长的渴望。随着俄罗斯、加利西亚（波兰和乌克兰的一部分）、加拿大、荷属东印度群岛、波斯、墨西哥、委内瑞拉等地不断发现或开采油田，全球石油产量也持续提高。

汽车是20世纪能源从煤炭向石油过渡的象征和催化剂，在这一点上没有其他物品可以与之匹敌。福特汽车公司、通用汽车公司等制造商大批量生产的汽车，都是由一种新型燃料——汽油——提供的强大能量所驱动的。炼油厂从石油中提炼出汽油。在内燃机发明之前，这些危险易燃的汽油几乎没有什么实际的用途，炼油厂经常在晚上将汽油倒入河中。汽车产业的迅速发展为有限的汽油供应带来了压力。印第安纳标准公司（1911年由标准石油公司拆分出来的一家公司）的工程师们找到了"分解"石油的方法，让每桶石油炼出的汽油产量翻了一番。得克萨斯和美国西部新发现的巨型油田避免了一场燃料危机。石油工业会抽取、运输、提炼以及在美国的各个城镇和十字路口的加油站销售汽油。如果没有迅速发展的石油工业，我们就不会迎来20世纪20年代的汽车时代。

电酝酿了另一场革命。它有点像神话故事中的神灯精灵，除了便携性有限，与其他形式的能源相比具有无数的优点。几乎任何形式的能源都能发电——有机燃料、化石燃料、核燃料、太阳的光热、空气或流动的水。电清洁无污染，不发出声音，比其他能源更安全，可以储存在电池中，或者瞬间从一个地方传输到另一个地方。高功耗的电线可以轻而易举地降至低功耗使用。电可以驱动几乎任何尺寸的马达，并且可以产生光、热和声音。电还可以通过电路在计算机等设备中进行复杂深奥的逻辑操作。最后，只消轻轻按下开关，人们就能立刻用电。

消费者对电的渴望是慢慢发展出来的。最早用电的是企业。机械中的皮带连接着顶上的机械轴，而电气化让机械摆脱了对皮带的依赖。在金属工业中，电可将一种金属镀在另一种金属上，或者提纯铝等金属。电动马达驱动着有轨电车和电梯，让摩天大楼的出现成为可能。苏格兰裔美国人亚历山大·格雷厄姆·贝尔在1876年发明的电话和爱迪生在1878年发明的灯泡在各大城市中大量出现。能源史学家瓦茨拉夫·斯米尔描述了爱迪生将其创造发明投入使用的速度：

> 一个经久耐用的灯泡仅仅是个开始——在灯泡问世后的3年里，爱迪生申请了近90项关于灯具和灯丝的新专利，其中60项涉及磁电机或发电机，14项涉及照明系统，12项涉及配电，10项涉及……电表和马达。1882年1月12日，爱迪生位于伦敦的公司在霍尔本高架桥上建造了第一座发电厂，开始输送电力。同年9月4日投入使用的纽约珍珠街发电站是美国的第一座热电厂。营业一个月后，它为纽约金融区约1300个灯泡供电，一年后，超过1.1万个灯泡接通了电源。

全球的各个城市很快就实现了电气化，装上了成千上万个灯泡。渐渐地，城市电网发展为国家电网和国际电网。

1920年左右，美国人突然认为灯泡不应仅被用于企业生产和街道照明，对家宅也很重要。农民此前在黑暗中饱受煎熬，直到1935年罗斯福新政设立的农村电气化管理局为他们带来了电和电灯。此时，人们成了电的消费者。在20世纪20年代的美国，电器消费品的数量迅速增加。（欧洲的消费者则明显落后于美国。到了1929年，美国的发电量占全世界发电量的一半以上。）1914年，洗衣机、冰箱、收音机、留声机、炉灶、熨斗和吸尘器鲜少出现在人们的家中；而到了1930年，却常常出现在都市中产阶级的家中。

石油和电力使加利福尼亚等缺乏廉价煤炭的地区完全绕过了煤炭时代。加利福尼亚拥有丰富的石油储量，能够利用内华达山脉的水力资源发电，几乎直接越过煤炭，过渡到电、石油、天然气的时代。

神奇的塑料消费资本主义

与煤焦油相比，石油产生了更多自然界中不存在的物质。通用汽车研究公司等企业研究实验室的研究人员发现了一个人造材料的新世界。20世纪早期，化学家们掌握了将石油的长链分子分解成短链分子的方法。接着，一战后，美国夺取并出售了此前占据主导地位的德国化学公司的资产和专利，此后主导了全球化学工业。20世纪20年代，美国公司向市场投放了大量由人造化合物制成的产品。美国蕴藏着大量的石油和天然气，自然而然地促进了这些物质的发现与销售。

第一种常见的石油基塑料是1909年比利时裔美国化学家利奥·贝克兰德开始生产的"贝克莱特"（即酚醛树脂）。贝克莱特可以被塑造成任意形状，而且防水防热、经久耐用。20世纪20年代，电话机机身、收音机外壳、拨盘、旋钮、电绝缘体、面板、银器手柄和化妆品套装都用到了这种材料。汽车的点火器、火花塞、油漆、电池端子、烟灰缸和方向盘也都用到了贝克莱特。1921年，美国的贝克莱特和其他合成树脂的产量为160万磅，1929年则增长至3300万磅。到了1940年，丙烯酸、三聚氰胺、乙烯基、尼龙和氯丁橡胶也纷纷加入了塑料大军。

20世纪20年代，通用汽车研究公司的化学家发明了往后对环境产生重大影响的其他化合物。1921年，通用汽车研究公司的工程师小托马斯·米奇利发现含铅汽油可以解决发动机爆震的问题，而爆震会降低发动机的效率并损坏发动机。米奇利的另一个标志性成果就是1928年在通用汽车公司的弗里吉戴尔部开发了用于冰箱的氟氯烃（氟氯烃的商品名为氟利昂），而氟利昂也取代了当时所使用的有毒、易燃、易爆的化学制品。通用汽车公司与杜邦公司签订了生产上述两种化学制品的合同。尽管拥有生产危险产品的经验，杜邦公司一开始还是难以安全生产具有致命毒性的含铅汽油。在杜邦公司确立足够安全的生产流程之前，五名杜邦公司的员工和两名通用汽车研究公司的员工因含铅汽油而中毒身亡。

在20世纪20年代以前，普通的家居用品都是由自然界中发现的物品制成的。无数的消费品含有动物产品（羊毛、丝绸、皮革、羽毛、角、龟壳、鲸须或象牙）或植物产品（木材、棉花或亚麻）。不过，自然界永远不可能提供充足的原材料来满足消费资本主义对永续增长的需求，而贝克莱特以及随后数量激增的塑料将消费资本主义从自然的限制中解放了出来。不幸的是，这些合成产物不会腐烂或分解，会在环境中留存数十年甚至数千年。合成它们的物质是有毒的、致癌的或有害的。含铅汽油的废气是一种神经毒素，氟利昂则破坏了对人们有益的平流层的臭氧。人造消费品将人类和自然界的许多问题掩盖了起来。

如何让人们购买已经拥有的东西

消费资本主义依靠的是人们不断购买消费品。然而，一名消费者只需要一辆汽车、一台收音机、一个炉子、一台烤箱、一台冰箱、一个吸尘器、一个熨斗，或者许多耐用品中的一件。即使是在宽松的货币政策下，市场在20世纪20年代早期也已经接近饱和。这一次，斯隆又看到了解决方案。由于通用汽车公司的雪佛兰未能竞争过福特汽车公司的T型车，1923年，设计师和工程师重新设计了汽车的外观，并修复了几个机械上的缺陷。如此一来，雪佛兰比只有黑色一种颜色的T型车更显时尚，销路便打开了。斯隆注意到了这一点。汽车是大多数人拥有的最昂贵的消费品，他们认为这标志着成功、声望和地位。不久，通用汽车公司旗下的所有车型都推出了各种鲜艳的颜色,并且款式和特点每年都有所变化。而在这之前,只有像查尔斯·凯特林的电动启动器这样的技术进步才会使汽车的车型被淘汰。由于每年都要更换款式,通用汽车公司找到了一种有效的激励措施,促使消费者换掉仍有多年使用寿命的汽车。其他汽车制造商也采用了通用汽车公司的策略。亨利·福特放弃了T型车,转而生产款式更时尚、色彩更鲜艳的A型车,并从1933年起每年对款式做出改变。这一理念也席卷了其他领域。很快,从洗衣机和冰箱到收音机和灯具,都出现了流行的装饰主义的流线型样式。

让消费者换掉那些原本就没有造型和款式的商品,意味着会开发出失败的产品。爱迪生的通用电气公司是这方面的引领者。通用电气公司成立于1889年。1894年,爱迪生的灯泡专利到期,公司面临着激烈的竞争。于是,公司控制或收购战略性专利,阻止了美国灯泡制造商抢占市场。为了抵御反托拉斯行动,通用电气公司改进了灯泡技术,并降低了价格,从而使价格低廉的灯泡在20世纪20年代第一次真正成为大众消费品。这一时期,通用电气公司大力推销其生产的灯泡,然而,一旦所有房屋都被灯光照亮,房屋的主人就没有必要再买灯泡了。1924年,通用电气公司利用战后欧洲照明公司之间的混乱和不信任,创建了瑞士的福玻斯股份公司,这是一个决定配额、价格和质量的垄断性利益集团。福玻斯股份公司将灯泡的标准寿命设定为1000小时,缩短了大约20%,这就要求灯泡的主人更频繁地更换灯泡。计划的报废悄然降临。

大萧条时期,计划报废成了一种常见的策略。大多数欧美人希望保持与以前相同或比以前更高的消费水平。由于收入降低,他们不得不购买更便宜的食物。制造商常常在生产过程中使用成本更低的材料以降低产品的价格。成本更低的材料意味着顾客更换产品的频率会更高。就这样,最初被用以刺激经济的策略变成了一种永久的做法。

对于制造商而言,利润更高的是那些一使用就报废的产品———一次性产品。这类产品也是在 20 世纪 20 年代出现的。最早的一次性产品为安全剃须刀,刀片在使用后需要扔掉,而非经过打磨再次使用。当时,金·坎普·吉列发明了使用一次性刀片的剃须刀,但直到吉列在一战期间拿下了向军队供应剃须刀和刀片的合同,吉列的剃须刀才引起了人们的注意。由于士兵在战后可以继续使用他们的剃须刀,吉列突然拥有了成千上万的顾客,他们会定期扔掉用过的刀片。不久,吉列在全球售出了数亿片刀片。

战争也带来了女性的一次性产品。金佰利公司开发了一种可被用于防毒面具过滤器和绷带生产的吸收性赛璐珞(celluloid 的音译,是一种人工合成的塑料)产品,并在战争结束时拥有大量库存。1920 年,金佰利用这种材料生产了高洁丝——第一款平价的一次性女性卫生巾。四年后,金佰利又用这种材料生产舒洁,并将其作为卸妆巾进行营销推广。注意到女性会使用舒洁来擤鼻涕,金佰利又将其作为一次性手帕进行销售。其他制造商也纷纷推出了自己的一次性产品。1924 年,强生公司推出了邦迪创可贴。1927 年,摩黛丝推出了一款更舒适的卫生巾。1934 年,丹碧丝推出了第一款卫生棉条。

就这样,一个用完即弃的社会诞生了。

创造欲望——广告,消费资本主义的宣传

"广告是我们整个社会经济系统的重要器官之一。它显然是一个发声器官,工业用之唱响它的欺骗之歌。"美国总统、美国商务部前部长赫伯特·胡佛在 1930 年的全美广告商会议上如此说道。

"广告的目的在于创造欲望,在欲望的折磨之下,人们立刻会产生额外的需求。而通过需求,你们又拉动了生产和分配。你们通过广告的刺激,令旧有的供求规律陷入沉睡,直到你们把家庭手工业变成了大规

模生产。通过商品和服务的不断扩散,你们降低了成本,因此你们是创造更高生活水平的动力的组成部分。"

胡佛指出了消费资本主义的一个重要组成部分。尽管企业合并、宽松的信贷、能源革命、人造材料的产生和计划报废能够增加消费者支出、加速经济增长,但如果没有一个强大的宣传中介——广告——来削弱那些阻止人们在不必要的物品或自我放纵的物品上消费的文化障碍和道德障碍,消费资本主义就无法运转。20世纪20年代,随着电影、大众杂志、音乐唱片和广播等大众传媒的急剧扩张,广告业呈现一派欣欣向荣的景象。大众传媒和广告所做的不仅仅是推销产品。在两次世界大战的间隔期间,大众传媒和广告描绘了一幅消费社会的迷人形象,通常被称为"美式生活"或"美国梦"。

20世纪20年代,广告已经不是新鲜事物,但从工业资本主义到消费资本主义的过渡令广告有所改变。随着英国工业革命的推进,现代媒体和广告不断发展。美国广告的贡献则在于它不仅宣布了一种产品的可用性,还促进了消费。1877年,现代广告机构在美国出现。平面广告开始用插图对文字进行补充。之前,很多物品被装在大的圆桶或箱子里出售,而纸袋和纸板箱的发明为消费者提供了稳定一致的质量和干净的产品。纸袋和纸板箱能让制造商在上面印上独特的文字和图案,这既宣传了产品,还为缺乏个性的公司提供了公共形象。1900年以后,随着印刷和摄影技术的进步,插图变得更加清晰且精致,美国的广告业日渐精细复杂。心理学和市场研究也开始对广告文案产生影响。

为了支援一战,美国政府招募了广告机构,明确了广告和宣传之间的关联。他们发明的方法非常有效,不仅塑造了战后的广告,还影响了政治宣传,比如20世纪30年代通用汽车公司的广告就包含了反对新政的信息。

1920年以后,广告变得更加普遍。美国的广告支出占GDP的比重超过了其他任何国家。广告支出通常占美国和平时期 GDP 的 2% 到 2.5%，20 世纪 20 年代这一比重达到了 3%，创下了历史新高。1914 年至 1929 年，报纸广告的收入增加了 3 倍多。大量资金流入了广告业，于是，大众传媒的所有者便拥有了用于扩张的巨额资金，从而能将内容传播到社会上最贫困、最偏远地区人群以外的每个人。媒体的目的从提供信息、娱乐大众、劝说转变为促进销售。人们的生活里越来越多地出现媒体的身影。

《您的丈夫还会再娶你吗？》，1921 年。《哈泼时尚》(*Harper's Bazaar*) 杂志上这则高棕榄牌（棕榄与高露洁于 1953 年合并）肥皂的广告运用了新颖的推销手法。因为不同肥皂的配方区别不大，所以制造商必须运用营销技巧，为他们的产品创造形象。这则广告利用了女性的不安全感。穿着考究的夫妇的形象向读者暗示，富有、精致的女性使用本品牌产品。插图中性感撩人、穿着暴露、明显拥有白人长相的埃及美女引起了读者对肥皂所用的棕榈油和橄榄油的注意。(杜克大学图书馆。)

广告也变得更有说服力。广告利用了人们对化妆品、肥皂、漱口水、除臭剂、洗发水等个人用品的不安全感和虚荣心，通过展示穿着晚礼服的男男女女检查冰箱、吸尘器或汽车的画面，激发人们想要自己看起来更富裕或更精致的欲望。广告可以通过最新的风格和设计或介绍新产品来引发人们想要自己感觉或看起来更时尚、更摩登的欲望。广告满足了人们对舒适和便利，尤其是对一次性产品的模糊渴望。无论是第二辆汽车、分机电话，还是洗发水，成功的广告宣传活动使一些人们曾经认为自己不需要的东西变成了必需品。

公司的商业宣传遇到了严重的文化阻力。美国的广告公司发现，针对美国的情况发明的广告技巧并不总能在其他国家奏效。首先，欧洲国家和澳大利亚的广告商虽然推崇美国的方法，但认为在他们自己的文化土壤中广告效果欠佳，因此并未立即对广告加以采用。其次，由于欧洲经济没有像美国那样迅速在战后复苏，甚至在1929年之前就已经显示出疲软的迹象，人们的可支配收入减少了。最后，和规模小且分散的欧洲国家的市场相比，美国拥有巨大的市场，这使得大众传媒和大众广告更容易推行，利润也更高。

消费资本主义的确席卷了各大欧洲帝国。例如，美国电影在世界各地都有观众。然而，文化和种族态度影响了帝国政策，使殖民地人民无法拥有资源购买很多消费品。如果当时的态度和政策发生变化，殖民地可能会成为殖民国产品的大型市场。在非洲、东亚、南亚、俄罗斯和拉丁美洲，消费主义的外来性使它具有奇异性，也因此颇具吸引力。至少在有人找到一种方法使其与当地文化相适应之前，情况就是如此。

即使在美国，也出现了反对公司宣传的文化阻力。为了宣传消费价值，广告要与家庭、学校、地区、同行相抗衡。美国的新教徒和共和党人一直都在宣扬自我克制、勤奋、持重、节俭、团结，谴责自私、自负、浪费、贪婪。这样的价值观无法打开消费品的销路。广告和大众娱乐宣扬的则是愉悦、自我满足、享受、消费和个人主义。于是，托斯丹·范伯伦、辛克莱·刘易斯、万斯·帕卡德、大卫·理斯曼、约翰·肯尼斯·加尔布雷斯等评论家和知识分子对现代美国消费社会的发展方向大加批判。

讽刺的是，美国的新教在很多方面为现代消费宣传铺平了道路，而且可以想象的是，它还促使美国长时间占据消费资本主义堡垒的地位。19世纪早期，一股宗教复兴的浪潮席卷了美国。复兴派布道者专注于激发个体的宗教情感体验，从而令其获得救赎。福音派提倡的具有深远影响的个人主义使命缺少新教教派公共教区的基础，而复兴派则在殖民地的宗教生活中占据了主导地位。为了传播教义并拯救罪人，复兴派使用了最新的通信技术和技巧。宗教出版社也利用最新的技术，在美国各地分发宗教宣传的传单、小册子、书籍、杂志和报纸，每一种上面都印有文字和插图，以说服读者相信他们的真理。20世纪，布道者乘着收音机、电视等新技术的东风来传播教义。其实，广告商只是在沿着复兴派开辟的道路前进。

消费资本主义的景观

消费资本主义迅速放大了人类对环境的影响。首先，汽车对生活和景观的改变比任何其他消费品都多。汽车让人和动物都远离街道。今天，各大城市经常会为了步行、骑行和公共交通而限制汽车出行，但在一个世纪以前，汽车却广受人们的欢迎。与马不同的是，汽车既不会每天在城市街道上产生30磅至50磅又脏又臭的粪便，从而滋生传播疾病的苍蝇，也不需要照料和饲养，更不会死在街上，或者因为受惊而在街上不受控制地横冲直撞。马和马车渐渐从城市和农场消失了，在20世纪40年代的美国很少能看见马和马车的影子。行人也不得不为之让道。

小汽车和卡车速度很快，操纵灵活，而且装有橡胶轮胎，声音很轻，却会令大量的人，尤其是儿童丧生。此前，人们在过马路之前不需要学着四下张望。成群的行人可以随意穿过任何他们喜欢的地方，并在步行过程中避开缓慢行驶的马车。在汽车俱乐部施压之下，各个城镇出台了交通法规，以确保行人让路给汽车，而非汽车让路给行人。

此外，由于美国的政客通过降低车票的价格赢得了选举，长期资金不足的市政公共交通运输系统变得拥挤不堪、维护不善，于是，美国人放弃了有轨电车和城市列车——在城镇和郊区扩张的过程中，规划者为了减轻汽车的交通压力而设计出了这两种公共交通工具。美国人拓宽了郊区的街道，房子里也设计了车库。由于不再受制于电车轨道和列车站点，城镇以一种不久之后被人们称为"城市蔓延"（urban sprawl）的方式向外拓展。购物和工业也渐渐从城市消失。美国各大城市周围出现了大量独栋住宅。早在1922年，美国65个城市的郊区中就有13.5万户家庭依靠汽车通勤。上流社会和中产阶级的白人搬到空气和水质更好的郊区，逃离密集的人群和污染，这一趋势在战后也越来越明显。由于公路限制通行，越来越多的人开始放弃公共交通工具，转开私家车。洛杉矶几乎完全依靠这样的发展趋势而不断繁荣壮大。

美国的乡村也发生了变化。有车一族希望能驾车到乡间，而美国乡村破败不堪的道路阻碍了很多人愉快的周日驾车之旅。为了保持较低的税率，当地政府将道路修建得仅仅可供农民的马匹和马车通行。于是，汽车司机和汽车俱乐部要求改善道路状况。20世纪20年代，支持汽车的游说者说服国会拨款并设计出了一套全国性的公路系统。公路系统本质上是在为卡车运输业提供支持，因为卡车运输业的重型车辆已经毁坏了大部分道路。卡车的竞争对手是火车，后者的政策和价格接受州际贸易委员会的监督，而州际贸易委员会没有针对卡车运输的监管权。卡车虽然在长途运输中效率相对较低，但由于速度更快、灵活性更强，而且可以挨家挨户运送货物，因此抢占了火车的货运业务。直到 1980 年放松管制之前，火车一直处于相对衰退的趋势。

北欧城市和南欧城市（后者的程度要轻很多）也像美国城市一样出现了蔓延。例如，1921 年至 1931 年，伦敦的人口从 750 万增长至 820 万，但城市人口却实现了翻番，这是因为较低收入人群追随较富裕阶层的脚步，从拥挤的市中心搬到了郊区。1934 年，针对伦敦的情况，人们首次提出了"城市蔓延"一词。

欧洲和日本人口密集，促进了汽车以外的交通方式的发展。1929 年，通用汽车公司的一个研究团队得出结论，德国的汽车市场的发展落后美国 18 年。狭窄、曲折、拥挤的城市街道阻碍了汽车的通行，德国人均汽车保有量明显低于美国。自行车则一直受到大众的欢迎。而且，德法等国的军事领导人推动国家投资搭建有效的铁路网络，以用于战时的军队和物资的运输，这也令铁路乘客享受到了好处。20 世纪 30 年代，纳粹德国设计并建造了专门针对汽车的高速公路系统，为德国人提供了开车上路或休闲自驾的机会。英国和日本的城市规划者也开始朝着改善道路网络的方向而努力。尽管如此，汽车的保有量的显著提高仍然有待于二战后经济的复苏。

农业的机械化也极大地改变了农村景观。一战期间，装有内燃机的小型多用途拖拉机问世，美国的农民以极高的热情接受了这种机械的到来。不过，南方贫困的州并不包含在内，这些州甚至在二战之后用的都还是骡子。1918 年至 1940 年，农场上马匹的数量减少了一半有余。1915 年，农民们大约用了 9300 万英亩的土地来饲养牲畜，约占农场总面积的 1/4。1960 年完成了从畜力到机械动力的过渡，此时只有 400 万英亩的土地被用于饲养牲畜。如此一来，农民可以将更多的土地用于种植农作物，并将其中一部分的收益用于购买拖拉机以及进行燃料、润滑油、轮胎等外部投入。农场的产量上升了，食品价格随之下降。发电机以及 1935 年后随着新政到来的电力促进了减轻劳力的电器设备的购买，尤其是挤奶机，1910 年仅 1.2 万名农民拥有挤奶机，而到了 1940 年，这一数字猛增至 17.5 万名。

由于农用牲畜不断减少，农民缺少粪便来施肥，这也带来了其他的变化。1911 年，德国化学家弗里茨·哈伯和卡尔·博世首次成功地实现了合成氨（一种氮源）的工业化生产。渐渐地，肥料产品进入战后市场，但美国的农民对成本有所抗拒，直到 1945 年才大量使用氮肥。与此同时，农民们还依赖另一种外部投入——从骨头中提取的过磷酸钙效果相对较差，但成本仅为氮肥的 1/3。化学公司和化学战（chemical war）服务处尝试用毒气作为杀虫剂，但除了少数几次例外，这些尝试基本都失败了。催泪瓦斯三氯硝基甲烷在市场上被当作熏蒸剂出售，对二氯苯则被用于为农场上的桃树防虫和为家中的衣物防蛾。用飞机喷洒气体也被证明能够实现农作物除虫。20 世纪 30 年代晚期，瑞士化学制品公司嘉基（后来发展为汽巴-嘉基）的一名化学家发现了杀虫剂双对氯苯基三氯乙烷（DDT），德国公司法本的另一名化学家发现了有机磷酸酯类，其中包括对硫磷和马拉硫磷等杀虫剂，以及沙林等神经毒气。这些杀虫剂在战后都得到了广泛的应用。

消费资本主义自然资源需求的满足

宽松的货币政策、计划报废和宣传解决了大规模生产过剩的问题，产生了利润，并使得消费资本主义运转了起来。钱在经济中流动得更快。当消费者购物时，钱流入了店员、经理、工厂工人、工厂主、投资者和几乎所有其他人的口袋里，他们现在有钱消费了。消费资本主义的天才之处就在于加速了这个循环。消费带来了更高的就业率、工资和生活水平。

自然环境为经济繁荣付出了高昂的代价。经济发展的加速也提高了自然资源的消耗率。消费品的生产需要能源和原材料。在购买之后，汽车和电扇等耐用消费品会继续耗费能源和原材料。迅速发展的生产需要大量的自然资源。

在"咆哮的20年代"，汽车和建筑这两个规模庞大、繁荣发展的产业都需要钢材，这就需要更多的铁矿石、煤炭和焦煤。在建筑热潮下，曼哈顿信托银行大楼、克莱斯勒大厦和帝国大厦这3座全世界最高的建筑在1930年至1931年拔地而起。光是建造帝国大厦就用了5.8万吨钢材。生产钢材的城市弥漫着黑色的烟雾，但又呈现出一派繁荣的景象。

汽车也需要橡胶来制造轮胎、软管、电线和垫片。20世纪20年代早期，美国人拥有世界上85%的汽车，使用世界上75%的橡胶，这些橡胶主要产自英国、荷兰和法国在东南亚的殖民地。其中，大英帝国生产的橡胶占全球供应量的77%。1922年，英国限制橡胶出口以维护其价格，于是，美国的轮胎和汽车制造商试图在自己的控制下生产橡胶。1926年，亨利·福特在巴西的亚马孙雨林建立了福特兰迪亚橡胶种植园，但由于劳工问题、热带疾病，以及一种攻击单一种植橡胶林的本地真菌，福特的投资最后变成了一场代价高昂的灾难。风驰通轮胎橡胶公司的哈维·费尔斯通则取得了较大的成功，他在由被解放的美国奴隶所创立的国家利比里亚建立了一个巨大的橡胶种植园。

经济繁荣需要大量的石油。每辆汽车的运转都需要石油产品，譬如发动机油、润滑脂和燃料。当时，由于电力照明的普及，煤油的需求不断减少，汽车对石油工业来说简直就是天赐之物。一战爆发的前夕，世界各国的海军从实际情况（动力及能源发生变革）以及苏伊士运河东岸更为发达（苏伊士运河东岸产石油）的经济考虑，将燃料从煤炭变为石油。1903年，美国的莱特兄弟成功驾驶第一架动力飞机，自此，内燃机开始被用于空中飞行。飞机的设计不断向前发展。在一战结束后的10年里，飞机飞越了大西洋、太平洋和所有有人居住的大陆。到了1925年，商业航线已经遍布全球。

美国的石油产自多个大型油田，供应量非常充足。欧洲的巴库和罗马尼亚也有油田，但以目前的技术，欧洲其他大部分地区并没有可供开采的油田。荷属东印度群岛的石油资源令荷兰皇家壳牌成为一家全球知名的石油公司。英国石油公司则控制着波斯的石油。另外，委内瑞拉、墨西哥和阿拉伯半岛也有一些油田。然而，1929年，全世界范围内每10桶石油中就有7桶产自美国，而且全世界的天然气几乎都产自这里。

虽然石油与煤炭相比具有很多优势，但是煤炭处理起来更安全，泄漏时不会造成严重的环境问题，矿井也很少会发生爆炸。石油的开采和运输从一开始就显示出危险、杂乱的特点。石油的每一次发现都吸引了大量钻探者的到来，他们渴望早日开采出石油，从而发家致富。石油的钻探和生产通常比较仓促、粗糙，有时还会遇到资金供应不足的问题。早期油田周围的植被、土壤、建筑物和人都被石油染成了黑色，河流上泛着一层彩虹色的油光。在新发现的油田里，石油可能会炸毁钻井设备，并在数天或数周内不受控制地喷涌而出。自喷井中的天然气可能会引发爆炸，形成大量燃烧的油滴，把人烧成火炬，并点燃木制井架和建筑物。煤油灯、燃木火炉和吸烟都有点燃油雾和气体的危险。储蓄池里的石油会渗入地下水，造成土壤污染。石油运进或运出货车、铁路油罐车、轮船和炼油厂，以及将石油运送至客户手中时，会发生泄漏。输油管道也会发生泄漏。最后，客户必须处理掉陈油和使用过的石油产品，它们通常会进入下水道和河道。石油及其产品含有许多有毒和致癌的化学物质，起初人们对这些物质知之甚少。因此，炼油厂工人和城镇居民的患癌率不断上升。在汽油中添加铅引发了医生们的强烈抗议，但数十年来这些抗议遭到了无视。最后，直到二战结束，汽车的尾气问题才引起人们的广泛关注。

这个时代另一种重要的新能源——电，其运输和使用相对清洁得多，但其生产往往会造成污染。公用事业单位用煤炭（后来则是天然气）来为电网供电，加剧了空气污染和煤灰处理等环境问题。在加利福尼亚、日本等煤炭稀缺但地形允许的地方，电由水坝驱动发电机来产生。1929年，美国的水力发电量占全世界的1/3。20世纪二三十年代，美国西部各州掀起了一场修建水坝的热潮。这股热潮一直持续至20世纪70年代，并在全球范围内引发众多地区纷纷效仿。自胡佛水坝（旧称博尔德水坝）起，美国联邦政府开始建造巨型水坝，并且到20世纪30年代，同时建造了世界上最大的5座水坝。除了产生大量的电，水坝还能为城市运转、灌溉和航运提供可靠的水源。另外，在田纳西河谷，水坝也起到了控制水土流失的作用。水坝虽然不会带来污染，但会造成许多其他环境问题。水坝会导致大水淹没城镇、农场和湿地，影响水流，改变水温，减少当地的鱼类和贝类甚至令其灭绝，并阻碍鲑鱼等鱼类溯河洄游和产卵繁殖。在干旱的美国西部，水分的蒸发造成许多宝贵的水资源损失，使矿物质和盐分堆积。

废弃物的问题

在消费资本主义大批量生产消费品的过程中，自然资源的巨大投入对应着另一端废弃物的大量产出。消费者购买新产品，扔掉用过的、过时的、不想要的、一次性的物品，而这些物品总得有个去处。为了满足不断增长的需求，工厂的烟囱不断往外排烟，使天空中弥漫着令人窒息的黑云。排水管将工业及家庭废弃物排入河流、小溪和海洋。

垃圾和废物不断增加。1920年至1940年，美国的人均固体废弃物产生量增长了15%。随着消费者从拥挤的城市中心搬到不断向外蔓延的郊区（郊区不断扩大的边界对集中化政策形成了阻碍），收集垃圾变得更加困难且昂贵。运货卡车不得不行驶更远的距离来倾倒车上的垃圾。敞篷货车和卡车运走垃圾之后，风会将垃圾和灰尘吹得到处都是。确定一个倾倒垃圾的地方成了一个切实的政治问题。拥有更多财富、更大政治权力的城镇选择将垃圾场建在更贫穷、更弱势的人群中。建造露天垃圾场成本很低，但会招来害虫，散发恶臭，污染地下水，有时还会引发火灾。20世纪20年代，一些政府机构开始将废弃物混合在一起掩埋。被称为"废物堆填"的现代卫生填埋场最早出现在20世纪20年代的英国。在美国，一些城市在20世纪30年代也建立了现代卫生填埋场。1935年，通用电气公司推出了一种用于家庭水槽的电动垃圾处理机，即disposall，它可以将厨余垃圾排入河流。许多城镇和郊区纷纷搭建垃圾焚化炉，这种情况到了20世纪30年代变得越来越常见。英国、德国、法国、美国都出现了垃圾焚化炉，这种处理垃圾的方式一般说来更加卫生、现代化，且相对无污染。

在两次世界大战的间隔期间，有害的工业水污染引发了越来越多的关注。1923年的一份报告指出，248处水源受到了工业废弃物的污染。生产新的化学制品，会将新的废弃物排入河流。水源中各色各样的废弃物令调查人员望而却步，他们发现很难分析或评估这些废弃物对公众健康的危害。工业水污染问题直到二战结束后才得到解决。相较之下，人们对人类排泄物和疾病之间的联系有了较好的认识，这推动英国和美国的城镇纷纷建立污水处理厂。

消费资本主义停止时

美国的消费资本主义推动世界经济迎来了最繁荣的时期。不幸的是，1929年的股市崩盘给消费者敲响了警钟，许多人决定暂停购买重要的物品。人们在耐用品上的支出暂停了，工厂库存增加了，工厂订单量减少了，工人们失业了，消费者支出下滑了，银行倒闭了。消费者无法偿还债务，导致汽车和其他耐用品被收回，房产的抵押品赎回权被取消，但又无法再找到下家。一个自我强化的下行螺旋开始了，并且持续了 4 年，直到美国经济的大部分领域几乎陷入停滞。消费者在家具上的花费仅为 20 世纪 20 年代繁荣时期最高水平的 1/4，在收音机和乐器上的花费甚至仅为 1/5。1932 年的钢铁产量是产能的 12%，1933 年的汽车产量是 1929 年产量的 35%。美国经济迅速下坠，它将许多支柱产业从脆弱不堪的欧洲经济中分离出来。当时，整个欧洲经济低迷，部分国家的经济已经垮掉。

消费资本主义类似于一种巨大的庞氏骗局。它的存在有赖于持续的增长。如果消费停滞或放缓，全球经济体系就会摇摇欲坠。在经历了仅仅 10 年的空前增长后，全球陷入了大萧条。随着工业生产的产量下降至产能的一小部分，烟囱不再往外冒烟，天空变得明净。在消费资本主义对自然资源的贪婪攫取中，大自然获得了 10 年的喘息时间。然而接着，一场比上一次更具破坏性、涉及面更广的战争使全球经济再次蓬勃发展。二战期间，工厂恢复生产，人们的工资恢复正常。空气中弥漫的烟雾似乎成了为经济安全而付出的合理代价。

现代的大批量生产与大规模消费相结合，诞生了"福特主义"，但我们以这一体系真正的缔造者为其命名，称之为"斯隆主义"或许更为贴切。斯隆的管理使通用汽车公司在 20 世纪二三十年代达到了汽车生产的巅峰。斯隆是个人消费的支持者，对群体的需求持怀疑态度，并向反对罗斯福新政的右翼提供资金。他在纳粹统治下对通用汽车公司在德利益的处理要么过于乐观自信，要么十分配合，令人不安，但他在二战后成功转移了人们对他的质疑。二战结束后，经济复苏，斯隆仍然掌管着通用汽车公司。他于 1956 年退休，并于 1966 年去世。但是，到了此时，通用汽车公司变得越来越保守和僵化。当消费资本主义在 20 世纪四五十年代的美国以及五六十年代的欧洲卷土重来时,在繁荣的经济中成长起来的新一代对地球资源的滥用和对环境的污染大加批判。面对不断变化的世界所带来的挑战,通用汽车公司倍感棘手。

第七章　踩下油门

消费资本主义无处不在

加利福尼亚州的洛杉矶市是在消费资本主义中发展起来的。1781年，西班牙人建立了这座城市。在19世纪晚期修建铁路以及发现石油之前，洛杉矶还是个小地方。这里的土地平坦且廉价，天气几乎一直都很好，无边无际的海滩和圣贝纳迪诺山脉等得天独厚的自然风光吸引着人们来到这里。1913年修建的一条高架渠将塞拉山脉东侧欧文斯山谷的水源引到此处，为洛杉矶的发展提供了充足的水资源。20世纪二三十年代，好莱坞的电影产业对洛杉矶起到了很好的宣传效果。大萧条期间，美国南方成千上万名保守的福音派教徒来到这里寻找工作的机会。由于这里的国防工业和军事基地对太平洋战争以及之后的冷战起到了支撑作用，洛杉矶在二战期间以及二战之后获得了迅速的发展。许多曾经路过洛杉矶或其南边的圣迭戈，或者在这两个地方驻扎过的军人会在退役后留下来。二战后，洛杉矶又吸引了数百万人的到来。1945年至1970年，洛杉矶成了战后消费资本主义的典型代表，这里信奉非改革宗新教的建筑师比其他任何地方都要多，而且这座城市对环境产生的影响比别处也更大。

洛杉矶伴随着汽车工业的扩张而崛起。二战后，有轨电车停止服务，拥有一辆属于自己的汽车变得势在必行。露天电影院、教堂、银行纷纷推出了免下车服务。20世纪30年代，汽车餐厅出现，人们坐在车里就能下单，侍者会将食物送到车里。1948年，现代快餐业于诞生于阿纳海姆的郊区。这一年，麦当劳兄弟（莫里斯·麦当劳和理查德·麦当劳，他们是爱尔兰移民的后代）开了一家没有侍者的汽车餐厅，菜品便宜（汉堡只需要15美分），烹饪简单，但种类有限。麦当劳的食物需要用手拿着吃，通常被装在一次性纸盘或纸杯里，这可以省去餐具破裂或失窃的麻烦。麦当劳的业务迅速发展，于是开始出售特许经营权。

麦当劳订购的奶昔机数量令捷克移民的后代、奶昔机销售员雷·克罗克颇为震惊。1954年，雷·克罗克买下了麦当劳兄弟的特许经营权。和威廉·杜兰特一样，他是一个雄心勃勃、大获成功的推销员，在接下来的20年里，他在美国的各个角落出售了数千家麦当劳的特许经营权。1961年，他决定根据自己的理念经营公司，于是买下了麦当劳兄弟的所有权。克罗克注重向儿童营销，因为他知道孩子会带来他们的家长。于是，麦当劳在儿童电视节目中插播广告。1965年，小丑罗纳德·麦当劳成了公司的形象代言人。新的麦当劳餐厅里还开辟了由迪士尼的前设计师打造的小型游乐场。随着美国的快餐连锁店逐渐饱和，麦当劳开始在海外寻找新的市场。1974年，克罗克退休，但麦当劳餐厅的数量仍然不断增长，麦当劳在有人居住的大陆上的100多个国家里实现了出色的业绩。

麦当劳连锁店的巨大成功激发了效仿者沿袭其快餐模式。汉堡王、温蒂汉堡、肯德基、唐恩都乐、卡乐星、塔可钟等多家公司，以及许多其他行业的企业纷纷效仿克罗克的特许经营体系。连锁加盟企业的广告在电视、印刷品，以及在后来的互联网上无处不在。随着高速公路系统的发展，道路两侧和高速公路沿线出现了大量连锁加盟商店，紧接着，市中心也能看到这些商店的影子。在连锁加盟企业的广告以及品质稳定的统一产品的冲击下，城镇里的独立企业要么失去生意，要么关门大吉。

到了1970年，消费资本主义几乎席卷了美国社会的一切事物，并逐渐跳出美国，走向更广阔的世界。从快餐到超市货架上带包装的加工食品，食品已经变成了精心包装、通过广告加以宣传、便宜、快捷、易于购买的商品，就像20世纪20年代的肥皂或除臭剂一样。环境影响比较隐蔽但不容小觑。每家快餐连锁店都需要大量的汉堡、面包、炸薯条、奶昔或任何其他特色食品，而所有这些食品的质量、味道和价格都要稳定地保持一致。农民必须提供充足的肉类和谷物来满足大量采购的企业的需求，这意味着肉类的大规模生产需要使用激素、抗生素，还需要建造谷物饲养场，而谷物的大规模生产则需要使用杀虫剂、除草剂以及相同品种的小麦。随着商品价格的下降，农场和牧场的规模逐渐扩大。整个美国经济也呈现出一派繁荣的景象。20世纪60年代成了一个前所未有的刻意塑造的消费主义的时代。

1970年前的战后消费资本主义

蓬勃发展的消费资本主义造就了令克罗克的事业腾飞的世界。二战促进了美国的经济，同时也提振了人们的信心。然而，在日本等东亚国家，以及欧洲，饱受炮弹冲击的人们面临着长达数十年的对被战争破坏的城市与经济进行重建的任务，在此之后，消费资本主义也将席卷这些地方。美国在冷战中出台了援助计划——马歇尔计划，美国向西欧和东亚的经济体提供了数十亿美元的赠款和贷款。但更重要的是，从美国的罗斯福新政开始，且在1945年后世界上所有的民主国家里，政府对市场和大型企业进行了监管,并建立了社会福利体系。这些政策使现金源源不断地流入消费者的口袋。

非共产主义盟国认为保护主义和经济崩溃助长了法西斯主义,并引发了二战,于是达成了促进自由贸易的重要协议。为促进较贫穷国家的发展,1944年订立的《布雷顿森林协议》建立了世界银行和国际货币基金组织。1947年订立的《关税及贸易总协定》则建立了促进全球资本主义经济发展的国际框架。就这样,稳定的经济增长开始了,一直持续到20世纪70年代都没有出现较大的经济衰退。

世界瞬息万变。与繁荣发展的美国相比,欧洲日渐式微。欧洲国家历经5个世纪才在全球范围内建立自己的帝国,而这些帝国在短短的50年内几乎完全崩塌。两次血腥可怕、毁天灭地的世界大战,日本在其亚洲势力范围内对欧洲列强的驱逐,以及衰退的欧洲战后经济削弱了欧洲的地位。在全球南方国家中,新成立的国家满怀着希望和乐观主义,寻找着能够发展本国经济及体制的模式。虽然其中一些国家陷入了混乱和腐败,但另外一些国家得到了稳定和繁荣的发展。大多数后殖民时代的经济体仍然依赖采掘业(采矿、种植园、木材),这些产业通常为外国公司所控制。经济发展和全球消费资本主义的参与虽然不均衡,但一直在稳步提升。

对冷战和核军备竞赛的焦虑笼罩着这个时代,但总体上乐观情绪占了上风。空气中弥漫着社会变革的气息,伴随而来的是一个更美好的世界即将到来的可能和希望。乐观主义和对未来的信心在全球范围内的婴儿潮(20世纪40年代中期至60年代中期,生育率突然迅速上升)中得到了充分的彰显。年轻而又富有活力的美国总统约翰·F.肯尼迪似乎代表了20世纪60年代早期充满希望的理想主义力量,当时美国前所未有的实力和繁荣令一切看起来都尽在掌控之中。在美国,种族平等取得了一个世纪以来最大的进步。民权运动激发了1963年华盛顿大游行和1964年"自由之夏"等著名事件，促进了1964年《民权法案》和1965年《投票权法案》等具有里程碑意义的法案的颁布。美国的种族不平等的历史似乎终于迎来了尾声。1963年，林登·约翰逊继任美国总统。1964年，他描绘了"伟大社会"的蓝图，提出种族主义、贫穷、无知和污染终将被消除。针对这些问题的法律随之出台，颇具影响力和历史意义。

这种乐观情绪蔓延到了美国之外。在苏联，1953年斯大林去世后，尼基塔·赫鲁晓夫释放了众多政治犯。苏联的经济飞速增长，虽然质量和数量仍然有限，但能够购买的消费品变得越来越多。赫鲁晓夫在1964年下台，"去斯大林化"在其他华约国家蔓延开来。作为共产主义国家的捷克斯洛伐克逐渐放松了限制和管控，迎来了亚历山大·杜布切克的自由主义改革和1968年的"布拉格之春"。

这一时代，欧美对启蒙运动的逻辑和自身制度的优越性的信心达到了顶峰。诚然，西方科技的成功和成就令世界为之赞叹不已，世界各地相对落后国家的领导人都羡慕工业化带来的力量和繁荣。随着冷战愈演愈烈，美国和苏联都认为自己处于一场争夺全球影响力的生存竞赛中。美国文化，尤其是美国的音乐（特别是摇滚乐、节奏布鲁斯）和娱乐（如米老鼠），几乎渗透到了一切文化之中，甚至穿过"铁幕"渗透到苏联。然而，马克思主义认定的科学逻辑对世界各地的知识分子有着不可否认的吸引力。为了反击，美国强调共产主义对宗教的排斥及其威权主义倾向，并将宪政民主、人权和自由市场资本主义作为"自由世界"的原则。美国的外交政策和它所强调的完全不一致，因为美国总统往往愿意牺牲前两项，以保全最后一项。不过，非共产主义国家和共产主义国家都对理性制度的力量表现出极大的信心。

新政和二战将美国经济发展的马力开到了最大，因此当战争结束时，消费资本主义就像一辆燃烧着高辛烷值燃料的赛车一样，疾驰在赛道上。新政对经济有许多重要的影响。新的项目以及政府对工会的支持提高了工资和生产力，减短了工作时长。联邦政府对基础设施进行了大量投资，其中包括道路、桥梁、政府大楼、大型水电大坝、农村电气化、自然资源保护和洪涝灾害防治。累进税制和社会保障等社会福利项目缓解了收入不平等的问题。在接下来的30年里，美国各个阶层的个人收入几乎以同样的速度增长，收入不平等问题没有出现显著加剧的情况。最后，从投资者到农民，再到房屋所有人，新的政府机构和项目降低了所有人的经济风险。《退伍军人权利法案》为教育进步、房屋所有权等福利的重大飞跃提供了资金支持。不仅如此，联邦政府的战时投资极大地提升了1940年至1945年的产能，以至于资本存量增加了一半，光是床的数量就增加了1倍。与战前的私人资本存量相比，一切都更新、更现代、更高效。此外，为满足军工生产的需要，公司不得不提高运营效率。1870年至1970年，美国主宰了全球的技术和创新领域。20世纪三四十年代，欧洲的科技和文化人才外流，这给美国带来的益处比其他任何国家都要多。因此，当世界恢复和平时，美国（几乎）毫无异议地成了全球科技创新中心。

战争促进了化工公司的发展。和平时期，这些公司建造新厂房，生产新的化学制品，并为化学制品寻找民用市场。化工公司的实验室不断研发出新的人造塑料和纤维，以待开发出消费性产品。作为这个时代的奇迹，各种产品中都有塑料的身影。化工公司还开发了各种新型的强效杀虫剂，并向公众进行销售。各大公司的化学家创造了成百上千种新的化学制品，公司积极地将这些化学制品作为染料等各类制造品和消费品进行营销。

电子消费技术的发展也非常迅猛。晶体管在20世纪40年代末发明后不久，就取代了电视机、收音机等消费电子产品中的真空管。这样一来，这些设备的体积就变得更小，价格也变得更低，于是开始大量出现在人们的日常生活中。占整个房间大小的 IBM 计算机从战时的计算机发展而来，塞满了银行和大学具有温度调节功能的地下室，而小型计算机在 20 世纪 60 年代伴随宇航员进入了太空。作为互联网鼻祖的阿帕网（美国国防部高级研究计划署网络）于 20 世纪 60 年代末建立，并于 1971 年发送了第一封电子邮件。医学也在外科技术（如器官移植和心脏直视手术）、抗生素、疫苗（脊髓灰质炎、脑炎、流感、麻疹、腮腺炎和风疹疫苗）、放射疗法和放射性同位素疗法、化疗和激素避孕（避孕药）等方面取得了迅速进展。在巨额的政府和军队投资下，航空航天技术取得了飞速进展。到了 1970 年，数百架巨大的波音 747 飞机在世界各地飞行，阿波罗号飞船更是载着人类飞往月球再返回地球。而且，人造卫星彻底改变了天文学、气象学、通信和地球侦察。

尽管有上述创新和发明，美国战后的繁荣和 20 世纪 20 年代的繁荣看起来很像。从电视到烘干机，再到空调，数百万消费者购买了新的（或者逐渐负担得起的）消费品。新富的年轻人开始买车买房。郊区在所有大城市周围的农用地上不断向外蔓延。各个州和城市为郊区居民修建了道路，方便他们四处走动和前往市中心工作。联邦政府在道路建设上投入了大量资金，建设了包括 1956 年后搭建的四通八达的州际公路系统在内的诸多项目。地方政府和铁路公司取消了大部分公共交通服务，但保留了公共汽车。在旧城市的中心外围，人们的日常出行主要靠汽车。从加油站到麦当劳之类的快餐连锁店，面向汽车的企业成倍增加。拥有大量停车位的购物中心和大型商店如雨后春笋般涌现。随着中产阶级迁往郊区，城市失去了税收基础。企业纷纷离开市中心，转而在郊区主要道路两侧的商业街或拥有大量停车场地的办公园区开业。通用汽车公司迎来了它的黄金时代。

战后繁荣的苹果里有一条虫子，它在人们的视线之外暗暗生长，直到 20 世纪 70 年代才以胜利之姿出现在人们面前。新政的法规条例及政府行动主义（更不必说20世纪30年代初苏联实验的显著成功）令某些富有的企业领导人（其中就有阿尔弗雷德·斯隆）保持警惕。他们开始建立宣传网络，宣扬弱政府和低税收。公司的广告宣扬个人主义，将消费等同于民主自由。石油、天然气和烟草业等行业的百万富翁担心法规条例会威胁到他们的利润，于是将大量资金投入基要派和福音派的手中。这些教派在战后开始崛起，对美国的文化和政治产生影响。这些教会提倡个体的圣洁，而非社会的进步。数十年来，百万富翁和公司建立了一个涵盖基金会、研究所、智库和新闻机构的体系，这个体系分布越来越广、内容越来越多，目的就在于对公众舆论、立法机关、政客和法院施加影响。人们将冷战描绘为神圣的自由与秉持无神论的共产主义之间的斗争。商人们通过冷战将资本主义包裹在旗帜里，并赋予其一枚高高举起的十字勋章。他们最大的胜利将在这个令美国经济增长的时代结束之后来临。

消费资本主义的宣传

战后，销售技巧的复杂程度和销售的影响力都在迅速提高。为了让没有充足现金的消费者比以往任何时候都能更容易地购物，大来俱乐部在1950年推出了第一张通用信用卡。银行、石油公司等机构也发行了许多类似的卡片。各地纷纷建造购物中心，尤其是在不断向外扩张的新郊区，从而方便依靠汽车出行的消费者购物。20世纪60年代，购物者可以在有空调的封闭式购物中心内舒适地购物，这些购物中心的设计能让商家在不知不觉间影响购物者，鼓励他们购买计划外的物品。

随着电视在美国家庭中迅速普及（这以牺牲广播、电影和印刷品为代价），企业的商业宣传和政治宣传迈入了一个新时代，彰显出前所未有的影响力。美国的电视网是私有的，完全依赖广告收入。当观众将注意力投注到娱乐上时，广告商却试图向他们销售产品。广告公司一方面仍然使用旧的销售方法，另一方面不断探索画面和较短剧情的可能性。新媒体的力量在一次著名的香烟广告宣传中得到了体现。1954年，落后于其他大型烟草公司的菲利普莫里斯国际公司开始为旗下的万宝路品牌进行电视广告宣传，当时万宝路的市场份额只有1%。万宝路的广告对男性气质加以强调，于是，销售额飞速增长。10年之后，利奥·伯内特的广告公司将万宝路的广告改为西部得克萨斯州牧场上面容坚毅的牛仔的画面，并使万宝路打开了财富的大门。配着电影《豪勇七蛟龙》的主题音乐，观众可以看到抽着卷烟的牛仔骑马、放牛、钓鱼、在火堆旁休息。这次广告宣传适应了其他地方的地域文化，令万宝路成了世界上最畅销的香烟品牌，而这一切都没有任何一个词提及产品的质量。"请来万宝路之乡。"广告如此说道，于是数百万吸烟者慕名而来。尽管通过这个案例，电视广告展现了其说服力，但它并不能创造奇迹。再多的广告也无法说服消费者购买声名狼藉的福特埃德塞尔。（如果他们展示一个抽着卷烟的牛仔驾驶着一辆福特埃德塞尔的画面，福特埃德塞尔或许会销量大增。）

然而，电视广告是如此有效，以至于政客、政党和政府宣传人员都借用了它的方法。1952年，政党代表大会首次在电视上播出，政客和政府特工由此感受到了电视的力量。他们意识到，在大会现场引起轰动的事件在电视上播出时往往效果不佳，因此他们在筹划后续的大会时考虑更多的是电视镜头。同年，理查德·尼克松通过在电视上播出的"跳棋演讲"为针对自己的腐败指控辩护，从而挽救了自己的政治生涯。1960年9月26日迎来了电视直播的真正的关键时刻。当天，理查德·尼克松和约翰·F.肯尼迪第一次在电视直播中进行总统辩论，许多人认为，正是这场辩论让肯尼迪成功当选美国总统。林登·约翰逊则缺乏肯尼迪的个人魅力，他之所以能入主白宫，在很大程度上依赖负面广告。正如人们在20世纪60年代经常指出的那样，竞选活动把政治家像肥皂品牌一样推销给公众。1968年，尼克松再次竞选总统。正如乔·麦金尼斯的畅销书《1968年总统的推销术》所记载的那样，尼克松雇用罗杰·艾尔斯塑造他的媒体形象。艾尔斯出色地完成了任务，以至于后来的罗纳德·里根、乔治·赫伯特·布什和刚成立不久的有线电视频道福克斯新闻都聘用了他。艾尔斯成了一名强大的保守派媒体顾问和右翼宣传大师。

电视也是一种新型公司——服务公司的象征，其在1970年后具有极大的规模和影响力。广播公司提供节目作为广告的媒介。报纸和无线电网络则提供信息、娱乐和政治说教，为销售广告铺平了道路。没有其他事物能像电视上的动态图像那样对公众施加如此巨大的影响——这更像是电影，而非文本。而且，在20世纪80年代有线电视兴起之前，观众可以免费收看电视。另外，广告还更进了一步，从描述产品信息发展为围绕地位、性别和形象进行营销。

世界上发达国家的战后一代是第一批在电视屏幕前长大的人。这些年轻人比以往任何一代人都更彻底地吸收了消费资本主义的价值观。即使在20世纪六七十年代，当他们认为自己不再重视和依赖消费时，他们也在宣传消费资本主义价值观——生活方式上的个人主义、"寻找自我"或"实现自身潜力"的个体自由，以及在毒品和性方面的自我满足。反主流文化很容易被商业化，并迅速汇入消费文化。它对风格、娱乐等事物进行了塑造。在接下来的一个世纪里，电视将让出广告和消费主义政治宣传的首要地位，取而代之的是一种新的媒体——互联网。像早期的电视一样，互联网可供人们自由使用，并且人们可以从一台小到可以放在口袋和钱包里的设备对互联网进行访问，人们天天揣着手机，就能天天看到广告——这便是广告商的终极梦想。

世界能源的过渡

如今，令消费资本主义运转的石油在全世界范围内取代了煤炭。美国早早开始了能源的过渡，西欧和日本则紧随其后。石油在欧洲所用能源中的比例从1955年的23%上升到1972年的60%；而在日本，这一比例从1950年的7%上升到20年后的70%。1972年全球的石油需求更是1949年的5.5倍多。由于拥有大量煤炭，但没有石油（至少当时如此），英国只能不情愿地用煤炭来满足其大部分能源需求。石油更加便宜，而且使用价格更高昂的煤炭会给外国工业带来竞争优势，这一点也印证了杰文斯的论点。

新发现的巨型油田远远超出了需求。地质学家于1948年在沙特阿拉伯的加瓦尔、1959年在中国的大庆、1960年在西伯利亚西部、1968年在美国阿拉斯加的普拉德霍湾，以及1969年在北海发现了巨大的新油田。此外，世界各地还发现了无数块较小的新油田。1948年，非共产主义国家的石油产量为每天870万桶，1972年这一数据增长到了每天4200万桶。美国的石油产量也呈现增长的趋势，但由于其他国家不断发现了新的大型油田，美国在世界石油产量中所占的份额从1948年的64%下降到了1972年的22%。

中东的巨型油田对西欧而言几乎近在咫尺。1948年，欧洲消费石油的77%来自西半球，而在短短的几年后，其消费石油的80%来自中东。但还存在一个问题。阿拉伯民族主义的兴起困扰着欧洲。于是，苏伊士运河的控制权变得至关重要，因为欧洲引进的石油的2/3都要经过这里。1956年，埃及夺取了苏伊士运河的控制权，以此来支付西方国家拒绝资助的阿斯旺大坝的建设费用。为了表明政治立场，叙利亚将通往欧洲的主要管道关闭了24小时。出于对脆弱的能源供应的担忧，欧洲转而依靠不久之前由日本造船商发明的超级油轮。这种油轮可以将石油从非洲运往欧洲,既能带来利润,又具有较高的效率。超级油轮的发明代表着运输技术的一大进步,超级油轮在将价格低廉的石油产品运往世界的过程中发挥了至关重要的作用。

消费资本主义的全球化

运输业的另一大发明——集装箱船——促进了消费资本主义的日渐胜利。二战之后,美国铁路公司开始在铁路平板货运车上搭载挂车,以此夺回部分因卡车运输而损失的货运业务。1955年,麦克莱恩卡车运输公司的马尔科姆·麦克莱恩在海上运输方面也看到了搭载挂车的可能性,于是购买了一家航运公司的控制权。不过,他没有将挂车开上或开下轮船,而是产生了将轮子和走行装置卸下,并用起重机将没有轮子的挂车(或者说集装箱)吊到船上的想法。1956年,麦克莱恩的海陆服务公司推出了世界上第一艘集装箱船。集装箱船不仅极度高效,而且让装卸货物的速度变得更快,成本变得更低。海陆服务公司的工程师对集装箱进行了重新设计,以便集装箱能够承受叠放的重量,并能安全地互相锁定,从而让龙门吊在装卸过程中可以轻松地锁定并吊起它们。1963年,麦克莱恩放弃了集装箱的设计专利,以此促进行业的标准化。

集装箱船改变了国际贸易。地理上的隔绝不再阻碍日本成为一个主要的出口国。韩国、中国、马来西亚、新加坡、菲律宾等紧随其后,中国也在20世纪末开始通过集装箱船开展国际贸易。为了降低运费,船只造得越来越大。到了21世纪初,每艘船运载的集装箱超过了1.5万个。

消费资本主义并未出现在苏联及其东欧盟国,但消费主义却悄然而至。早在20世纪30年代,这些国家的政府就将消费品授予生产能手、政治领袖等彰显社会主义优越性的模范。二战之后,收入的不断提高激发了消费的欲望。政府承诺商店将摆满汽车等消费品，并向其人民承诺，未来将超越消费资本主义盛行的西方。广播节目、电视节目和走私货物也助长了人们对西方的商品和繁荣的嫉妒情绪。苏联在当时无法提供他们承诺的商品，这部分是因为苏联的基础产业为重工业，消费品供不应求，质量也不高。

在北美、欧洲和日本之外，消费资本主义的发展并不均衡。在1947年印度独立后的30年里，随着城市中上层阶级的不断发展，消费资本主义进入印度。1991年，原本自给自足的印度逐渐开放经济，此后，电和消费品也进入了农村。虽然此时的消费资本主义仍然是碎片化的，但仅仅一两代人的时间，它就彻底改变了印度人的传统生活。印度北边的巨大邻国——中国——并未真正加入消费资本主义的世界，虽然现在世界上许多消费品都是由中国生产的，但其政策却不鼓励通过购物获得琐碎无聊的西方式的自我满足。在拉丁美洲和非洲，消费资本主义稳步发展，不过发展速度缓慢，而且也不均衡。

繁荣的环境代价——石油

1945年后，消费资本主义加速发展，环境问题也不断加剧。一切为20世纪20年代的美好时光蒙上一层阴影的生态问题——空气污染、水污染、化学制品的使用、塑料等合成材料的使用、城市蔓延、垃圾填埋场溢出、水坝和灌溉系统的建设，以及放射性物质逸出等全新的问题，比以往任何时候都来得更严重、更可怕。消费资本主义社会越来越因其产生的废弃品而令生存于其中的人们倍感窒息。

直到1945年以后，从煤炭过渡到石油的全部成本才显现出来。具有讽刺意味的是，石油和天然气具有极大的吸引力，但其引发的问题不比它解决的问题少。作为液体，石油及其产品很难控制。石油有毒且易燃，会从井口、油桶、管道和储罐中泄漏，且会在转移时溢出。炼油厂会向周边释放有毒、致癌的蒸汽，并将危险、有害的化学制品泄漏或倾倒到水道中。各大公司和科学家们很早就对这些问题有所耳闻。20世纪二三十年代，他们努力解决这些问题，但收效甚微。

1967年3月18日，全世界都意识到了因为依赖石油而需要付出的另一个代价。这天，天气晴朗、阳光明媚，装有近12万吨科威特原油的"托雷·坎荣号"超级油轮状态极佳，正在一名经验丰富的船长的指挥下开往英国的一家炼油厂。然而，油轮在以危险出名的七石礁处触礁沉没。所幸风将85%的石油吹进了开阔的海洋，只有一小部分漂到了康沃尔和布列塔尼的海岸，但这足以令140英里的海岸和海滩变黑。油轮为私人所有，但事件发生在国际海域上。船东加州联合石油公司以及运营商英国石油公司希望能寻回这艘油轮，至少不要危及保险范围。但是，油轮解体，打捞行动失败了。没有一个政府机构为这一天的到来做过准备，因此他们表现得手忙脚乱，迟迟没有做出回应。国家与地方、军队与平民的高级职员缺少协调一致的计划，对于由谁来支付费用的问题犹豫不决，对于事件的政治影响也深感担忧。最终，政府决定使用炸弹、凝固汽油弹和照明煤油来摧毁油轮，并烧光剩余的石油。"托雷·坎荣号"具有防火的功能，因此只燃烧了大约4万吨石油。大量的志愿者、政府工作人员和士兵来到岩石堆旁和海滩上，用80万加仑针对小型港口泄漏、对海洋生物有毒的清洁剂来处理浮油和变黑的海滩。这造成了3万多只海鸟（海鸠、刀嘴海雀等）和大量海洋动物的死亡。当石油漂到布列塔尼地区时，分散剂和清洁剂在英国导致的高死亡率促使法国人采取了一种更为谨慎、保守、有效且远不致命的方法。尽管在接下来的几十年里会发生更多的石油泄漏事故，部分泄漏的规模甚至比"托雷·坎荣号"沉没造成的泄漏更大，但这次事故令人们异常震惊，因为这是有史以来的第一次。

不到两年后，第二次冲击震惊了美国乃至全世界。1969年1月28日，运气不佳的联合石油公司的石油工人在距加州圣巴巴拉海岸5英里的A平台上向海底进行钻探。当时，工人们刚刚将500英尺至700英尺长的管道从正在钻探的井里取走。在井的底部，3479英尺深的地方，自流压力令钻井泥浆和防喷设备向外喷出，并令易燃的石油、天然气喷向天空、涌入海洋，情况十分危险。钻井工将管道放回井中，压合管道以堵住井口。然而，石油和天然气绕过管道，通过海洋基岩的裂缝向上涌动，不受控制地在洋面上冒泡。在10天的时间里，每天都有成千上万加仑的石油流入大海。虽然当地居民此前一直担心可能会发生石油泄漏事故，但政府和石油公司的工作人员却从未制订过应急预案。用于应对的人手和设备远远不够。联合石油公司的工作人员没有及时通知政府，以便公司自行做出决定。他们的第一个方案是控制石油，不让石油蔓延到海岸，这或多或少有赖于奇迹的出现。然而，奇迹并未出现。圣巴巴拉是一座小城市，拥有一所大学，人口主要为富裕的共和党白人，地处洛杉矶雾霾的上风口，其本身没有污染性工业。整座城市坐落于海岸山脉和大海之间的风景秀丽之处。此时此刻，直接出现在具有政治影响力的民众的眼前和电视上的是覆盖着石油的岩石、海滩，以及成千上万只海鸟、海豹和鲸鱼。工人们成功给油井盖上了盖子，但此后的几个月时间里，石油仍然继续渗入大海。尽管石油工业表明，此次泄漏几乎没有对生物造成破坏，但许多科学家和媒体发布的照片却呈现出相反的观点。

汽车促进了城市蔓延，这不仅让麦当劳等连锁店遍地开花，还对环境产生了许多影响。战后的城市蔓延问题最早出现在美国。当时美国经济迅速恢复繁荣，婴儿潮席卷而来，新政的项目令买房变得容易很多。而在欧洲和东亚等其他地方，政府正在重建被战争摧毁的城市，从而对城市发展的规模和方向拥有更大的控制权。但这些地方的城市在战后的几年里并没有很大的发展，与快速发展的美国城市形成鲜明对比。在美国最南端的几个州，或者说"阳光地带"，城市的经济增长尤为显著（且不受控制）。空调令这些城市变得宜居，冷战时期的军事开支则令这些城市更加兴盛。

开发商快速建设了郊区，且建设成本较为低廉。推土机铲掉了树木，夷平了土地，为道路、房屋、购物中心和停车场的流水线建设做好准备。位于道路、停车场、建筑物下面的是不透水的地面。雨水无法缓慢地渗入地下、侵蚀土壤，也无法迅速从地表流走，于是形成了洪水，淹没了低洼地区。不知情的购房者买下了填积水道形成的土地上的房屋，饱受排水问题的困扰。原先的草地、田野、树丛和森林变成了住宅小区，最初吸引人们来到此处的优渥的自然条件化为乌有。由于郊区的发展超过了城市所能提供的服务，许多郊区的污水流入了私人的化粪池。化粪池会溢出，污水也会回流到人们的家中。在尚未接入城市供水系统的房屋中，泡沫洗涤剂或污水经常会从化粪池和被污染的水井中渗出。散居的人口也比集中居住的人口消耗的能源更多，特别是在运输和制冷采暖这两个方面。

1943年7月，另一个问题在洛杉矶首次浮出了水面——天空变成了褐色，人们的眼睛阵阵发疼。洛杉矶的房屋密度很低，为建造世界上最好的道路，以及私家车的普及提供了便利的条件。人们之所以搬到洛杉矶，很大程度上是因为这里气候温和、阳光充足、空气清新、风景秀丽，拥有海滩和山脉等独特的条件。雾霾事件发生后，市政领导人、商界领袖成立了市民雾霾咨询委员会以捍卫洛杉矶的声誉，因为有益健康的空气对洛杉矶的繁荣发展至关重要。在此影响下，加利福尼亚州在1947年通过了《空气污染控制法》，允许洛杉矶建立洛杉矶大气污染控制区，这是美国历史上的第一例。人们怀疑是战时工业造成了烟雾，于是出台了管控措施，但问题并未得到缓解。1950年，加州理工学院的科学家查明，汽车和炼油厂产生的化学物质可以在阳光和水分的作用下转化为雾霾。石油和天然气工业对此予以坚决否认。直到1956年，研究才证实汽车和炼油厂确为雾霾产生的原因。在全国和全世界范围内，洛杉矶和加利福尼亚州成了抗击雾霾（但不是抗击汽车和高速公路）的引领者。

　　世界上出现城市蔓延现象的地区很快都笼罩在了雾霾之中。石油的普及消散了城市天空中的煤烟，但如今车辆的尾气又催生了雾霾。最简单的解决办法便是让人们更多地使用公共交通工具，但这不太现实。没有人想要放弃开车，汽车和石油工业反对任何可能对其产品进行的监管。汽车制造商转而寻求技术上的解决方案，例如1954年发明了催化转化器，可以去除废气中的有害化学物质。不过，含铅汽油会堵塞转化器。通用汽车公司拥有乙基公司50%的股份，从含铅汽油中获得了丰厚的利润。因此，一直到20世纪70年代，汽车工业甚至阻碍了美国推出控制雾霾的技术解决方案。在其他国家，含铅汽油在数十年后才从加油站消失。

　　世界上到处都在燃烧石油产品，这令一个科学家们如今可以进行测量的非同寻常的问题不断加剧。20世纪五六十年代，在冷战的影响下，美国科学家拥有充足的科研资金。这些资金中的一部分流入了一项在当时看来无足轻重的科学事业，即研究一种关于大气的理论。19世纪的科学家们发现，热量无法完全穿透二氧化碳和水蒸气，它们就像一块毯子，阻挡了大量的太阳热辐射反射回太空，从而对地球的温度起到了调节作用。化石燃料的燃烧可能会令二氧化碳浓度增加至足以影响上述过程的程度，但是没有人知道要如何从不断流动、变化的大气中获得二氧化碳浓度的准确读数，进而对这一观点加以证明。斯克里普斯海洋研究所（位于加利福尼亚州圣迭戈附近的拉霍亚）的罗杰·雷维尔协调了多位地球物理学家对这个问题加以思考。1957年，其中一位科学家查尔斯·大卫·基林在夏威夷海拔 1.1 万英尺的莫纳罗亚山的山顶上架设了一台灵敏的设备，避免了在低海拔地区测量二氧化碳浓度时遇到的瞬变问题，以此对二氧化碳浓度进行了精确、可靠的测量。到了 1960 年，基林的报告表明，二氧化碳浓度确实在逐年增加。对于二氧化碳浓度的测量一直持续到了今天，结果证明，随着人类燃烧的化石燃料的数量呈指数级增长，二氧化碳正在让地球的温度升高。

繁荣发展的环境代价——土地

诸如麦当劳一类的连锁餐厅推出了大量生产的廉价食物，这代表了消费资本主义改变食物的培育、销售、食用以及令土地、土壤退化的方式。在 1950 年后的 25 年里，世界人口从 25 亿左右增长至 40 亿左右，食品生产也跟上了人口增长的步伐，并且让更多的人吃得比以前更好。在美国，食品支出占收入的平均比例从 1960 年的 17% 左右下降到了 2022 年的不到 10%。这是如何实现的呢？由于世界上大多数最佳耕地在 1950 年就已经被用于粮食生产，人们不得不从基本相同的资源中获得更多的食物。1968 年，农业改革蔓延至全球，被称为"绿色革命"。

"绿色革命"诞生于美国。早在 1940 年，美国农民的生产力就已经是世界之最。1950 年至 1970 年，美国的农业劳动力减少了一半，但几乎所有主要农产品（小麦、玉米、棉花、牛奶）的产量都翻了一番。在过去的一个世纪里，美国在农业部的监督和审批下建立了一个由农业院校、实验研究站、生产和推广改良品种的农业技术推广研究员组成的网络。自 19 世纪以来，农业机械化一直在稳步推进，二战结束后，用马和骡子犁地的生产方式也消失了。之前为军队提高生产力做出贡献的化工公司，现在让他们的销售人员向农民推销最新的化肥、杀虫剂、杀菌剂和除草剂。市面上出现了大量新的农用化学制品。

世界农业的美国化始于 1940 年美国总统富兰克林·罗斯福派当时的副总统当选人亨利·阿加德·华莱士在墨西哥总统曼努埃尔·阿维拉·卡马乔的就职典礼上代表美国。卡马乔请曾任美国农业部部长的华莱士协助改善墨西哥的农业并消除农村的贫困问题。华莱士促使洛克菲勒基金会对墨西哥农学家提出的农业改良计划进行指导,在克服种种问题后,美国人在 20 世纪 40 年代末接管了该计划。其中的一位农学家诺曼·博洛格带头找到了一种能在墨西哥各地都生长良好的高产小麦。他之所以选择小麦,而非大多数勉强能够维持生计的墨西哥农民种植的玉米,是因为墨西哥政府希望大型小麦农场能将生产的小麦用于出口,而非用于本地消费。博洛格的小麦品种适合那些能够获得信贷、拥有机械设备和灌溉设施的大型农场在使用化肥和杀虫剂的情况下进行大面积单一品种种植。其他国家(尤其是印度)也对博洛格的小麦产生了兴趣。"绿色革命"就这样迎来了良好的开端。全世界的小麦产量都呈现出迅速上涨的趋势。高产的水稻和玉米品种很快也在东亚和东南亚出现。

这种高产的粮食生产体系对环境的影响表现在很多方面。由于高产会令土壤耗竭,而种植经济作物的大型农田会吸引害虫,因此参与"绿色革命"的墨西哥农民和美国的农民使用了大量的化肥和杀虫剂。为了尽可能地提高产量,农民们常常过度使用氮肥,过量的氮肥会被冲入水道和地下水。氮肥会在溪流、湖泊和海湾中促进有害藻类的生长,地下水中的硝酸盐会损害饮用者的健康。杀虫剂会危及农场工人的生命健康,还会无差别地杀死害虫和益虫。当鸟类和鱼类吃掉被杀虫剂杀死或毒晕的昆虫时,化学物质会沿着食物链向上移动,并且在向顶端捕食者移动的过程中,浓度会越来越高。和化肥一样,杀虫剂会在雨天流入径流,污染水生食物链和饮用水。灌溉则令地下水资源枯竭,造成了地陷的问题。在骄阳的炙烤下,灌溉用水中的矿物质浓度不断提高,随着时间的推移,出现了土地盐碱化和土壤贫瘠的问题。最后,由于化学制品的误用或滥用，果蔬的表皮或里面留下了残留物，消费者会将果蔬和这些残留物一并摄入体内。

消费资本主义也改变了饮食，在匆匆忙忙、变化万千的美国社会尤其如此。（相比之下，长期以来，欧洲大部分地区的饮食传统对当地的食品消费具有更深的影响。）由于冰箱的不断普及，每天前往杂货店挑选食材变得不再有必要。于是，连锁杂货店取代了本地的杂货店，货架上摆满了罐装食品、包装食品、冷冻食品、干货或冷干品，这些食品通常采用二战期间的军用技术保存。使用铝制托盘和彩色包装的冷冻"电视餐"食用起来非常方便，但损失了一定的风味。为了提升口感，食品公司在方便食品里添加了大量的盐、糖和脂肪。然而，消费者们越来越担心这些盐、糖、脂肪会损害他们的健康，于是，食品公司开始销售低盐、低热量、低脂肪的替代品，并通过工厂生产的化学制品为其提供风味。

作为广告位的加工食品包装数量大增。大型食品公司销售薯片和苏打水等大批量生产的高利润包装食品。这些食品之所以能流行，在很大程度上是因为公司将营收的一大部分用在了促销广告上。促销广告也推动了麦当劳等快餐连锁品牌的扩张。这些品牌的食品价格不高，装在一次性包装里，取用方便。一些公司开始出售用于家庭厨房的一次性包装，公司通过广告指导家庭主妇使用一次性烤盘纸、蜡纸、锡纸、保鲜膜、蜡纸食品袋或塑料食品袋，以及一次性厨房纸和餐巾纸。

所有这些包装都令生活垃圾不断增加，最终必须加以处理。食物也产生了垃圾，这是因为人们有了冰箱之后容易购买比所需更多的食物，这些食物最终或者变质，或者成了残羹剩饭，只能被倒掉。在通用电气公司推出 disposall 之后，越来越多的人会在新建或翻新的房屋中安装用于处理厨余垃圾的垃圾处理机。一次性物品和包装，同丢弃的衣服、家具、电器，以及破碎和不再需要的东西一道，被扔进了垃圾箱里。现代的消费者不再动手制作自己所需要的大部分物品，也失去了制作或修理物品的技能。越来越多的东西由塑料制成，而塑料在任何情况下都无法修复。市政垃圾车或承包商的垃圾车会收集所有这些垃圾，然后将之倾倒在卫生填埋场中。不过，卫生填埋场不足以容纳全部的垃圾。到了1970年，大量垃圾填满了美国各地的卫生填埋场，而且，越来越多的社区搭建了垃圾焚化炉。

繁荣的环境代价——水域

事实证明，水坝对消费资本主义的发展和传播至关重要。水坝能控制洪水，提供灌溉用水，实现水力发电，并促进经济增长与发展。水坝还象征着现代化社会的发展，以及造福人民的国家权力。20世纪30年代，美国引领了一场建造大型水坝的运动，在西部与田纳西河谷修建了胡佛水坝、大古力水坝等许多大型水坝。苏联也效仿美国的做法。战后，全球掀起了一股修建水坝的热潮。

美国在技术上保持乐观的态度，认为可以通过工程，让西部的河流促进经济和人口增长。于是，美国两次在科罗拉多河上游流域（美国西部唯一拥有大量水资源的流域）大兴水坝修建之风。通过1950年提出的科罗拉多河蓄水工程和1968年的中央亚利桑那工程，美国在五个州建设了大量的水坝、高架渠、运河和灌溉工程。

由于相信自己的专家能够创造新人和新社会，并能对自然加以控制，苏联在战后开启了河道改造计划，这些河道的流向往往不便于利用。或许，苏联的水利工程导致的最严重的生态灾难就发生在咸海流域。咸海是一个巨大的咸水湖，里面的水不会外流，只有两条长长的河流向其补充水量，四周有着大片的三角洲，物种非常丰富。苏联的水利工程竣工后，曾经的荒漠变成了有水源灌溉的集体农庄，地里种的棉花一眼望不到边。由于入湖水量不断减少，咸海的面积不断萎缩。一年一度的洪水不再泛滥，河流三角洲因此出现了生态崩溃、土地荒漠化、含水层枯竭和盐分累积的问题，昔日资源丰富的渔场变成了盐碱地。此时，盐尘暴席卷了农村地区，300英里的土地上满是含盐的尘土，对农作物、动植物和人类造成了损害。周围60英里的气候在夏季变得更加干燥、温暖，在冬季变得更加寒冷。苏联人大量使用农用化学制品，这也对人类和生态系统造成了影响。苏联人开始建设一项水利工程，将西伯利亚的河水引入咸海，但这一计划需要巨额资金，只得在1986年中止。1991年，苏联解体，咸海流域的大部分地区分别落入了哈萨克斯坦、吉尔吉斯斯坦、塔吉克斯坦、土库曼斯坦和乌兹别克斯坦境内。这些国家将集体农庄改为自给自足的农场，以及大型商业化农场，但是许久之后才开始成立合作机构来管理咸海流域的水源，重振咸海流域的生态。

二战结束后，亚洲、非洲、南美洲新兴国家满怀雄心的领导人对水坝的经济潜力与其象征国力的功能产生了浓厚的兴趣。例如，贾迈勒·阿卜杜尔·纳赛尔希望通过在阿斯旺修建一座水坝，让埃及变得强大。1956年，美国拒绝为此提供援助，而苏联却乐意为埃及修建水坝。水坝建成后，水力发电令埃及的经济大幅增长。埃及享受到了电力、稳定可靠的流量、航运条件改善等益处。拥有大片土地的地主受益最多，他们在北边种植棉花，在南边种植甘蔗，然后将它们出口到其他国家。然而，阿斯旺水坝也造成了严重的环境问题。由于河流的流量从拥有季节性的高峰和低谷变得长期稳定，三角洲地区的农民转而种植玉米。玉米的维生素B含量低，导致很多人患上了糙皮病。血吸虫病这种古已有之的寄生虫病也在埃及暴发了，主要由蜗牛传播给在灌溉用水中赤足行走的人。人们通过用硫酸铜处理灌溉沟渠和引进新药的方式让疫情得到了控制。在撒哈拉沙漠骄阳的炙烤下，纳赛尔湖（即阿斯旺水坝的水库）的湖水大量蒸发，蒸发量相当于每年流经埃及的尼罗河水的20%至30%。在受到尼罗河水灌溉的田野上，盐分不断累积，土壤含盐量不断上升。持续不断的灌溉导致地下水位上升，矗立了数千年的纪念碑也因水和盐分而破败。由于缺少一年一度的尼罗河洪水带来的厚厚的淤泥，埃及人需要往田里施大量的化肥，而化肥的生产又需要消耗大量由水力产生的电。由于缺少淤泥，地中海东部的沙丁鱼渔场没有足够的养分，当地的沙丁鱼几近绝迹。由于淤泥不再一年一度冲刷而下，尼罗河三角洲不断下沉，水土流失严重。泥沙开始在纳赛尔湖底堆积，和沙丘侵蚀问题一同导致了水库水量的下降。

20世纪70年代，世界各地建了7511座水坝，全球的水坝修建浪潮至此达到顶峰。水坝和灌溉破坏了生态，给河流及其流域带来了意想不到的后果；战后的工业生产则带来了水污染的问题，而且这一问题愈演愈烈。由于人口不断增长、经济日渐繁荣，世界各地的河流变成了肮脏、有毒的臭水沟。二战之后，北美、欧洲和日本的大多数城镇都建了废弃物处理厂。在许多其他地方，污水传播了疾病，缩短了人类的寿命，但污水处理对这些地方而言又太过昂贵。

工业废弃物的处理要困难得多。1945年之后，欧美越来越难以对这些问题视而不见。二战加剧了工业污染。此前，为了生产战争物资，传统工业快速扩张。在美国，伊利湖南岸和位于匹兹堡下游的俄亥俄河受到严重污染。新的石油产品的生产和研制也加快了步伐。石化工厂集中分布于石油和天然气产区附近的水道上。路易斯安那州的新奥尔良和巴吞鲁日之间的密西西比河沿岸地区因集中建有大量石化工厂而被称为"化工走廊"。这里的空气污染和水污染非常严重，以至于有了"癌症带"的别名。在同时拥有制造厂和化工厂的地区，河流受到双重影响。例如，在工业化程度较高的莱茵河流域，污染十分严重，以至于1971年，一位荷兰的新闻摄影师竟然在莱茵河水中完成了胶卷的冲洗。许多新的化学制品和废弃化工产品会模拟人体内的激素,被人类吸收后会导致癌症或影响性成熟。

1945年之后,由新型塑料和人造物质制成的物品似乎无处不在。玩具、箱包、杯具、服装、汽车内饰、电器,甚至用来装饰庭院的粉色塑料火烈鸟……这些物品便宜耐用,功能众多。然而,这些物品不会降解,而会分裂成有毒的化学物质和极小的塑料微粒。如果处理不当,塑料会进入水道和海洋,生物会被塑料缠住,摄入塑料,因塑料而窒息,从而引发灾难。随着塑料在缺少废弃物处理设施的较不富裕国家逐渐普及,陆地和海洋里出现了大量的塑料,数量惊人(目前每年约有1000万吨)。塑料微粒沿着食物链向上传递,出现在包括海产品在内的海洋生物体内。通过摄入海盐和鱼肉,塑料微粒会进入人们的体内。

繁荣的环境代价——辐射

无论是资本主义国家还是社会主义国家,世界各国都认为,在1945年之后的几十年里,其能源需求将急剧上升,并因此担心会出现供不应求的现象。国外的石油不够可靠,对此的依赖也引发了很多国家的担忧。原子能——二战的另一产物——或许能为能源问题提供解决方案。战后,东西方科学家的声望达到了顶峰,因此,当1954年美国原子能委员会主席刘易斯·L.施特劳斯承诺"我们的孩子将享受便宜到无法计量的电能"时,公用事业部门和用户都听进去了。1947年,美国政府创建了美国原子能委员会,将原子武器(1951年后也被称为核武器)置于集中化的文官控制之下。但是,核问题日益引起公众的不安。随着美苏之间的军备竞赛不断加码,大气实验增多,致癌的辐射遍布全球。美国原子能委员会担心意图阻止武器实验的情绪可能会不断积累,因此美国原子能委员会将原子能展示为无害且有益的。尽管如此,核电站还是非常危险，因此1957年，美国颁布了《普莱斯－安德森法案》，使核电站免于因核事故造成人员受伤而被起诉。由于保险公司不会为核电站提供保险，核电站只能在政府的保护和补助下建立起来。德国和日本缺少自己的能源供应，因此激情满满地建立起核电站；苏联则积极地制造核反应堆。许多其他国家也建了各自的核电站。

美国原子能委员会以及后来的美国核管理委员会都无法阻止负面的新闻和公众的关注。越来越多的证据表明，食物受到了辐射的污染。广为宣传的核事故（如1979年的三哩岛核事故）和偶发性的核灾难（特别是1986年的切尔诺贝利核泄漏和2011年的福岛核泄漏）几乎令世界各地的公众都对原子能感到紧张。炸弹和核事故释放的辐射会持续数万年之久。放射性废料也极难做到被安全弃置。此外，铀矿及其尾矿令工人和当地居民暴露在放射性物质之下。最后，核燃料以及用废的核燃料必须谨防失窃、恐怖袭击，或被政府挪用为核武器。战后由政府营造的对于原子能的乐观情绪在20世纪七八十年代消散了。

消费者失乐园

历经二战的恐怖和毁灭之后，消费资本主义向世界许诺了一个新的伊甸园——一个充满了世俗消费乐趣的乐园，在这里，有一个丰饶角会往外倾倒一切美好的事物和许多不可思议的新玩意。廉价的能源、神奇的化学物质、塑料玩具、便宜且充足的食物、电器设备、款式吸睛的汽车、人人享有的民主和繁荣——这一切都通过消费资本主义得到了实现。

到了1970年，一条蛇出现在了这个乐园里。《圣经·创世记》里的故事讲述了狡猾而具有欺骗性的蛇作为世界上的第一个推销员，许诺美好的事物，令禁果看上去惹人喜爱、令人向往。在约翰·弥尔顿的《失乐园》中，撒旦以鸬鹚的形象进入伊甸园，这是贪婪的象征。到了1970年，消费者睁开了眼睛，他们看到了那些惹人喜爱、令人向往的商品背后的诅咒：人口以惊人的速度增长；城市在曾经的农田上往外蔓延；人们喝的水和呼吸的空气变得不安全；石油泄漏并扩散到海洋上；野生物种不断减少；有毒的化学物质污染了农场和粮食；土壤出现了盐碱化的现象，并逐渐耗竭；森林面积萎缩；致命的放射性物质弥漫在我们周围。1970年，诅咒主要威胁着欧美和日本——消费资本主义的天堂最早出现的地方。然而，充满世俗消费乐趣的乐园开始在其他各个地方出现，蛇也爬到了世界上的每一个角落。

第八章 销售一切

一网打尽

20世纪初,工业资本主义将巨额财富集中到公司的金库和公司所有者的口袋里。1901年,J.P.摩根创建了美国钢铁公司,这是当时世界上最大的私营公司。10年后,标准石油公司(到了20世纪中叶,则是通用汽车公司)获得了世界上最大私营公司的头衔。美国钢铁公司的创建令安德鲁·卡内基成为世界首富,10年后他则让位于标准石油公司的约翰·D.洛克菲勒。虽然通用汽车公司并未让阿尔弗雷德·斯隆或其他任何人成为世界首富,但汽车商亨利·福特在1947年去世时是世界上最富裕的商人。由此可见,生产商品可以产生极为丰厚的利润。

21世纪初,消费资本主义以另一种方式令公司和个人变得富有。2021年,亚马逊是世界上最具价值的公司,其创始人杰夫·贝佐斯荣登世界首富宝座。相较于美国钢铁、标准石油或通用汽车,亚马逊几乎不生产任何产品。这家公司更多地肩负起百货公司而非工厂或炼油厂的职责,扮演着生产商和顾客之间的中间商的角色。另一家大型中间商沃尔玛为极其富有的沃尔顿家族所有,比地球上任何其他私营公司都赚得多。在最具价值的上市公司榜单上,与亚马逊争夺榜首的其他公司包括苹果、微软、Alphabet、腾讯和 Facebook,这些公司同样主要提供软件等知识产权或服务,也提供消费类电子产品。在这些公司中,苹果的独特之处在于其大部分收入来自设备销售。但随着其产品市场的饱和,产品销售收入占总收入的比例不断缩小,苹果也将服务视为其未来的增长领域。作为 20 世纪中叶能源从煤炭向石油过渡的一个迹象,在最有价值的公司正在远离生产商的趋势中有一个值得注意的例外情况,那就是石油公司持续出现在顶尖私营公司的榜单上——其中之一就是埃克森石油公司,它直接由新泽西标准石油公司更名而来,而新泽西标准石油公司正是 1911 年洛克菲勒的标准石油公司根据反托拉斯决定被拆分而成的公司之一。

与卡内基、洛克菲勒和福特相比,工业生产并没有让贝佐斯或其同仁——微软创始人、超级亿万富翁比尔·盖茨,Facebook 创始人马克·扎克伯格,Alphabet 创始人拉里·佩奇和谢尔盖·布林,沃尔玛创始人沃尔顿家族,或者投资公司伯克希尔-哈撒韦的创始人沃伦·巴菲特——变得更富。(生产商仍然富有,例如特斯拉的创始人埃隆·马斯克、法国奢侈品公司 LVMH 的创始人贝尔纳·阿尔诺,但是他们只占一小部分,而且比例还在缩小。)贝佐斯早先通过和 J.P. 摩根及威廉·杜兰特相同的方式在华尔街崛起。但当摩根和杜兰特利用他们在华尔街的经验创建控股公司(美国钢铁公司和通用汽车公司)以收购制造公司并加以协调时,贝佐斯离开华尔街,创办了自己的新公司。这家公司的资产主要就是几台电脑和几个仓库,销售产品的渠道则是变革性的媒介——互联网。讽刺的是,20 世纪 90 年代,有人预测互联网将消灭中间商这一角色。

随着具有 20 世纪 20 年代特色的消费资本主义逐渐过时,商业公司的性质发生了转变,这进一步促进了消费加速发展,并加剧了环境问题。曾经造就了通用汽车公司和福特汽车公司这样的巨型公司的消费资本主义形式不存在了。一个资本主义和环境的新时代肇始于1970年左右，带来了亚马逊等大型跨国公司。21世纪的顶级企业不会制造产品卖给零售商，而是卖给顾客，而且以极快的速度卖出大量的产品。推销员——"咆哮的20年代"那矢志不渝的仆人——已经听从了号令。消费资本主义下的经济增长依赖现金按照持续增长的速度在经济中流动。

部分学者将战后时代称为"大加速"时代。1970年后，经济增长的速度比以往更快。然而，环境却无法承受相应的代价。滚滚而来、日益浩大的消费品洪流令亚马逊的公司名变得非常贴切，它为挖掘资源和能源的行业带来了不断增长的需求。另一条充满废弃物的"亚马孙河"流向了空气、水域和土地。森林和土壤日益萎缩，物种逐渐减少，永久的有毒物质和塑料不断积累，气候变化的速度之快令研究人员为之咋舌。从最深处的海沟到上层的大气，消费资本主义令整个地球混乱不堪。

贝佐斯和新消费资本主义

贝佐斯将亚马逊视为一条致富的途径。他曾任华尔街德邵基金（D. E. Shaw）公司的副总裁。公司创始人大卫·肖早先在哥伦比亚大学的计算机科学专业任教。1986年，他离开高校，加入摩根斯坦利——一家由J.P.摩根的孙子创建的投资银行。两年后，大卫·肖创建了德邵基金。这是一家早期的量化对冲基金公司，根据数学和统计学公式而非人为判断进行投资。肖设计了针对高速计算机的独有算法，旨在找到全球金融市场的各类模式，并从中获利。他的员工很多是顶尖高校的计算机科学专业的毕业生，非常聪明，颇具创新头脑。1986年，贝佐斯从普林斯顿大学计算机科学专业毕业，不停奔走于华尔街上的各家公司，直至1990年受雇于肖的公司。在这里，贝佐斯不断成长，晋升很快。

肖一直关注着互联网的早期发展。他比大多数投资者更早地预见到了互联网的商业潜力。肖经常与贝佐斯讨论可能推出的互联网风险项目，贝佐斯会对这些项目进行调研。贝佐斯发现，在1993年这短短的一年里，通过互联网发送的信息量增长了2300倍，十分惊人。这种近乎奇迹般的增长表明了互联网具有深不可测的潜力。两个人讨论的其中一个创意就是打造一家"一网打尽"的商店，向全世界销售各类产品。由于任何公司都无法立即开始销售一切产品，因此贝佐斯决定一开始先销售一种产品，以此为起点不断发展壮大。他列出了可能通过在线销售来获得盈利的产品，其中书籍看起来最具前景。

1994年，贝佐斯离开了德邵基金，前往西雅图，在很大程度上是因为华盛顿州人口稀少，在这里能免缴销售税。他创建了在线书店，就是后来的亚马逊。亚马逊的名字来源于世界流量第一的河流——亚马孙河，这个名字充满雄心，又具有先见之明。贝佐斯坚持不懈地工作，使亚马逊"尽快形成规模"（get big fast），从而在竞争中保持领先地位。（显然，贝佐斯在定下"亚马逊"这个名字之前，考虑过"Relentless.com"这个网址。如果在浏览器的地址栏里输入"Relentless.com"，页面仍然会跳转至 Amazon.com。）贝佐斯雇用了他能找到的最聪明、最具创造力的人。他推动这些员工快速创新，赶超微软、巴诺书店、沃尔玛等老牌大型企业——这些企业以旧有的经营方式进行投资，理解互联网商业价值的速度很慢。由于亚马逊的员工做出了很多贡献，亚马逊从一个在车库销售的公司成长为全球供应商。他们解决了安全在线支付的问题；开发了"1-click"（一键购买）技术，用户无须重新输入就能在购物时使用曾经用过的收货地址和支付信息；开发了一个程序，利用用户的购买记录和浏览历史来推荐书籍。贝佐斯意识到，美国人读书量不多，这限制了公司的扩张，于是他开始在亚马逊上出售海量的其他产品。2006年，亚马逊开始出售其存储、计算和数据库计算机系统的访问权，也就是所谓的"云服务"。这项服务的利润颇丰。或许有一天，亚马逊的确能出售一切产品，真正做到"一网打尽"。

阿尔瓦罗·伊巴涅斯在2013年参观位于西班牙马德里的圣费尔南多德埃纳雷斯的亚马逊大型物流配送中心。马德里的亚马逊大型物流配送中心存放着成千上万的消费品，等待着工人快速高效地将货物配送至用户的家门口。这样的物流配送中心不仅能配送用户下单的产品，还能让用户通过购物获得满足感。（圣费尔南多德埃纳雷斯，"维基共享资源"资料库。）

贝佐斯是一个不留情面的竞争对手。亚马逊彻底颠覆了老牌公司和零售企业。亚马逊的算法和程序取代了销售员。讽刺的是，反托拉斯法禁止出版商形成反抗亚马逊的统一战线，因此亚马逊向出版业发起了挑战，并改变了这个行业。由于亚马逊在图书之外还销售其他商品，它将美国当地的零售商赶出了市场，包括小型书店和专卖店、连锁书店博德斯、久负盛名的邮购销售先驱西尔斯罗巴克公司。

如果说亚马逊、沃尔玛、苹果、谷歌、Facebook等公司代表了消费资本主义从美国钢铁公司和通用汽车公司的时代过渡到了新的时代，那么这些公司的创始人就代表了新型的企业家。像麦当劳兄弟和雷·克罗克一样，他们中很少有人在造就工业资本主义的新英格兰地区或在新教改革宗的背景下长大。相反，他们在曾与旧民主党有联系的群体（即南方的新教徒以及天主教和犹太移民）的文化中长大，这些文化更能包容自在舒适和自我放纵，对财富和自我满足的负罪感更少，也更少强调道德。（曾经的公理会教徒、微软创始人比尔·盖茨以及曾经的长老会教徒沃伦·巴菲特除外，他们都致力于将自己的财富捐赠出去，和卡内基、洛克菲勒等人颇为相似。）

贝佐斯的母亲是得克萨斯州循道宗教徒；他的继父是一位接受耶稣会教育的古巴天主教移民，在埃克森石油公司担任工程师。贝佐斯出生于1964年，年轻时便聪明过人、锐意进取，竞争意识很强。他在得克萨斯州和佛罗里达州的郊区度过了一个富足的童年。虽然很少有证据表明贝佐斯对宗教有兴趣，但是他可以被视为一名天主教徒。在继父的影响下，他对政府干预商业和个人事务产生了强烈的反感。正如亚马逊最初的一位投资者观察到的那样："杰夫·贝佐斯是一个彻头彻尾的自由主义者……秉持典型的新自由主义观点——公司的唯一目的、股东的唯一目的，就是使自己变得富裕，而将其他一切排除。将股东的利益最大化，这在不知不觉中会奇迹般地创造出共同利益。"自由主义或新自由主义的价值观能够与消费资本主义推崇的价值观完美契合——个体的愉悦、自我满足、娱乐和消费。贝佐斯在非常年轻时就制定了两大人生目标——致富和进入外太空。亚马逊帮他实现了第一个目标。2000年，他创立了私人航天器公司蓝色起源，该公司在2021年帮他实现了第二个目标。

未来的死亡与消费中的满足、身份和意义

从具有20世纪20年代特色的消费资本主义到亚马逊和沃尔玛的

消费资本主义的过渡发生于 1970 年左右。文化、社会、政治和经济都在以能令人感受到的方式发生着变化。风向变了，天空暗了，世界对未来的恐惧超过了希望。战后时代，让世界变得更好的思想和运动层出不穷。1970 年左右，带有理想主义、乐观主义色彩的社会政治运动向挫败和暴力转变。美国民权运动、反对越南战争的示威活动、校园抗议活动或被暴力极端分子接管，或遭到政府的暴力镇压。德国和意大利的极左团体开始了长期的暴力活动。在欧洲和拉丁美洲，校园抗议也演变成了暴力活动。在非洲和亚洲，殖民地的独立常常显得仓促而无组织，助长了政治混乱、内战和社会动荡。

　　新的力量削弱了阻挡消费资本主义前进的文化桎梏。商业电视向在电视机前长大的第一代灌输消费价值观。盛行的人类潜能运动提出，为了共同的利益，自我不需要被控制或压制，人们需要实现其潜力。1961 年，避孕药的推出使年轻人摆脱了对怀孕的恐惧，进而引发了一场"性革命"，并推动了文化和传播过程中性别特征的固化（sexualization）。

　　随着消费资本主义和社会力量消磨了公共传统，并鼓励个体尝试兼收并蓄的宗教体验，西欧和北美文化的宗教基础发生了转变。大西洋两岸的年轻人都放弃了传统以教区为基础的教派，宗教成了消费者根据个人欲望选择的物品。美国人如今会"挑选"宗教和教会。佛教、印度教和本土宗教（或者广为流行的伪宗教）吸引了许多人。强调个体与神灵的关系及个体对神灵的体验的教派，尤其是五旬节派发展迅速。五旬节派是新教的一个充满激情的分支，1906 年诞生于洛杉矶，对其他教会和流行文化影响深刻。1970 年之后，五旬节派也在拉丁美洲和非洲迅速传播。受其影响，所有的教会如今都提供疗愈性的灵修，承诺信众能够变得更瘦、更好、更富有、更快乐。

　　消费主义文化潮流也带领自由主义和左翼政治进入了新方向。在由非新教移民、南方白人、非裔美国人组成的"罗斯福联盟"的影响下，进步主义和自由主义偏离了北方新教改革宗构想的相对连贯的进步派社会愿景。1970年之后,在自由派的领导人中再也见不到信奉改革宗的新教徒的身影。自由主义变得更加强调个体的权利和身份。信奉福音派的南方白人则离开了民主党,在1980年之后,在共和党中形成了一个可靠的投票阵营。从历史上来看,信奉新教福音派的南方白人很少推动社会激进主义,而且他们支持奴隶制、种族隔离和白人至上主义。

在1970年之后,各股文化力量削弱了西方的自信心。欧洲失去了维持其全球帝国的意志和实力,美国的崛起更是打击了欧洲原先自视甚高的态度。人们对本国和外国的宗教文化变得更加欣赏,兴趣变得更加浓厚,同时对西方的宗教、制度甚至科学的不满在逐渐增加。自由党、工党和社会民主左翼党在宣传自己的原则时犹豫畏缩,因而失去了政治基础。犬儒主义、自由主义或新自由主义理想充斥着19世纪的改革,尤其在英美两国的改革中体现得淋漓尽致。

启蒙运动对人类的理性充满了信心,由此诞生了民主、社会主义和宗教理想,在这一切退却之后,保守宗教的感性力量填补了空白。在美国、以色列、伊朗、沙特阿拉伯等地,基督教、犹太教等广为流传,政治影响力急速提升。随着对未来的信心逐渐消退,1970年后的时代充满了回忆和怀旧的色彩。世界上有许多人都试图紧紧抓住过往。从工业革命到20世纪60年代,人们常常热切地猜测未来,以及它会带来何种奇迹。当2000年到来的时候,人们并没有对伟大而辉煌的新世纪或新千年做出任何宏大的预测。犬儒主义和悲观主义支配着人们的情绪。

如今,世界各地的人们通过购物、拥有和消费来寻找自身的意义,表达自己的身份。广告随处可见,文化极大地动摇了进步主义和左翼政治的知识基础和道德基础,由公司和富人资助的政治文化宣传网络不断扩大,在此背景下,消费资本主义变得无孔不入。贝佐斯、扎克伯格等在20世纪70年代以后成年的互联网大亨吸收了这种自由主义精神。

经济增长和技术创新放缓

一个世纪以来美国经济的惊人增长和世界各地的技术创新在1970年前后迎来了尾声。在欧洲和日本，经济又持续增长了一段时间，因为它们的经济在20世纪70年代之前一直落后于美国。中国经济发展的起点要低得多，但自20世纪90年代开始以惊人的速度增长。

1970年以来的技术革新并没有像1870年以后的一个世纪，尤其是1920年以后的半个世纪那样，给日常生活带来革命性的变化。最近的创新几乎完全局限于通信、娱乐和信息技术这三大领域。几乎所有其他领域都只是在1870年至1970年的早期创新的基础上进行发展。今天的西方人回到1970年生活，相较于1970年的西方人回到1870年乃至1920年生活，要容易得多。半个世纪以前的生活必定和现在的生活有所不同，人们可能会怀念智能手机、个人电脑、互联网和微波炉。但是，早在1970年，人类就已经登上了月球，各类卫星绕地飞行。而且家家户户都用上了我们如今所熟悉的电器，几乎所有家庭都装有天然气管道，享受中央供暖系统和市政供水，并且装有浴缸和抽水马桶。购物中心的消费品很多由塑料和人造纤维制成。电视、电影和录制音乐为人们提供了娱乐。抗生素和疫苗控制了传染病，医院用今天人们所熟悉的药物、化疗和放射疗法来医治病人。小汽车和卡车行驶在现代公路上，两边是连锁餐厅，出售的是装在一次性盒子和杯子里的快餐。喷气式飞机滑翔在世界各地的天空中。内燃机车拉动着火车，超级油轮装载着石油，集装箱船往来于海面上。人们用信用卡在超市购买加工食品，在购物中心和百货商店购买成衣。一些人在1920年可以接触到上述事物的一小部分，而几乎没有人能在1870年接触到这一切。

美国制造商在战后处于支配地位，这令他们充满自信，但他们未能保持资本存量的高投资率；而欧洲和日本重振了工业，开始享受美国式消费资本主义带来的益处。美国钢铁公司的经验具有典型性。基础设施建设完成后，美国国内的钢铁需求下降，而且国外竞争日渐激烈，导致国外市场收紧。1950年，美国占全球钢铁市场的比重为46.6%，1960年下滑至26%，1970年更是降至20%。1970年，八幡制铁和富士制铁合并为新日本钢铁公司，新日本钢铁公司取代美国钢铁公司成为世界最大的钢铁制造商。

20世纪70年代，美国经济停滞不前。1971年，美国一个世纪以来首次出现贸易逆差。随着服务业的增长，制造业在经济中所占的比重有所下降。1973年至1981年，餐饮业劳动力的增长人数超过了汽车和钢铁业从业人员的总数。服务业从业人员的工资和福利不及工厂工人的工资和福利。道琼斯工业平均指数在1972年首次突破1000点，然后在1973年和1974年下跌了近一半，欧洲各大交易所也出现了类似的崩盘情况。1973年和1979年的中东危机造成了两次石油短缺，遏制了经济发展，加剧了通货膨胀。随着汽油价格上涨，美国的消费者偏向于购买尺寸更小、油耗更低的外国汽车，底特律的汽车制造商的市场份额因此而有所下降。

政府经济政策和消费资本主义

1970年以后政府经济政策的改变也引导了消费资本主义的转型。带有自由色彩的经济理论，例如自由市场将解决所有问题这一近乎神秘的信念，影响了美国政府处理失业和高通胀的方式。抱着刺激美国商品制造和外国需求的希望，尼克松于1971年终止了《布雷顿森林协议》，这一协议此前稳定了二战以来的国际金融市场。各国实行了对美元的浮动汇率，容易引发投机，这对任何国家都不利。现金和资本跨境流动，其目的在于追求最高的短期利润，而非满足长期的投资需求，这样一来就形成了国际资本市场,并造就了像德邵基金这样的对冲基金公司。为了调整未能按计划发挥作用或过时的政府经济监管条例,20世纪七八十年代的政府没有提倡更好的监管,而是提倡不监管。民主党控制的国会解除了对天然气、卡车运输业、铁路、航空和银行业的监管,并削弱了对其他行业的监管。监管的解除令经济变得不稳定。1945年至1970年,美国经常发生金融危机,这是前所未有的。1980年之后,英美两国率先瓦解了社会保障体系,削弱了曾经促进繁荣和收入平等的工会。蓝领工人的工资和中产阶级的收入停止增长,而减税和解除监管却令巨富阶级的财富飙升,为今天互联网亿万富翁的崛起奠定了基础。

  减免的税费本应被投资于资本存量或生产制造,但实际却流向了金融市场。例如,美国钢铁公司并未将资金用于旧工厂的现代化改造以适应全球市场,而是关闭了旧工厂,投资多样化的资产。1986年,公司在其名称中删去了"steel"(钢铁)的字眼,更名为"USX"。企业投资赢利的公司而非制造业公司,这一金融化的过程变得越来越常见。大型公司和对冲基金收购了规模较小、盈利能力突出的公司。从食品、制药到印刷,各行各业逐渐受制于大型公司的集中管理。大型公司的数量因并购而不断减少,它们逐渐积累了利润以及政治权力和经济实力。如果消费者没有直接受到伤害,反托拉斯监管机构就会视而不见。

  到了20世纪80年代,许多公司发现自己很容易受到追逐利润而非改进生产或改善社会的金融部门的影响。公司经理(以及像贝佐斯这样的互联网行业的亿万富翁)竭尽所能来拉高股价和股东价值——"股东价值"是人们在1983年创造出来的新词。对股东价值的关注以前从未影响过管理层的决定,他们通常关注的是公司对社会的价值或公司的长期增长战略。如今,管理层对股东负有首要的受托责任。资金流向了银行和投资集团。公司蓄意收购方、私募股权基金和对冲基金通过高息债券("垃圾债券")来募集资金,从而收购公司、出售资产以偿还债券持有人，有时还会出售这些缩水、解体的公司更具价值的股本，从而获得高额利润。

通用电气公司的董事长杰克·韦尔奇是一位敢为人先的开创者，因其对通用电气公司进行金融化、将股东价值最大化而广受赞誉。他成长于波士顿地区一个贫穷的爱尔兰天主教家庭，在工程或设计方面没有展现出特殊才能，但晋升很快，在1981年至2001年担任公司首席执行官。该公司在减员增效（downsize）的同时也实现了增长——"减员增效"一词创造于1982年，被用来描述解雇员工以提升财务业绩的做法。通用电气公司削减了10万名员工。研发部门变得空空荡荡。受到韦尔奇领导方式影响的公司包括波音公司，其以工程为导向的文化转变成了以财务为导向的文化。不过，好景不长。在韦尔奇退休后，通用电气公司的股价和公司价值暴跌，并于2018年退市。与此同时，波音公司生产了存在缺陷的737MAX，该机型在2018年和2019年都遭遇了坠机事故。结果，波音公司的销量几乎陷入停滞，调查发现，波音公司存在严重的系统性问题。

这些政府政策、公司治理和金融市场方面的变化令消费资本主义的增长变得脆弱。共和党人（有时也包括民主党人）通过了对富人和企业放松监管、减税降费的法案。这种经济上的状况令部分经纪人和投机者赚得盆满钵满。公司越来越多地用股票期权来补偿高管，这让他们更有动力关注股价。20世纪90年代，股市飙升至前所未有的高点，随后在2000年，互联网泡沫破裂，科技股崩盘。可以预见的是，放松监管导致了风险较高的金融行为的出现，从而产生了美国的房地产泡沫。2008年，房地产泡沫破裂，几乎拖垮了全球经济。

或许，现金的缺乏是导致经济增长低于1970年前水平的因素之一。消费资本主义强劲发展的关键在于中低收入阶级，和富人相比，他们会将收入中的更大一部分用于购买消费品。他们的收入停滞不前，贫困人口的收入更是不断减少。1973年，美国的贫困率处于11%，降至历史最低水平，然后开始逐渐上升。能够刺激经济增长的其他因素也受到了信奉自由主义和新自由主义的亿万富翁及企业领导人政治权力膨胀的影响。在以自由市场为导向的私人基金会（特别是比尔及梅林达·盖茨基金会，以及创建了沃尔玛的沃尔顿家族的基金会）要求教育私有化的压力下，对公共教育的投资受到了影响。为了保持低税率，政府忽视了基础设施建设。世界各地富裕国家的年轻人结婚年龄延后，并且生育子女的数量减少，这就意味着人口的平均年龄不断增长。由于大量移民自20世纪80年代以来涌入美国，这一问题被掩盖了起来。越来越少的劳动力不得不供养日益增长的老龄化人口。年轻的美国人还必须应对不断飙升的教育和消费负债，这些问题再加上他们的收入停滞不前，令他们成为美国第一代比父母更穷的人。其他拖累美国经济的因素还包括大量单亲妈妈无法摆脱贫困，以及被监禁的年轻男子，尤其是被监禁的年轻黑人男子数量过多。

20世纪70年代，政府的监管、利润空间的缩小和经济上的挫败促使保守的商业领袖和富有的投资者在政治上形成组织，他们不是加入了同一个政党，而是加入了一个紧密连接的体系，该体系由游说者（到1980年，游说者的数量超过了联邦雇员）、智库、商业团体及高校中受资本家资助的教员和行政人员等机构和个人组成。1976年，美国联邦最高法院裁定，政治捐款是受宪法保护的表达言论的形式，于是，竞选捐款大幅增加。在2010年的另一项裁决中，最高法院取消了企业竞选捐款的限制。自此，各家企业向匿名的"黑钱"组织、政治行动组织和政治竞选活动投入了大量资金。这不仅将政治推向了强烈反对政府、反对监管的方向，而且还影响了美国联邦最高法院，以至于其常对作为原告的企业青睐有加，并阻止政府的监管。

由于其他发达国家，特别是英语国家也出现了类似的模式，所有这些变化都对全球消费资本主义造成了破坏。1970年以后，资本流动出现了全球化趋势，制造业和贸易业也日益全球化，而运输价格的下跌更是加快了全球化的速度。每一个推行工业化的国家总是会效仿当时最先进的工业大国，然后由于其劳动力价格更低，或其制造业发展得更完善、更高效（有时两种情况兼而有之），因此将最终超越工业大国。二战结束后，美国的制造业先是受到了来自欧洲的挑战，然后欧美都受到了来自日韩等的挑战，最后则是来自中国的挑战。孟加拉国和越南等相对贫困的国家很快出现了大量血汗工厂。中国则拥有充足的廉价劳动力，向世界市场提供了无数便宜的商品。欧美的投资资金流向了国外。各大公司将业务外包至海外。于是，美国的工厂停业倒闭，工人们失去了薪水丰厚的工会工作，进入了报酬微薄的服务领域。幸存下来的只有欧美具有高附加值或需要熟练劳动力的产业。

农业和食品工业

1970年之后，消费资本主义改变了食品工业。工厂化的农业为食品公司提供了原料，食品公司生产的带有包装的加工食品又填满了超市的货架。少数几家以美国巨头为主的公司控制着世界上大部分的食品链。食品巨头在美国创建了一个利润极高的体系，将产品出口至世界各国。食品巨头还出口瓶装苏打水和加工食品等"美式饮食"。随之而来的是美国人的健康问题，尤其是肥胖症，这在今天几乎是一个无处不在的问题。

政府的政策促使美国的农民走上了合并的道路。在德怀特·艾森豪威尔、尼克松、里根等共和党人执政期间，政策从为家庭农场提供支持向为农业综合企业提供支持转变。农场纷纷开始合并，最后不到10%的农场赚得了超过85%的农场收入。传统的多元化家庭农场无法存活下来。如今占比约为80%的规模较小的农场收入太低，以至于无法支撑家庭开支，农民或其配偶不得不从事兼职工作。除了采摘水果、收割蔬菜的季节性流动劳动力，市场对于农场劳动力的需求不断下降。1930年至2000年，农业人口减少了1/3，但相同土地上的产量却翻了一番。农业收入也有所增加。虽然在1945年，贫困对于农村地区的佃农和租户而言是一个非常实际的问题，但到了21世纪，这个问题几乎已经消失（尽管贫困对于外来务工人员而言仍然是一个可怕的问题）。欧盟发布的政策则促进欧洲各地发生了类似的变化。

美国的农场能以低廉的价格生产大量的食物。为了降低成本、提高产量，农民需要在每一英亩土地上施用人工肥料、杀虫剂、除草剂和杀菌剂。在大型化学集团的实验室里，研究人员修改遗传密码，培育能够抵抗害虫和化学制品的植物品种。由于农民们专门种植一种作物，在美国许多地区都能看到大片一望无际的种有玉米、棉花、小麦或其他单一作物的农田。在南方各州，生产商采取集中养殖的方式，让成千上万只鸡、猪、牛以相当痛苦的排列方式拥挤在一起，并将这些禽畜喂养至被屠宰为止（母鸡则会留着下蛋）。

战后的农业发展史颠覆了马尔萨斯的理论。战后，随着欧美的农业技术在世界各地传播开来，各国的生产力都得到了提升。1950年至2000年，全球人口增长了2.4倍，但农业产量增至3倍。闲置的农业劳动者涌入中国、印度、非洲和拉丁美洲的城市，为工厂、矿山等非农业经济部门提供劳动力。在全世界范围内，香蕉、咖啡、棉花、牛肉、棕榈油等农产品的贸易有所增长。在二战爆发之前，农产品贸易约占全球贸易的15%，但到了20世纪末，这一比例提升至1/4甚至1/3。在欧洲、美国和日本的超市里，新鲜的果蔬品种成倍增加，而欧美移民对自己国家农产品的渴望进一步推动了生鲜区农产品的多样化。

计算机革命

毋庸置疑的是,在 1970 年以后的经济发展历程中,最具革命性的便是计算机技术行业的发展。如果没有计算机技术行业,亚马逊也就不复存在了。这一行业是在二战和冷战期间美军的创造发明的基础上或在其资助下发展起来的。位于加州帕洛阿尔托的斯坦福大学因其拥有一流的工程学院,以及靠近军事设施、美国国家航空航天局艾姆斯研究中心,获得了得天独厚的发展条件。附近的电子公司包括施乐(其研究中心位于由斯坦福大学所有的斯坦福研究园)、惠普、仙童半导体(该公司发明的硅半导体最初主要被销售给军方)、英特尔和视频游戏制造商雅达利。电子产业员工离职后出资创建的早期风险投资公司也在周边大量出现。1968 年至 1969 年,美国国防部高级研究计划署开发了连接斯坦福大学等高校的计算机的阿帕网,由斯坦福大学的工程师率先将其发展成互联网。

硅基半导体技术的集聚令这片土地在 1974 年获得了"硅谷"的绰号,而自由主义文化又为这片土地提供了向前发展的驱动力。附近的旧金山不仅是 20 世纪 50 年代披头族运动和 60 年代嬉皮士反主流文化(由斯坦福大学的学生志愿者实验的致幻剂所推动)的发源地,还是 70 年代迅速发展的同性恋权利运动的一大中心。业余爱好者和工程师都希望能打破公司对计算机技术的控制,从而将此类技术大众化,让普通人都能加以利用。后来,他们希望万维网能开启一个人们相互连接、自由交流和信息共享,并且无须公司作为中间商的时代。当然,具有讽刺意味的是,他们中的许多人后来创办了大型中间商公司,通过收集计算机用户的个人信息及其使用计算机和互联网的情况赚得盆满钵满。

反企业的理念催生了个人计算机。和蒸汽机、灯泡、汽车、飞机一样,个人计算机也是在棚屋或车库里被鼓捣出来的。施乐开发了第一台个人计算机，但从未将其商业化。在帕洛阿尔托，一群年轻的工程师正在对计算机技术进行实验。1976 年，他们中的史蒂夫·乔布斯和史蒂夫·沃兹尼亚克创立了苹果。他们借鉴（或者说窃取）了施乐和雅达利的创意，于 1977 年推出了第一台个人计算机 Apple Ⅱ。1979 年，比尔·盖茨在华盛顿州西雅图市购买了一个计算机操作系统。他将其重新命名为 MS-DOS 系统，然后出售给 IBM，用于 IBM 在 1981 年推出的个人计算机。1991 年，万维网问世。1993 年，第一个浏览器和第一个搜索引擎诞生。越来越多的人开始购买计算机，发送电子邮件，并在网上冲浪。大卫·肖和贝佐斯都是早期从新诞生的互联网中寻找获利途径的人。随之而来的热潮催生了投资泡沫，而亚马逊是 2000 年互联网泡沫破灭时幸存下来的公司之一。

计算机时代的光辉很快就消失了。各大企业都希望能用计算机来提高生产力。但除了 1994 年之后的 10 年，生产力的增长速度一直低于二战后 1970 年前的增长速度。从 21 世纪 10 年代开始，线上零售业开始大举抢占如今被称作实体店的线下零售业的业务。20 世纪 80 年代和 90 年代，沃尔玛、凯马特、塔吉特、家得宝、巴诺以及许多其他大型商店彻底改变了购物和零售业。传统的百货公司，甚至是老牌的杰西潘尼公司和西尔斯罗巴克公司，都和它们展开了角逐。而亚马逊和在线购物因其较低的日常管理费用、低廉的价格、更多的选择、便捷的购物方式以及不断提升的交货速度，令大型商店处于戒备状态。奈飞等公司的在线电影和电视剧也收获了一部分影视观众。进入新世纪以来，智能手机的飞速发展使得个人计算机变得非常便携，整个互联网都能被收入人们的口袋和钱包中。投放广告、收集消费者数据和一键购买变得前所未有的简单。

2011年，挪威福尼布的移动支付终端采用了挪威电信巨头泰莱诺（Telenor）的近场通信技术。如今，人们通过无处不在的智能手机，无须现金或信用卡就能购物，消费变得非常方便。和现金甚至信用卡支付不同的是，手机支付将购买行为与货币成本拉开了距离，因此智能手机或许还促进了消费。消费从未如此具有诱惑性。（"维基共享资源"资料库。）

互联网的商业化促进了消费资本主义的发展，并扩大了消费资本主义的辐射范围。然而，科技行业在其中创造了一个怪物。为了免费提供一切，像拥有谷歌搜索引擎的 Alphabet 这样的公司以及 Facebook 等社交媒体收集了大量信息用于出售，而这些信息通常非常私密。然后，广告商会利用这些信息，为可能会对他们的产品感兴趣的人量身定制并精准投放广告。这些信息对于向人们精准投放政治广告和消息而言也很有用。不幸的是，互联网的广泛开放性（一度被标榜为能为人们带来自由解放）鼓励了犯罪活动、恶意软件、色情作品、政治宣传，以及虚假信息、误导性信息和恶意信息。

"大加速"加快了全球环境危机的发展速度

1970年愈演愈烈的环境问题在半个世纪后演变成了一场风暴。人口的快速增长和消费资本主义进一步拉动了对采掘类商品的需求，并让更多的工业垃圾进入水、土壤和空气中。工业资本主义离开了它的发源地——欧洲和美国。印度这个拥有大量廉价劳动力的新兴国家利用进口原材料成本下降以及出口零部件和成品的机会，踏上了属于自己的工业资本主义道路。原先的环境问题也伴随着产业的迁移来到了新的土地上。

为了向消费者提供他们想要的食品，制造商需要农产品。食品巨头卡夫亨氏、通用磨坊、康尼格拉、联合利华和德尔蒙特有效地控制了全球食品商品链。它们会告诉农民要种植什么农产品，以及能挣多少钱。通过无处不在的广告和促销，它们告诉消费者要吃什么，以及要花多少钱。泰森、JBS（一家巴西的公司）、嘉吉等跨国公司在牛肉、猪肉和家禽行业中也发挥着类似的主导作用。美国中西部的农民发现，他们在种植转基因玉米的过程中不得不使用大量的人工肥料、化学除草剂和杀虫剂。有些玉米会被用作牲畜的饲料，但大部分会被运往加工商处，他们会将玉米加工成各种各样的产品：淀粉、油、高果糖糖浆、乳化剂、稳定剂和用于无数加工食品的黏度控制剂，以及车用乙醇汽油。

农业对热带雨林具有恢复作用。巴西亚马孙河流域的森林遭到破坏的区域或者变成了大豆田，用来为牛提供饲料，或者变成了牧场，而这些牛最后会用于欧洲和北美地区汉堡的制作。印度尼西亚、马来西亚、尼日利亚、泰国和哥伦比亚的部分森林渐渐地变成了棕榈树植园。1995年至2015年，棕榈油的产量翻了两番，预计到2050年将再翻两番。这种用途广泛的油可以生产大约200种产品：食用油、烘焙食品、低饱和脂肪/低反式脂肪食品的配料、洗涤剂、液体皂、洗发水、化妆品、食品防腐剂、黏合剂和生物燃料。在城市化的推动下,以及出于城市居民对美味且口感稳定的水果的渴望,热带雨林被开辟成了香蕉种植园,香蕉的产量超过了世界上任何其他的水果。香蕉容易感染病虫害,需要大量使用化学农药、除草剂和杀菌剂。这些农药会渗入地下水,破坏近海的珊瑚礁,危害工人的健康。除草剂令土地变得寸草不生,裸露的地表在热带雨水的冲刷下不断受到侵蚀,富含化学制品的淤泥堵塞了河流。土壤的耗竭或真菌的出现经常迫使种植商放弃原有的种植园,转而在森林中开辟新的种植园。

世界人口的增长导致了蛋白质需求的上升,而其中很大一部分需求是依靠海洋得到满足的。几个世纪以来,北海、波罗的海和大西洋西北部等经过重度开发的老渔场一直存在鱼类资源下降的问题。随着 19 世纪蒸汽动力技术的进步,这个问题变得更加突出。尽管如此,战后的科学家和渔民对海洋潜力仍保持非常乐观的态度——1955 年出版的《取之不尽的海洋》(*The Inexhaustible Sea*)的书名便印证了这一点。

最早令国际社会对海洋物种消失引起警惕的是捕鲸行业。19 世纪晚期,挪威人发明了高效的鲸工船,这种船利用大炮发射致命的爆炸鱼叉,并借助漂浮技术防止鲸鱼尸体沉没。虽然煤油灯取代鲸油灯给予鲸鱼以喘息的机会,但鲸油作为工业润滑剂具有独特的作用。在 20 世纪 60 年代末之前,每辆装有自动变速箱的汽车所用的传动液都含有抹香鲸油。鲸油对洲际导弹弹道起润滑作用。20 世纪 70 年代,公众对全球鲸鱼数量下降的强烈抗议最终迫使大多数国家停止或大幅减少捕鲸。经过大量研究,汽车制造商合成了一种鲸油的替代品。自 20 世纪 70 年代以来,鲸鱼数量稳步增加,但仍远低于 1850 年的水平。

更重要的是,技术的发展可能会令海洋中的鱼类变得几乎荡然无存。20 世纪 60 年代,英国人发明了带有冷冻鱼舱的大型拖网渔船,能让渔民远离北海资源枯竭的老渔场,深入北极捕鱼。拖网渔船装有可供在船上拉网的艉门跳板，以及用于加工鱼肝油和鱼粉的设备。东欧国家的人则开发了水上渔村。今天，巨型加工船会在遥远的水域航行（为降低返回港口的频率，船上配有医务人员和船员娱乐设施），小型拖网渔船的船队会将鱼运到母船上，供母船进行加工。来自日本和中国台湾的类似的远洋船队也加入其中。这些船队使用声呐来寻找鱼群，令海洋生机不再。新发明的海底拖网技术和由新型材料制成的渔网，让渔民能够捕获一整群鱼，令海底变成一片死气沉沉的荒野。渔船会将死亡或垂死的海龟、海洋哺乳动物、珊瑚等不具商业价值的"副渔获物"扔回大海。在渔船返航后的很长时间内，数千英里的废弃渔网和渔具在海上漂浮，造成海洋生物的死亡。沿海的污染也将鱼类赶尽杀绝，污水和化肥中的氮引发的富营养化更是造成了越来越多的死亡地带。

陆地上的生物多样性面临着来自多个方面的严重威胁。商业种植园、农场和牧场的扩张破坏了森林，侵占了许多生物的栖息地。收藏家、爱好者和异国狩猎拉动了对许多鸟类、爬行类、哺乳类和鱼类，尤其是稀有物种的需求。许多非本地物种会逃到或被放生到新的土地上，比如出现在佛罗里达的亚洲蟾胡子鲶，以及出现在得克萨斯南部的日本雪猴。这些物种偶尔会像佛罗里达大沼泽里的缅甸蟒一样，对当地的生态系统造成严重破坏。一些特意引进（往往出于美好的意图或拥有有力的科学支持）的物种变得具有侵略性，会改变生态系统，而且有时还会颠覆生态系统，例如入侵印度的北美刺梨仙人掌、入侵英国的美国灰松鼠和入侵美国的亚洲鲤鱼。最后，对象牙奢侈品等的需求带动了非法的国际贸易，令大象、犀牛、老虎等动物濒临灭绝或彻底消亡。

廉价的国际运输带来了一些令人讨厌的入侵物种。在船舶的货物和压舱水里，在飞机的货舱和客舱中，在旅客的鞋子和衣服上以及他们的行李箱和身体内，在板条箱和集装箱里，微生物、种子、海洋生物、昆虫和小动物每天都会"搭着便车"从一个大陆来到另一个大陆。有些能和当地的动植物良性融合；而少部分会造成巨大的破坏，例如19世纪摧毁北美大片栗树林的真菌，以及至今仍在导致全球两栖动物灭绝的真菌。在有意或无意的物种灭绝和物种转移之间，人类过去曾经且如今仍在重塑全球的生态系统。

用后即弃资本主义

走进沃尔玛或宜家这样的大卖场，就像走进了一个廉价商品的聚宝盆。前几代人希望衣服和家具等物品能够经久耐用，而这些物品如今也被纳入了计划报废的行列。这些物品价格低廉，而且根据设计理念很快就会被丢弃。快时尚结合了高速度、低成本、低价格、高利润和高环境影响，完美地说明了消费资本主义以牺牲自然界为代价，通过加快资金从一个口袋流向另一个口袋的速度来获利。快时尚以闪电般的速度将服装从供应线和零售店销售区送到顾客手中。今天，美国人买的衣服数量是1980年的6倍，平均每件衣服穿7次。消费时尚行业在从种子（或者说化工厂）到垃圾场的全过程中都会造成环境问题。在种植和加工棉花、制造人造纤维以及处理布料和染色方面，这一行业大约使用了全球化学制品产量的1/4。如果美国人穿厌了一件衣服，他们会将它捐给慈善机构或者捐往非洲（仅肯尼亚一个国家每年就会收到11万吨衣服），又或者扔进垃圾桶。如今，美国人每年都会将数千万吨衣服扔进垃圾填埋场，这一数字约为20年前的2倍。制造商和零售商则会对占到20%的滞销服装做掩埋、粉碎或焚烧处理。

再加上1970年以来一次性产品的激增。许多一次性产品是在20世纪20年代甚至19世纪发明的，但根深蒂固的节俭思想和对浪费的抵制限制了这些产品的普及，大萧条和战时的定量配给更是强化了这种态度。不过，战后的繁荣削弱了这种阻力。广告宣扬了"自由"和"便捷"的价值观，不再推崇耐用性或持久性。20世纪60年代和70年代，一次性产品变得无处不在。麦当劳等快餐店使用大量的一次性包装、杯盘、餐具、纸巾等物品。很快，各家公司纷纷推出了一系列家用一次性用品：纸盘、纸杯、纸巾、毛巾、桌布、塑料吸管和餐具，个人用品，医用手套和清洁手套，牙线，尿布，塑料袋和垃圾袋，等等。难怪连衣服和家具都是一次性的。每周，亚马逊的仓库会将数以百万计使用过的物品和退回的物品（通常还带着包装）送到回收中心、垃圾填埋场和焚化炉，因为处理这些物品比让它们占用仓库货架更划算。

城市已经没有空间用于倾倒废弃的消费品了。一方面，在过去的75年里，欧美普通家庭产生的垃圾的重量减少了，人们不再丢弃玻璃或炉灰等重物。另一方面，垃圾填埋场的容量已经达到了极限，每个城市都必须在某一时刻找到新的地方来倾倒垃圾。当然，这并不容易实现，因为合适地点周围的居民会加以抵制，他们很少会接受其他地方的人将垃圾倒在自己的地方。洪水、侵蚀等自然现象的发生往往意味着，旧的垃圾填埋场里的垃圾不会一直藏在地下。

塑料时代

20世纪70年代以后属于"塑料时代"。塑料廉价耐用、易于成形，拥有从透明到黑色的任何颜色。塑料根据需要可柔可硬，功能多得超乎想象，在日常生活中拥有成千上万种用途。然而，塑料的耐久性和耐腐性造成了巨大的环境问题。由于塑料通常不能被重复使用或加以修复，大多数人都会丢弃或回收塑料。由于相对贫困国家的垃圾处理服务不完善或存在空白，环境问题（特别是海洋环境问题）在2000年后急剧升级。在北太平洋、北大西洋、南太平洋、南大西洋和印度洋的中心漂浮着巨大"垃圾带"，规模比大多数国家都要大。海上航线上源源不断地漂着塑料垃圾。在2019年马里亚纳海沟（世界上最深的地方）底部的一次考察中，人们发现了一个塑料袋。另外，塑料对人类健康也有危害。塑料不仅含有能与内分泌系统相互作用的化合物，还会模拟激素，扰乱性发育和性功能，而且会促进癌症发展。

塑料会在环境中存留数千年。水域中的塑料袋有时看起来可以食用，会令生物窒息，堵塞它们的消化道，而且会缠住鸟类和海洋生物。塑料会分裂成更小的碎片，而不会分解。当塑料碎裂成微小颗粒时，处于食物链底端的水生生物会吸收这些颗粒，然后这些颗粒会沿着食物链向上移动、不断富集。另外，人造微纤维也会通过洗衣水进入食物链中。塑料垃圾令身处塑料时代的一切生物都难以喘息。

晚期消费资本主义景观

随着工业资本主义和消费资本主义的全球化，城市蔓延现象也呈现出全球化的趋势。仅在100年间，城市居民占世界人口的比例就从10%上升至50%。人口不断增长，农村居民加速外迁，收入增长，大都市扩展到了周边地区。每个地区都有其特定的城市蔓延形式。欧洲和亚洲的城市人口密度都不及美国小。在收入较低的非洲，城市人口的密度非常大。人口密度和人们移动、运输货物及物资的方式相关联。在步行或骑行较为普遍的地方，人口往往较为密集。完善的公共交通或机动车的普及会鼓励人们住得更远。汽车的购买增加了道路建设的需求，而道路建设占用了土地，这进一步降低了人口密度。所有处于蔓延进程中的城市都具有无规划、低效率、低密度、单用途、分散和跳跃式发展的典型特征，而且商业街区的数量也会快速增长。相较之下，作为经济社会问题的一大症状，俄罗斯的城市自1991年起不断萎缩，出现了反向蔓延的现象。

城市蔓延具有重大的环境影响。从最基础的层面来看，建筑物的兴建和道路的拓展扩大了不透水面积，进而导致洪水泛滥，雨水难以下渗至含水层。沿着街面而下的水流很快就会将废弃物、垃圾、塑料和汽车残余的汽油冲入河流和海湾中。在政府腐败、低效或资金不足的城市中，公共服务和基础设施往往比较落后。数百万人面临着清洁水源不足，下水道、道路或废弃物处理设施匮乏的问题。政府即使修建了自来水厂和负责排污的下水道，往往也缺少资金来处理污水。根据其自身性质，处于蔓延进程中的城市会释放更多的污染物。随着人口密度的下降，采暖和制冷所用的能源会相应增加。城市地区的碳排放量约占全球的78%，居民用水量约占全球的60%，工业用木材的消耗量约占全球的76%。城市的快速扩张还需要大量的木材、水泥、煤炭及钢铁等金属，每种材料在自然资源的开采、加工和运输方面都有相应的环境成本。空气中的污染物会损害健康，阻碍植物生长。最后，城市在白天吸收热量，在晚上将热量释放到大气中，这会改变当地的气候模式，增加对耗能较多的空调的需求。

能源——煤炭

随着消费资本主义的发展，能源消耗不断增加。化石碳产生了世界上的大多数能源，其中价格低廉、分布较广的煤炭是最重要的能量来源。欧洲和北美的煤炭使用量一直都很大，但处于工业化进程中的印度的煤炭使用量已经远远超过这两个地区。这个亚洲大国拥有大量可开采的煤矿，这些煤炭为其工业领域和民用领域提供了大部分能源。印度的钢铁工业依靠煤炭，尽管印度因为本国煤炭的质量较差，不得不为了炼钢而进口更高质量的煤炭。可由于当地没有可替代的燃料，印度的发电厂只能燃烧松松软软、产生大量烟雾和煤灰的本国煤炭。

战后的经济增长需要开采更多的矿，这是历史最悠久、环境影响最大的一种采掘业。尽管美国对油气能源也有巨大的需求，但在 20 世纪 50 年代和 60 年代，其煤炭需求增长迅猛。20 世纪 70 年代，石油危机爆发，人们对煤炭这种可以替代不可靠的、由国外供应的能源重新加以关注。弗吉尼亚州西部和肯塔基州连绵起伏的青山为了开采煤矿而付出了惨重的代价。19 世纪 80 年代，铁路的到来使得在偏远地区开采高质量煤层（这一煤层也穿过毗邻的宾夕法尼亚州）成为可能。1945 年以后，矿业公司越来越多地转向露天采矿。和传统的地下采矿相比，露天采矿成本更低，所需的工人（而且是非工会工人）也更少。20 世纪 70 年代和 80 年代，新发明的 20 层楼高的大型索铲挖掘机能将山顶挖开，以开采下面的煤炭，并将所谓的表土层倒入山谷。尘埃云和被污染的流域困扰着当地社区。采矿令煤炭资源耗竭，曾经的青山变成了贫瘠的平地。20 世纪 70 年代，美国煤炭公司开辟了新的矿区，发明了成本更低但对环境破坏更大的露天采矿法。位于怀俄明州和蒙大拿州的粉河流域位置偏远，煤床很厚、很浅、含硫量低、灰分低，铁路运费的下降以及对硫排放的规定促进了此处的开发。到了 21 世纪初，巨型挖掘设备令怀俄明州的区区 30 个露天煤矿（包括世界上最大的煤矿）每天生产出 100 多万吨煤，每年生产近 5 亿吨煤。

露天采矿在世界上的其他地方也很常见。20 世纪 70 年代，跨国能源公司莱茵集团买下了德国科隆附近古老的哈姆巴赫森林，一个世纪以来，露天煤矿的开采在这里就很常见。莱茵集团砍伐森林，并开始挖掘下面的褐煤。自 20 世纪 90 年代以来，一辆巨型斗式挖掘机（也是陆地上最高的车辆）一直向地球深处不停挖掘。一些表土层堆成了一座人造山，但大部分被用来填补附近已经开采殆尽的露天煤矿。挖掘机已经挖到了海平面以下几百英尺的地方。为保持矿井干燥，地下水被抽取出来，这降低了地下水位，令河流和泉水干涸。细小的尘埃形成的巨大云团也损害了当地居民的健康。附近的发电厂燃烧从哈姆巴赫森林开采的煤炭,并将其中所含的有毒的汞排放到空气中。对古老森林的破坏令哈姆巴赫成了德国最著名的露天褐煤矿,但除了哈姆巴赫还有许多其他的露天褐煤矿,特别是在前东德地区。

  印度的煤炭开采对环境造成的影响与欧洲和北美的情况相类似,但印度人口更多、密度更大,这无限放大了这些影响。洗煤厂的废水含有颗粒和油脂,它们汇入了溪水和河流。水道中充满了矿山排放的酸性废水以及从地下矿井和露天矿山中抽取的含有重金属和有毒物质的水。矿渣堆积场令土地变得贫瘠,在地面上堆起了一座座缺少有机质和氮、磷、钾的土堆。印度力求妥善处理其劣质煤炭产生的煤灰,这些煤炭往往含有有毒金属。印度煤炭含硫量较高,会造成酸雨和近地面臭氧。新德里的天空经常因烟雾而变得暗淡,这让数百万人的健康面临风险。

能源——石油

  石油能源是消费资本主义的命脉,拥有许多吸引人的地方。很多国家开发石油资源是为了摆脱烟雾弥漫的煤炭,还有一些国家是因为国内的煤炭储量很少,而石油储量很多。美国和北海周边国家希望能对国外供应不稳定地区的石油减少依赖。随着世界各国推进从煤炭到石油和天然气的能源转型,全球的石油和天然气产量在1970年左右超过了煤炭。

  有几个因素使得石油产量的增加成为可能。1945年至1970年,在波斯湾地区、美国、苏联、利比亚和阿尔及利亚,数十个重要的新油田投入生产。1973年和1979年的石油危机令油田的开发变得更加紧迫,美国阿拉斯加、加拿大油砂分布地区、波斯湾各国、北海各国、墨西哥、利比亚、俄罗斯、哈萨克斯坦、尼日利亚、巴西、中国纷纷开发了大型油田。由于水力压裂技术、深水钻井技术和油砂处理技术的改进,旧的油田生产出了丰富的石油和天然气。水力压裂技术令美国的石油和天然气产量在21世纪飙升,并使美国从20世纪70年代初以来首次成为石油净出口国。然而,自1980年以来,由于石油的产量超过新发现油田的储量,能源的投资回报率有所下降。未来,石油的产量将会下降。

石油的生产会对环境造成危害。"托雷·坎荣号"昭告着灾难性泄漏的到来。1989年,"埃克森·瓦尔迪兹号"在阿拉斯加州威廉王子湾触礁,造成了极为严重的生态灾难。1978年在法国布列塔尼海岸发生的灾难性的"阿摩科·卡迪兹号"事故泄漏的石油、1979年在特立尼达和多巴哥共和国发生的"大西洋女皇号"事故、1983年在南非发生的"贝利韦尔城堡号"事故,以及1991年在安哥拉海岸发生的"ABT夏日号"事故,都远远超过"埃克森·瓦尔迪兹号"的泄漏量。20世纪90年代,新造油轮按规定必须具有双层船壳,大型泄漏事故的规模和数量因此大幅下降。

石油钻井平台和油田的生态灾难要严重得多。1979年发生在墨西哥伊克斯托克1号平台的灾难对墨西哥湾西南部造成了恶劣的影响。2010年,英国石油公司的深水地平线钻井平台发生爆炸并引发火灾,严重破坏了墨西哥湾沿岸的渔业和生态。在陆地上,1991年第一次海湾战争期间科威特和伊拉克被蓄意破坏的油田更是引发了一场风暴性大火。不过,世界各地成千上万大大小小的石油泄漏事故没有得到太多的宣传报道。相比之下,全球不计其数的管道和铁路油罐车泄漏事故显得不那么引人注目,但其中一些对土地和水道造成了重大破坏——即使这些影响发生在局部范围内。管道很容易受到破坏、盗窃、泄漏和事故的影响,但是,由于并非所有国家或公司都会如实地报告这些情况,我们很难获得石油泄漏的相关数据。

石油能源会引起许多环境问题。尽管人们为了减少汽车的尾气污染已经付出了巨大努力，但城市仍然经常遭受雾霾和臭氧层破坏所带来的困扰。相对贫困国家的城市在没有太多规划的情况下迅速发展，街上满是价格低廉或保养不善的汽车，天空中弥漫着光化学烟雾。在汽车尾气的影响下，巴基斯坦的卡拉奇、印度的德里、尼日利亚的拉各斯和美国的洛杉矶被列为世界上空气质量最差的城市。洛杉矶、墨西哥城和喀布尔周围的山脉也阻挡了烟雾的消散。由于雾霾、扬尘、垃圾焚烧、家庭火灾和燃煤工业，贫困国家的公民不得不呼吸着世界上最糟糕的城市空气，每年都有数百万人因此早逝。

污染、空气和气候

工业资本主义从欧洲、美国和日本向外蔓延至世界其他地方，紧随其后的消费资本主义则为世界各地的社会、陆地和海洋带来了巨大的变化。越发明显且或许最令人震惊的是，消费资本主义也改变了所有生物赖以生存的大气。如果空气污染仅出现在城市地区，人们或许可以忽视它，但空气污染还会导致酸雨、臭氧层损耗和全球变暖等问题，这些问题都是不分边界的。

含硫的煤炭所产生的烟雾影响着下风处的湖泊、河流和森林。硫燃烧后变成了二氧化硫，与空气中的水分结合后会生成硫酸。硫酸会通过降水重新回到土壤中，破坏或杀死水生生物和森林。高高的烟囱虽然减少了当地的污染，却将污染扩散到更远的地方。加拿大、挪威、瑞典、波兰、日本和菲律宾等下风处的国家因而对其他国家的发电厂所造成的破坏表达了不满和抗议。

20世纪60年代和70年代，制造商将许多产品放入喷雾罐中以便使用。氟利昂是最好的无毒惰性推进剂，可以用于冰箱和空调的制冷。20世纪70年代早期，科学家们发现，所有释放到大气中的氟利昂都会被留在那里。氟利昂会一直上升至平流层，和太阳的能量产生反应，从而消耗能够保护生命免受紫外线辐射伤害的臭氧层。此外，科学家们还发现，人造肥料等化学制品也会释放出使臭氧层变薄的分子。1985年，卫星在南极上空探测到了一个巨大的臭氧层空洞，从而证实了上述理论。

与此同时，越来越多的科学证据表明，全球气候正在变暖。其中带来最大影响的就是燃烧化石燃料产生的二氧化碳的排放，同时，人类释放的甲烷等温室气体也会加剧全球变暖。气温上升最快的是南北两极地区，冰川正在消融，这对依靠冰川获得夏季稳定供水的人们产生了负面影响。格陵兰岛和南北两极的冰盖正在融化，海平面随之上升，存在淹没沿海城市和栖息地的风险。永久冻土也在融化，释放出长期以来冰封在地下的甲烷。干旱愈发严重，雨季更为潮湿，飓风和其他风暴也变得更强、更猛烈。大量的害虫在温暖的冬季存活下来。动植物必须迁离难以适应的温暖干燥的环境，否则只能等待死亡的降临。森林里的树木干枯死亡、燃烧殆尽，释放出更多的碳。全球性的气候灾难悄然而至。

自工业革命开始以来，人类释放的二氧化碳大约有一半被海水吸收，形成了碳酸。现在，海水的酸性足以对生物产生影响。贝类、珊瑚和许多其他生物的骨骼的主要成分是碳酸钙，而碳酸钙会在酸性水中溶解。随着海洋栖息地变暖，鱼类和海洋哺乳动物被迫迁移至较冷的水域，海洋酸化有可能会破坏整个海洋生态系统。

到了 21 世纪初，所有这些影响的迹象都很明显。许多迹象达到了科学家们在 1900 年预测的上限。这些趋势正在加速发展，就像顺坡而下的雪球，有酿成雪崩的危险。

走向无限,超越无限

2018年,杰夫·贝佐斯荣登世界首富,成了当代最富有的人。2021年7月5日,他辞去亚马逊首席执行官一职,担任执行董事长。

亚马逊、阿里巴巴等全世界的在线零售商在加速经济发展和改变全球经济方面发挥了主导作用。在这些公司的影响下,消费比以往任何时候都更容易,商品更便宜地以不可思议的数量从供应商处送到消费者手中。如今,亚马逊和少数几家只对股东负责的大型跨国公司支配着全球经济的众多领域。

第九章 环保主义的崛起和全球化

运动的诞生

在20世纪60年代以前,美国的普通公众对政府、制造业、广告、销售技巧和消费之间错综复杂的关系知之甚少,遑论它们对环境的各种影响。然后到了1962年,赫赫有名、广受欢迎的美国自然作家发表了对化学工业的猛烈抨击——蕾切尔·卡逊在《纽约客》杂志上连载发表《寂静的春天》,并于那年夏天出版同名图书,引起了轰动。美国总统约翰·F.肯尼迪要求他的科学顾问调查书中的说法,他们在1963年的报告中基本证实了这些说法。对此,化学工业发起了一场愤怒的反对运动,对《寂静的春天》和作者本人表示抗议。这本书引发了大量的讨论、辩论,受到了赞扬和诋毁,这标志着旧的自然资源保护运动向现代环保运动转变。

10年之后,《只有一个地球》出版,环保主义登上了世界的舞台。在斯德哥尔摩第一次全球性的地球峰会的加拿大籍秘书长莫里斯·斯特朗的要求下,英国经济学家芭芭拉·沃德和法国生物学家勒内·杜博斯合著了这本书。该书以肯定的态度对《寂静的春天》加以引用,但将其论点置于更广泛的背景下，并提出了截然不同的解决方案。沃德坚持认为，要解决全球环境问题必须考虑到全球南方的贫困问题。这里首次阐述了可持续发展的理念，并将其以后殖民主义而非资本主义的方式表达出来——沃德从未提到过资本主义。与《寂静的春天》相比，《只有一个地球》对全球环保运动的预测更有先见之明。

正如自然资源保护运动批判了工业资本主义对资源的盲目渴求，在发达国家中，环保运动对消费资本主义引发的环境问题也发起了挑战。环保运动兴起于繁荣发展的社会中，最早出现在美国，一二十年后出现在欧洲，然后以较小的规模出现在世界上的其他地方。环保运动是一项不具共同议程的零散运动，涉及分别关注野生动物、保留自然环境面貌地区、污染、水坝、环境正义、人口等诸多问题的、不断变化的利益集团联盟。正如自然资源保护运动并未从根本上挑战工业资本主义一样，环保主义作为对消费资本主义所引发的环境问题的回应，亦并未对消费资本运动发表条理清晰的批评，也未对其提出切实可行的替代方案。就像其他一切都受制于消费者的价值观一样，环保主义仅能提供缓和问题的权宜之计。不过，或许这就是我们所能期望的全部了。

明日的寓言

新教改革宗在美国文化中占据了 100 年的主导地位（其权力被逐渐削弱，到 20 世纪 70 年代没落至边缘地位），卡逊属于这一时间段里的最后一代人。1907 年，卡逊出生于宾夕法尼亚州斯普林代尔（位于匹兹堡上游约 16 英里处）一个信奉苏格兰-爱尔兰长老会的工薪家庭。作为长老会牧师的外孙女，卡逊的一生都很严肃认真。她从孩提时代起便居住在城镇边缘的房子里，成长过程中与自然世界接触很多，而且参加过自然研究——新教改革宗认为自然研究对儿童来说具有很高的道德价值。卡逊毕业于长老会附属的宾夕法尼亚女子学院,并在约翰斯·霍普金斯大学获得了生物学硕士学位。由于家庭经济状况不佳、父亲过世,再加上经济大萧条,她的博士学习计划化为了泡影。卡逊曾为美国鱼类和野生动物管理局的前身机构撰写宣传材料。她还利用闲暇时间为科普读物撰写科学故事。新兴的海洋科学令卡逊为之着迷,于是她撰写了3本关于海洋的畅销书。由于在写作上大获成功,卡逊在1952年辞去工作,并开始全职进行创作。

20世纪50年代晚期,卡逊开始涉及一个令她义愤填膺的话题。早在10年前,卡逊曾读到过有关DDT等新型杀虫剂的非预期效应和受害者的报告。这些化学制品在战时因阻止由昆虫传播的流行病和拯救生命而享有盛誉,后来越来越多地进入民用领域。太多的农民和企业、机构不加区分地使用这些杀虫剂,而没有考虑到它们对生态和人类健康造成的危害。卡逊撰写的有关海洋的书籍令其能够接触到国际科学家关系网,这些科学家会将最新的有关杀虫剂的科学知识传授给她。

对有欠考虑地滥用杀虫剂行为的强调是《寂静的春天》的主要贡献,不过这本书探讨得更为深远。卡逊描述了由教育机构、政府机构和私营企业组成的、在企业实验室里制造并推广有毒化学制品的环环相扣的系统。农业院校从企业捐赠中获益,引导具有潜在农业用途的化学制品的研究。为了追求提高产量和降低农业风险的长期目标,美国农业部鼓励农民使用化学杀虫剂、除草剂、杀菌剂和化肥。收取提成的化学工业推销员在金钱的刺激下,将尽可能多的化学制品卖给尽可能多的农民。公司还会利用轻松欢快的广告来销售危险有时甚至致命的化学制品,从而消灭家里和花园里的害虫。

卡逊认为,以上行为的结果是化学制品的轻易使用和滥用。试图消灭害虫的美国地方政府在居民区喷洒据称无害的DDT。除了成本,农民和许多房主几乎没有理由不使用或限制使用化学制品。许多人忽视了有关使用此类产品的剂量和频率的警告。农民们发现，杀虫剂会杀死目标害虫，也会杀死抑制目标害虫的物种。此外，数年之后，杀虫剂杀灭了易感昆虫，只留下少数具有遗传抗性的昆虫。农民们不得不使用更多化学制品或者改用更致命的替代品才能达到同样的效果。

《寂静的春天》描述了这种破坏。过度使用或意外事故导致了疾病和杀害。杀虫剂和除草剂破坏了生态系统。鱼和鸟在捕食有毒的昆虫后会中毒或者出现繁殖问题，进而又令捕食鱼和鸟的生物中毒。沿着食物链每向上一步，化学物质都会变得更集中、更致命。人类会通过农产品上的残留物摄入这些化学物质。中毒只是其中的一个风险。证据表明，这些化学物质和癌症有关。

卡逊得出的结论是，少量谨慎地使用化学制品对于控制昆虫是有效的。她讨论了控制害虫的非化学解决方案，并呼吁研究人员和科学家将研究转向自然的解决方案，而非造成生态破坏的暴力方法。

从书名来看，《寂静的春天》似乎是一本有关鸟类数量减少的书，但书中关于对人类健康危害的段落（包括第一次提到癌症）让公众倍感震惊。图书行业发言人试图将读者视为观鸟者和自然爱好者，这过于浪漫、感性，不便于理解科学和经济的复杂性。《寂静的春天》促进了对农用化学制品所引起的问题的研究，引发了限制或禁止农用化学制品的争论。然而，化工等行业仍然研制并销售新型化学制品。如今，这些化学制品大量存在并销往全球，仍在制造卡逊在1962年所谴责的问题。

《寂静的春天》让资源保护论者大为震惊。这本书几乎没有触及水、土壤及其他资源保护，以及野生动物保护等传统问题。但书中有关人类和自然世界在生态上相互联系的中心论点比传统的自然保护主义具有更广泛的影响。然而，《寂静的春天》又回到了乔治·帕金斯·马什的《人与自然》以及西奥多·罗斯福和吉福德·平肖的资源保护运动的道德核心上。卡逊的书究其本质算是一本布道书，最后的"恩台呼召"提供了生态救赎和化学诅咒两种选择。《寂静的春天》提到，对利润的贪婪是一切环境问题的根源，这会腐化政府、教育机构和科研机构。卡逊的道德观点引起了强烈的反响，一部分是因为新教改革宗对美国文化和政治的影响仍然能够引起公众的共鸣，还有一部分是因为美国早期环保运动的大多数主要人物都赞同卡逊的长老会的道德观点。

《寂静的春天》将杀虫剂问题追根溯源至现代消费资本主义的运行方式上，但是卡逊并未这样措辞——冷战期间，对资本主义保持沉默无疑是一种必要的策略。同时，卡逊并未思考她所描述的体系的替代方案，她只是揭露了体系的腐败问题。由于担心杀虫剂会带来意想不到的后果，虽然美国国会禁止或严格管制卡逊提到的所有物质，但美国政府从未寻求深度改革或解除政府机构、学术研究和公司之间的关系。同样，环保运动继续应对资本主义从污染到全球变暖的环境问题，却把资本主义本身视为其克星。

发展和环境

沃德只比卡逊小 7 岁，但她的条件足以令卡逊艳羡。1914 年，沃德出生于英国约克的一个上层中产阶级家庭。她的父亲是一名律师，也是一名贵格会教徒，迎娶了一位虔诚的天主教徒，这在当时是很不寻常的。与放弃了长老会信仰的卡逊不同的是，沃德终其一生都是一名活跃的天主教徒，从父亲那里沿袭了对正义和穷人的持久关注。她曾在巴黎的一所修道院学校、索邦大学和德国接受教育，并在牛津大学学习哲学、政治和经济学，在那里她参与了天主教团体，并且从事社会活动。自 1935 年毕业后，她在大学里担任继续教育课程的讲师，前往不同国家研究政治状况，并开始为报纸和杂志撰稿。她出版了几本有关国际政治和殖民主义的书籍，获得了不错的反响。沃德和卡逊一样，是一名非常有天赋的作家,她的作品吸引了读者的关注。二战期间,她开始担任《经济学人》杂志的工作人员。1942年,英国信息部任命沃德为战争发言人,于是,她飞往美国,在上至白宫、下至地方天主教会的不同地点发表演讲。战后,她观察了纽伦堡审判,出版了主张欧洲经济统一与合作的书籍。国际合作的主题贯穿了她的职业生涯。

1950年,36岁的沃德嫁给了一个澳大利亚人,此人在战后的联合国、澳大利亚和英国担任各种与经济发展有关的领导职务。这改变了沃德的人生轨迹。出于丈夫的工作原因,两个人前往澳大利亚,以及印度、加纳等摆脱殖民统治、希望发展经济的国家。20世纪50年代,他们在这些国家居住了许多年。和没有后代的卡逊不同,沃德在1956年生了个儿子。不幸的是,1957年,她和卡逊一样被诊断患有乳腺癌。沃德和卡逊皆因乳腺癌去世。卡逊于1964年去世,沃德于1981年因癌症复发去世。

由于具备丰富的经济学知识和后殖民经济发展相关经验,沃德成了著名的大学讲师和美国总统肯尼迪、约翰逊等领导人的顾问。她是第二次梵蒂冈大公会议幕后颇具影响力的力量,该会议将教会、教义和社会的主要焦点转向世界贫困这一道德和宗教问题。20世纪60年代,她对环境危机、环境危机与全球南方贫困问题的关系以及北半球国家对较贫穷国家的责任产生了兴趣,这些主题主导了沃德20世纪60年代和70年代的作品。在斯德哥尔摩会议后,她被任命为国际环境和发展研究所的首任主席,在去世前一直积极从事写作和演讲工作。

沃德的成就是将环境与发展的概念联系起来,这对全球北方和全球南方来说是两个独立的问题。她具有新教背景,并且关注贫困与环境问题之间的联系。她的作品反映了1970年后环保主义全球化后的变化。但是,她甚至都没有采取卡逊所用的发展塑造的方式来分析消费资本主义是如何导致贫困、发展和环境问题的。正如书名"只有一个地球"所暗示的，沃德的解决方案需要依靠世界各国团结起来，以善意和理解来解决共同面临的问题。

两次世界大战之间的自然资源保护

环保运动首先在消费资本主义发展最快的美国兴起。这一运动并非无中生有，前期有许多重要的铺垫。

美国的自然资源保护工作并未仅仅停留在进步时代①之后自然资源保护主义所做出的反应上。相反，在两次世界大战之间，美国人仍然非常关注自然资源保护问题。20世纪10年代和20年代，美国社会日益繁荣，汽车的大量持有以及道路条件的改善增加了露营、狩猎和垂钓的吸引力。休闲车、露营车、约翰逊舷外发动机、明亮的科尔曼煤油灯等新型消费品吸引着人们参加户外活动。战后大量过剩的军用步枪武装了一代的户外运动爱好者。但与此同时，有意向的垂钓者发现他们最喜欢的垂钓场所要么被填平了，要么被污染了。猎人们发现美国的野生动物已经被打猎爱好者、农民和职业猎人猎杀殆尽。武器制造商担心，由于缺少猎物，没人会购买枪支和弹药。作为回应，自然资源保护组织在20世纪20年代和30年代激增。为了汽车能够通行，偏远地区修建道路、大兴发展，作为回应，1937年荒野保护协会成立了。

大萧条时期，美国总统富兰克林·罗斯福和内政部部长哈罗德·伊克斯（一名来自宾夕法尼亚州西部的长老会教徒）对这些民间的自然资源保护工作进行了补充和强化。罗斯福组织了民间资源保护队，让失业的年轻人为国家政府和州政府建造公园设施、对抗水土流失、植树，等等。民间资源保护队向年轻人传授有关自然资源保护工作的知识，并为战后政府的环境倡议培养了满怀激情的受众。罗斯福还监督候鸟保护工

---

① 进步时代，特指1890年至1920年这一美国政治改良言行纷纷涌现的时代。

作的开展以及大型的国家野生生物保护系统的建设工作。伊克斯则推动建立了四个新的国家公园，其目的是保护野生生态系统，而非促进旅游或休闲娱乐。

20世纪30年代初，大平原上的生态危机引起了国际社会对人为破坏土地的警觉。严重的干旱和高温袭击了这片农民几十年前才开始耕种的区域。狂风席卷着荒芜的田野，掀起黑暗、可怕，有时甚至致命的沙尘暴。对此，罗斯福和伊克斯建立了水土保持局。黑色风暴的出现也刺激了生态学研究。植物学家保罗·西尔斯于1935年出版的经典著作《行进中的沙漠》(*Deserts on the March*) 普及了生态学概念，同时对全球范围内以黑色风暴为例的土地荒漠化的风险加以警告，在澳大利亚、苏联以及非洲，亦起到了警示作用。

战后的环境思想

进入战后繁荣时期的美国，对自然资源保护、生态环境保护有着鲜明的认识。20世纪50年代，美国公众很少像现在这样热切地阅读自然读物，卡逊在1951年出版了《我们周围的海洋》，这部获奖作品占据《纽约时报》畅销书排行榜长达86周之久，这是无可匹敌的成绩。她的《在海风的吹拂下》和《海的边缘》同样也很畅销。

《寂静的春天》中的生态理念在有关相互联系和相互关系的更大范围的全球对话中广为流传。二战惊人的残酷性和投掷原子弹的仓促结尾促使西方领导人携手防止类似灾难的再次发生。经济危机和生态危机似乎为法西斯主义和军事侵略的生根萌芽提供了肥沃的土壤。为促进国际和平与安全，反法西斯同盟于1944年成立了联合国。《布雷顿森林协议》和《关税及贸易总协定》为国际繁荣奠定了基础。联合国教科文组织力求促进科学和人文学科的国际化。

相互联系、相互关系和系统的概念在其他领域也很流行。1935年，英国生态学家阿瑟·坦斯利创造了"生态系统"一词，这个词在生物学中越来越有影响力。其他人将这些术语应用于机械、管理学和社会学中。20世纪40年代晚期，控制论和计算机系统不断发展。到了20世纪60年代，系统、系统分析和类似的术语在学术界、政府和商业文化中流行开来。"一个世界"的普遍理想促进了"环境"（environment，含义为我们周围的自然世界）这个新词的使用——这个词从1948年开始为自然科学家和生态学家所使用。卡逊将其作为《寂静的春天》中的一个关键术语："在全人类对环境的所有攻击中，最令人震惊的是空气、土地、河流和海洋受到危险物质甚至致命物质的污染。"20世纪70年代，系统论和控制论对詹姆斯·洛夫洛克和林恩·马古利斯的盖亚假说[①]产生了影响。

与此同时，反系统思想也在传播。技术系统和社会系统暗示着控制或者存在控制的可能性。对于许多战后的思想家来说，控制似乎属于可疑的极权主义。卡逊对美国农业部、农业研究机构和化学公司之间以攫取利润为目的的相互联系的控诉，呼应了美国总统德怀特·D.艾森豪威尔对"军工复合体"力量的警告。卡逊还对20世纪60年代的激进分子进行了设想，认为这些激进分子会对导致种族主义、贫困和战争的军事-企业体系加以谴责。在《寂静的春天》和后来的反主流文化的出版物中，自然系统是好的，而利润和政府系统是邪恶的。

《寂静的春天》利用了战后对核武器和核末日的恐惧。1948年的两本畅销书——威廉·沃格特的《生存之路》和费尔菲尔德·奥斯本的《我们被抢掠的星球》——也都充斥着世界末日的思想。对沃格特来说，战争期间和战后初期的饥荒、物资短缺以及疾病的流行显示了未来的预

---

① 盖亚假说认为，地球上的生命体和自然环境之间存在着复杂连贯的相互关系。这种相互关系使地球保持稳定，使生命存续。

兆。他在《生存之路》中写道，人口过剩正在令土壤和资源耗竭——这本书首次将人类活动与全球环境联系了起来。作为生物学家的奥斯本看到了最近的战争和人类对自然的掠夺之间的相似之处。他在《我们被抢掠的星球》一书中警告道，人类正从地球榨取大量资源，"人类首次成为一种大规模的地质力量"——这是有关人类世概念的早期表述。

1949年，苏联的原子弹实验大获成功，引发了一场核军备竞赛，进一步加重了有关世界末日的恐慌情绪，人们对人类文明的终结充满担忧。在偏远地区进行的核武器实验不仅令实验场地充满辐射，还将大量放射性粒子送入高空。科学家们发现，这些放射性粒子通过雨的形式，以超出预期的速度落回地面。它们进入食物链，在从植物到动物再到人类消费者的过程中不断富集。人体的肌肉、骨骼、牙齿和器官因此积累了致癌的放射性元素。1963年，忧心忡忡的政府就禁止露天开展核试验达成一致意见。《寂静的春天》明确强调了放射物等化学物质无处不在、静默无声、无形无味，而且可能是致命的。

政治和文化运动的起源

在肯尼迪要求他的科学顾问评估《寂静的春天》里的说法之后，环境问题变成了一个政治问题。美国国会为此召开了听证会（卡逊在这些听证会上作证），并在20世纪60年代和70年代就环境问题持续召开听证会。1963年，内政部部长斯图尔特·尤德尔在《悄然而至的危机》中表明了环境问题会如何塑造政府的观点。1964年，民主党总统候选人林登·约翰逊宣布了建设一个无污染的伟大社会的目标，这为1965年的《水质法》、1966年的《清洁水法》和1967年的《空气质量法》等重要的环境法的出台奠定了基础。

这时，环境问题频频成为美国的头条新闻，这是前所未有的，与其说反映了环境问题的加剧,不如说反映了公众对环境问题的新认知。这些头条新闻促使政府采取行动。1966年,纽约市出现了为期四天的逆温现象,城市里弥漫着致命的雾霾,由此促进了《空气质量法》的颁布。"托雷·坎荣号"触礁解体事件等提高了人们对石油泄漏的认识,1969年加利福尼亚州圣巴巴拉海岸附近的石油泄漏,以及俄亥俄州克利夫兰市炼油厂周围凯霍加河的火灾,促进了1972年《水污染控制法》的修订,令相关规定变得更加严格。1973年的石油危机则促使美国总统吉米·卡特于1977年向国会提交了一份综合性的能源计划,并成立了能源部。20世纪70年代中期,有毒废物储存场频频占据头条,其中最出名的一则新闻讲述的是在美国拉夫运河(位于纽约尼亚加拉瀑布区)有毒废物储存场上建造的学校和住宅区发生的恐怖事件。对此,美国国会于1980年通过了《综合环境反应、赔偿和责任法》,设立了超级基金,并将其用于清理被有害物质污染的场所。

在民众环保行动主义兴起的过程中,反对修建大坝的抗议活动发挥了重要作用。1955年,抗议活动阻止了在美国恐龙国家纪念碑修建大坝的计划;1968年,抗议活动又阻止了两座大坝的修建计划——原本,这两座大坝在修建后会淹没科罗拉多大峡谷的部分地区。反对修建大型水坝所需的生态成本和社会成本的民众运动,随后提高了人们的环保意识,推动了针对印度、苏联、非洲和南美洲大型水坝的行动。

反对核电站的地方组织也开始大量涌现。这些地方组织成功阻止了在加利福尼亚州博德加湾(位于圣安德烈亚斯断层附近)建设核电站的计划,该计划取消于1964年。20世纪70年代的抗议运动反对了新罕布什尔州锡布鲁克核电站和纽约肖勒姆核电站的修建计划,但并未获得成功。然而1979年,宾夕法尼亚州三哩岛核电站发生了异常严重的核事故,在之后的一段时间里,美国不再提出新建核电站的计划,此类计划在2000年之后才得以恢复。欧洲则继续兴建核电站,这一地区的反核电运动为20世纪80年代的绿色政党的兴起奠定了基础。

在如此强烈的民众环保意识之下,环保组织的成员数量迅速增加。美国国家野生动物联合会、奥杜邦学会和塞拉俱乐部在20世纪60年代分别增加了数万名成员,在20世纪70年代更是增加了数十万名成员。新的自然资源保护组织也开始大量出现。美国环保协会成立于1967年。国际环保组织地球之友成立于1969年。美国国家资源保护委员会成立于1970年。同年,侨居加拿大的美国人创建了绿色和平组织。1977年,从绿色和平组织中脱离出来的激进人士创立了海洋守护者协会。1980年,从荒野保护协会脱离出来的激进分子则创立了地球优先组织。

《寂静的春天》还塑造了20世纪60年代和70年代反主流文化的价值观。在相对舒适安全的氛围中长大的一代吸收了对企业、消费主义、因循守旧、20世纪40年代和50年代美国郊区社会的批判,并寻求能给生活和工作带来更大意义的其他选择。卡逊加深了人们对现代消费资本主义社会正在破坏自然和人类健康的恐惧。反主流文化将"系统""不自然"的现代郊区生活与"自然""天然"的事物对立起来,所谓"自然""天然"包括天然纤维、天然食品、自然分娩、天然药物、天然个人产品、自然主义(裸体主义)以及自然宗教。这一切伴随着对大规模生产的消费品的抵制、回归土地运动的盛行,以及回归自然的愿望发生。到了1970年,在年轻人中,出现了露营、背包旅行和徒步旅行的热潮。

20世纪70年代——美国环保10年

在美国,这些环保、政治、社会和文化的潮流汇聚于1970年4月22日。在参议员盖洛德·纳尔逊和他的工作人员的推动下,数百万人自行组织了当地的示威游行、演讲、宣讲会和许多其他和平活动来纪念地球日。在这个气氛紧张、充满分歧的年代,各个政治派别的人聚集在一起讨论环境问题,这确实非同寻常。政客们对此倍感震惊,但迅速做出了反应。总统理查德·尼克松成立了环境保护局。在接下来的 10 年里,国会通过了一系列环境法。1970 年,为恢复客运铁路服务,美国国铁成立。这一年还出台了《职业安全和健康法案》,旨在保护工人在工作场所免受健康危害。在 1979 年的第二次石油危机之后,国会出资成立了合成燃料公司和太阳能研究所。

1970 年不仅对美国而言是一个转折点,对国际社会而言亦是如此。美国文化通过多种渠道对战后的欧洲乃至全世界产生了影响。成千上万的美国士兵将美国音乐带给欧洲、日本和韩国的年轻人。美国的艺术、音乐、文学、电视节目和电影(通常经过翻译)以及蓝色牛仔裤等穿搭,随着美国士兵从大西洋和太平洋彼岸汹涌而来。年轻的欧洲人也敏锐地察觉到美国的民权和反战抗议活动,并在欧洲也掀起了此类运动。

对于环境的关切也在美国以外的国家生根发芽,尽管欧洲国家对环境的关注因其要从二战中恢复而出现了延后。《寂静的春天》被翻译成十几种语言,但这本书在欧洲并不畅销,而且不同国家的人对这本书的反应也大相径庭。瑞典对《寂静的春天》的反应超过了美国——瑞典有着欧洲历史最悠久、最受欢迎的自然保护组织,而且对问题采取务实的管理方法,因此能够快速做出反应。1967 年,瑞典成立了第一个综合性环境监管机构——环境保护委员会。1968 年,瑞典通过了第一部综合性环保法——《环境保护法》。而且,瑞典是世界上最早大面积反对残留性杀虫剂的国家。英国农民则不像美国农民一样依赖化学制品。10 年来,英国政府一直在应对杀虫剂问题,因此本书没有引起公众太多的议论。1964 年,英国政府和业界达成秘密协议,对最危险的杀虫剂加以禁止。英国政府还出台了 1985 年的《食品和环境保护法案》和 1986 年的《杀虫剂控制条例》,为这一自愿体系提供了法定基础。在荷兰,

《寂静的春天》给科学家和政府官员留下了深刻的印象。尾大不掉的荷兰政府监管机构行动缓慢，直到1966—1967年，DDT导致猛禽数量锐减，杀虫剂杀死了数千只燕鸥，监管的有效性才得以提升，但公众并未就此进行太多讨论。在1971年之前，西德联邦议院并未颁布综合性的环境法，而且在20世纪80年代之前，环保主义在政治上也只发挥了相对较小的作用。在丹麦、意大利、西班牙和法国，新闻界注意到了《寂静的春天》和美国的讨论，但得出的结论是，滥用化学制品是美国的问题，到此便结束了。

到了1970年，环境问题持续发出警示，令人无法忽视。1968年，瑞典提议就环境问题在斯德哥尔摩召开一次联合国会议。欧洲委员会宣布，1970年为欧洲养护年。颇具影响力的德国杂志《明镜》周刊推出了首个关于环境问题的封面故事。在1970年4月22日之后，美国有关环保的行动加快了步伐。1971年，数千人在法国阿尔萨斯游行反对原子能，这是第一次反对原子能的大规模游行示威。1972年，东德和法国成立了环境部（虽然东德的环境部在20世纪70年代末经济开始衰退时失去了影响力）。1972年，瑞典提议召开的联合国人类环境会议终于召开，这是第一次全球性的地球峰会。这次会议将持怀疑态度的全球南方国家与北方国家聚集在一起，中国亦参加了此次会议。南方国家要求先脱贫再考虑环境问题。中国的参会代表认为此次峰会具有启发性。而且，中国环保主义的萌芽也可以追溯至这次峰会。在此次会议的准备过程中，沃德和杜博斯出版了《只有一个地球》。此次会议还促成了同年联合国环境规划署的成立。1974年，农学家、生态学家勒内·杜蒙竞选法国总统，他是世界上第一位以生态学家身份参与总统竞选的候选人。

与沃德的《只有一个地球》相比，罗马俱乐部的《增长的极限》远没有那么充满希望，这本书在1972年出版后震惊了整个世界。《增长的极限》依靠麻省理工学院开发的计算机程序来探索指数型增长与有限资源之间的相互作用——地球系统和计算机系统的概念的逐渐融合使之成为可能。1948年诺伯特·维纳创造"控制论"一词后,美国生态学家H.T.奥达姆立即在生态学中运用控制论的概念。此时,美国军方对由计算机进行天气预报的相关研究进行了资助。罗马俱乐部将这些方法应用于战后人们普遍担忧的未来资源匮乏的问题,以及沃格特和奥斯本担忧的人口过剩的问题(美国生物学家保罗·埃利希1968年的畅销书《人口炸弹》加剧了这一担忧)的探究。《增长的极限》预测,21世纪中叶会出现经济崩溃和人口骤降。这本书在各大工业国成了一个热门话题,被翻译成30多种语言,售出了数百万册。自由市场经济学家嘲笑此书低估了市场为日益减少的资源寻找替代品的神奇力量。然而,此书极大地推动了环保主义的发展,在1973年的石油危机和随之而来的能源短缺似乎宣告了极限已经到来的时候就更是如此。几项2020年左右的重新评估认为,世界的发展和此书预测的情况惊人地相似。

绿党的兴起

到了1980年,全球对环境问题的认识大大提高,但环保主义仅在美国形成了一股政治力量。20世纪70年代,西德对酸雨导致大量林木死亡的恐慌加强了人们对污染问题的关注,但并未催生任何运动。一些工业灾难引起了人们对有毒化学物质的关注,这一问题在美国也引起了激烈的争论。1976年,意大利塞维索的一家化工厂发生事故,释放出有毒的二噁英。1986年,瑞士巴塞尔的一家化工厂发生火灾,消防水管在灭火时将杀虫剂和化学制品冲入莱茵河,杀死了鱼类,污染了下游至海洋的水源。1984年,印度博帕尔发生了严重的化工厂事故,造成3500多人死亡、15万人受伤,引起了全世界的愤慨,但几乎没有产生持久的政治影响。

反核运动推动了法国和德国的变革。左派的"68一代"[1]在民众抗议中认识到这是一场有着相似目标的政治运动，于是加入其中，带来了政治活力、对资本主义的怀疑和先进的社会态度。和《寂静的春天》一样，对由核武器导致的辐射和癌症的恐惧促使人们采取行动。1986年切尔诺贝利的灾难性事件在整个欧洲播下了恐惧辐射的种子，并促进了政治环保主义的发展，提升了政治环保主义的关注度。在从芬兰到新西兰之间的所有民主政体中，新绿党几乎都效法法国和德国的先例。

在美国，改革宗新教徒影响了环保运动的发展，相比之下，此前南方的奴隶制和大迁徙影响深远，这使南方各州对环保主义态度漠然。在欧洲，文化和宗教的发展史也影响了绿色运动的力度和方式。信奉新教的北部拥有最严格的环境政策和法律。在新教徒占少数的法国，大多数绿色思想家和人物都拥有新教改革宗的背景。没有新教背景的法国绿党领袖往往是此前参与1968年运动的资深人士。自20世纪50年代以来，西德的路德教神职人员就开始参与环境问题的讨论，他们对《寂静的春天》的回应比其他群体更为积极。在东德，路德教会为批评政府工业政策的环境评论家提供了一个政治上受保护的集会和活动场所。在信奉天主教的德国阿尔卑斯山地区和澳大利亚兴起了一场激烈的非宗教、非说教性的环保运动，其结果包括1970年德国建造了第一座国家公园——巴伐利亚森林国家公园。强烈的环保观点也盛行于信奉路德教的斯堪的纳维亚半岛，户外休闲的传统和荷兰、瑞士的新教人口更是强化了这一观点。挪威则出人意料地成了某种环保典范，促进了1973年哲学家阿恩·内斯提出的"深层生态学"概念。

---

[1] "68一代"是20世纪60年代末欧美国家学生运动、民权运动的发起和参与主体。

环保主义的国际化

《只有一个地球》预示着20世纪80年代和90年代环保主义维度的不断拓展。环保主义的深度增加，吸收了社会正义[①]的部分内涵，广度也不断增加，覆盖了全球的大部分地区。资本主义的全球扩张意识也在这几十年里不断提高，这绝非偶然——题外话是，20世纪90年代每次重大的国际经济峰会都会迎来反对全球化的示威游行——然而，单议题运动持续在全球环保主义中占据主导地位，如此便缺少重要的综合性提议来化解消费资本主义对环境的影响。

环境正义运动起源于1978年拉夫运河危机发生时的当地运动。在这次危机中，患病的居民发现他们的家园和学校曾经是有毒废物储存场。四年后，北卡罗来纳州在一个以黑人为主的农村贫困地区建设了一个用于倾倒多氯联苯污染土壤的垃圾场。于是，由黑人浸信会团体和民权组织领导的抗议活动爆发了。在接下来的一二十年里，美国各地的贫困群体和少数群体开展了大量类似的反对污染和修建垃圾场的抗议活动。位于路易斯安那州巴吞鲁日和新奥尔良之间、密西西比河沿河的石化工厂片区就是一个穷人和无权无势者承担有毒物质的极为糟糕的例证。抗议活动有时能促成补救措施的施行，但常见的情况是，公司通过诉讼成功逃避了惩罚或责任。

面对发展问题，世界其他地方在捍卫土著民族和农民的权利方面也出现了类似情况。在著名的印度契普克运动中，村民们联合起来，阻止砍伐森林。农民的权利与发展（或者说政府的管理）之间的关系原本就较为紧张，此次运动更是成了这种紧张关系的一次体现。亚马孙河流域和婆罗洲森林土著居民的困境也引起了欧洲和北美环保人士的愤怒。然

[①] 社会正义是一个社会学术语，指社会上不同阶层和领域之间付出和所得的公平性。

而，经验表明，成功捍卫其森林资源使用权的民族并不总是以被西方环保人士视为可持续的方式管理森林资源。

沃德是"在后殖民时代贫穷的全球南方国家和富裕的北方国家之间维护公平正义"这一观点的早期支持者。在斯德哥尔摩地球峰会后的几年里，北方国家变得更加强盛。20 世纪 90 年代，"将债务用于自然资源保护"成为一种常见的解决方案。然而，尽管以建立公园和野生动物保护区作为交换条件，一些国家的债务得到清偿或免除，但这些公园和野生动物保护区的建立和后期的监管维护令许多国家的实力变得更弱。而且，全球北方的环保人士担心，受影响地区的村庄或居民对资源的权利会被剥夺。于是，"将债务用于自然资源保护"的解决方案不再拥有大量支持者。南北正义的概念也随之消失。最近，人们越来越担心全球变暖问题对贫困人口的影响。贫困人口的消费水平很低，对全球变暖问题的责任最小。在天主教环境思想的发展过程中，沃德的行动主义取得了成果，促成了教皇方济各 2015 年的通谕《赞美你：关爱我们共同的家园》和类似文件的颁布。

《只有一个地球》里有一个颇具见地的章节，发出了对全球变暖问题的早期预警。20 世纪 80 年代出现了第一次全球环境危机，推动产生了一个非常成功的结果。20 世纪 70 年代，科学家们提出，喷雾剂、冰箱、空调、灭火器等设备中的氯氟烃会对臭氧层造成破坏。对此，氟氯烃制造商予以否认。但在 1985 年，卫星数据提供了令人信服的证据——南极上空的臭氧层出现了一个巨大的空洞，而且这个空洞还在不断扩大。于是，国际谈判迅速展开，促成了 1987 年的《蒙特利尔议定书》的签署，该议定书建立了监管框架，意图降低大气中的氟氯烃浓度。

沃德还对热带雨林面积的缩减提出了警告，这在 20 世纪 70 年代晚期和 80 年代引起了广泛的恐慌。地球优先组织的激进环保主义分支

"雨林行动网络"成立于1985年,该组织呼吁抵制对热带森林造成破坏的公司,并在组织成立的前10年里取得了显著的成功。哈佛大学的生物学家E.O.威尔逊在其1988年出版的《生物多样性》一书中普及了"生物多样性"的概念,为环保主义者提供了有助于保护未开发森林的强有力的新概念。21世纪,不断加速的气候变化突出了热带雨林在碳储存方面的价值,直到此时,生物多样性才在某种程度上淡出了人们的讨论范围。然而,亚马孙等热带雨林面积缩减问题的解决往往只是暂时的,尤其是当政府换届时,伐木工人、矿工、牧场主等乱砍滥伐者就会大量出现。

自1972年的斯德哥尔摩地球峰会开始,较为贫困的国家表明,相较于环境问题,经济发展更具优先权。当然,这对北方富裕国家提出的废除资本主义以拯救环境的提议造成了巨大的障碍。1983年,联合国决定成立世界环境与发展委员会,又称"布伦特兰委员会"(这一名称源于委员会主席、挪威前首相格罗·哈莱姆·布伦特兰的名字)。1987年,该委员会发表报告《我们共同的未来》,普及了"可持续发展"一词。根据报告的定义,"可持续发展"意为能够满足当下需求、无须牺牲未来需求的发展。

此后的地球峰会每10年召开一次。1992年举办于巴西里约热内卢,2002年举办于南非约翰内斯堡,2012年再次举办于里约热内卢,每次的主题都是可持续发展。美国并未积极参与其中,这主要是因为亲企业的共和党在1972年、1982年(此届政府阻止了肯尼亚内罗毕的一次地球峰会)、1992年和2002年为执政党,还有一部分原因是在2012年上台的民主党的内部,新自由主义观点的影响与日俱增。然而,自首次里约热内卢峰会开始,人们在气候变化、生物多样性、热带林木面积缩减、土地荒漠化、有害物质的国际非法交易、植物遗传资源、海洋渔业和可再生能源等方面达成了大量新的国际环境协议。

第九章　环保主义的崛起和全球化

应对全球变暖问题的失败

国际上在解决全球环境问题方面的最大失败就在于未能减缓气候变化的速度且未能逆转气候变化的趋势。环保人士未能削弱那些来自依赖化石燃料发展经济的国家的阻力。到了1980年，全球变暖问题对科学家而言颇为棘手，但并未对公众或政治家造成困扰。随着时间的推移，科学家们掌握了更多的证据，计算机模型变得更加复杂精确，一系列国际科学气候会议提出了令人不安的未来情景。科学家们极度希望影响政府政策，避免21世纪上半叶环境灾难的发生。

1988年，美国经历了创纪录的高温、严重干旱、极具毁灭性的森林大火和强劲的飓风，美国民众和新闻界开始将自然灾害归咎于全球变暖。1989年，比尔·麦克基本的畅销书《自然的终结》出版。此书是气候变化方面第一本面向普通读者的书，同样引发了有关气候的对话。时任英国首相玛格丽特·撒切尔曾是一名精通科学的化学研究员，她呼吁对气候问题采取行动、进行更广泛的研究。时任美国总统、共和党成员罗纳德·里根要求成立独立机构，从而让政府在政治上对气候问题产生影响。在此方面，联合国相关机构成立了联合国政府间气候变化专门委员会（IPCC）。虽然成员中来自沙特阿拉伯等石油国的科学家使其结论偏向谨慎和保守，但巨大的规模和国际化的构成令该委员会的工作极具可靠性。1990年，该委员会开始发布定期报告。自此之后，谨慎的措辞变成了呼吁政府行动的有力语言，对最糟糕情况的预测往往与现实非常接近，这一点十分令人不安。

1992年的里约热内卢会议促成了1997年的《京都议定书》，缔约方承诺将减少温室气体的排放。然而，在民主党总统比尔·克林顿领导下的美国未能令其生效，继任的共和党总统乔治·W.布什更是对其予以全盘否定。后续于2009年召开的哥本哈根会议并未取得成功，但2015年在巴黎签订的后续协定几乎囊括了世界上的所有国家。接着，受到广泛批评和抵制的是，共和党总统唐纳德·特朗普在2020年宣布退出《巴黎协定》。最后在2021年，民主党总统约瑟夫·拜登宣布重新加入该协定。《巴黎协定》为各国衡量控制全球变暖成功与否提供了一大标准，但并未对减少温室气体排放做出坚定承诺。

气候变化问题改变了全球环保主义的性质，令先前有关自然资源保护和污染的大多数问题都显得不那么重要了。当前的首要任务是尽快从化石燃料过渡到可再生能源。到了2021年，灾难就像环保人士勾勒的最具末日色彩的场景一样赫然耸现。森林大火在西伯利亚、美国西部、希腊和土耳其熊熊燃烧，失去控制。在总统雅伊尔·博索纳罗领导下的巴西政府允许加速砍伐亚马孙雨林。一些地方遭遇了破纪录的干旱，另一些地方则遭遇了前所未有的暴雨。飓风和旋风越刮越猛，带来更多的降雨。极地和格陵兰冰盖的融化速度比研究人员预测的还要快。地势低洼的城市和岛屿面临着海平面上升的问题。混乱威胁着几乎所有地方的生态系统。在波及范围、紧迫程度和对人类文明的威胁方面，任何其他环境危机都不能与气候变化相提并论。

企业化农业的环境挑战

环保主义引发了对依赖化学制品的转基因植物单一栽培和动物产品工厂化生产等工农业组合的强烈抗议。美国政府的政策，特别是在艾森豪威尔、尼克松和里根等共和党总统领导下的政府的政策，鼓励美国农场扩大规模，而农业部则促进了机械、人工肥料、化学杀虫剂、除草剂和杀菌剂的使用，从而提高了农场的产量。在绿色革命的影响下，这些趋势传播到了南半球。《只有一个地球》称颂了绿色革命在更好地为全世界提供食物方面的能力，同时对化学制品、侵蚀和盐碱化问题发出了警告。

　　在欧洲，1957年欧洲共同市场的建立促进了农业的自由贸易，同时允许各国保护本国农民免于竞争。价格保证为规模小、效率低的农场提供了保护。欧洲人借助《寂静的春天》适用于美国而非欧洲的事实来进行辩解，表示环境问题无关紧要。1970年，欧共体通过了"曼肖特计划"，以期增强欧洲农场的竞争力，减少对高价补贴的依赖。然而，高价补贴并未消失，因此，即便欧洲人比美国人吃了更多的高价食物，产量更高、规模更大的农场也还是产生了大量的农业盈余。法国成了仅次于美国的世界第二大食品出口国。自1990年以来，在全球化、欧盟东扩以及消费者和环保团体的压力下，政治上僵化、烦琐的欧洲农业监管体系被迫发生改变。然而，农业仍然受到严格管制，而且农产品价格很高。在欧洲和美国，农业综合企业和大型农业公司如今控制着几乎所有的食品。

　　针对上述现象，一场倡导有机肉和有机农产品的运动应运而生。20世纪上半叶，德国、英国和美国出现了非主流先驱性运动，并蔓延至附近国家。这类运动希望通过粪肥施加和作物轮作来提高肥力，从而促进土壤健康——这通常发生在宗教或神秘主义背景下。正如杰罗姆·欧文·罗代尔（原名杰罗姆·欧文·科恩）等人在罗代尔的《预防》杂志等出版物上宣传的，美国的运动聚焦人类健康这一主题。《寂静的春天》将健康的生态系统和人类健康牢牢地联系在一起，深入民众的心中。后来在20世纪60年代，研究人员还将常见的食品添加剂、人工甜味剂和癌症联系起来。美国的有机运动产生于反主流文化中希望吃到不含化学制品的健康食品、摆脱农业综合企业和大型食品公司影响的群体。

　　20世纪80年代和90年代，食用有机食品的年轻一代变得成熟、富裕起来。大型食品公司看到了潜在的市场。这一点，再加上对引进转基因动植物的抗拒，助长了对有机食品产量的需求。有机食品出现在了沃尔玛等连锁超市和大型零售商店的货架上。消费者还对肉类和乳制品生产中过度使用抗生素和激素感到抗拒。自 2000 年以来，对碳中和农业体系的渴望推动了有机食品需求的再次增长以及本地产食品的大受欢迎。此外，21 世纪 10 年代，受到广泛报道的科学研究描述了杀虫剂导致昆虫（尤其是蜜蜂等重要传粉昆虫）物种急剧减少的现象。自《寂静的春天》出版以来，依赖化学制品的单一栽培带来的灾害进一步加剧。

消费资本主义很快占领了无足轻重的有机食品体系。20 世纪 80 年代，主流消费者开始购买有机食品。政府和民间组织证实，生产商或营销商没有将传统食品以昂贵的有机食品之名进行虚假宣传。为在有机体系中建立信任，制定规则很有必要，但官僚化也令农业大户和大型公司得以进入有机市场。在欧洲和美国，健康食品商店和有机农场开始效仿它们的工业和企业同行。采用传统方式、认真负责的农民消失不见了，取而代之的是农业综合企业和大公司。跨国公司收购了小型有机食品品牌。一场旨在革新社会生产食物、食用食物的方式的社会运动转变成了一种面向消费市场的消费资本主义的盛宴。

确保工业化饲养条件下肉类的品质是一个较为棘手的问题。美国的法规往往有利于生产者的利益。欧洲人则认为，含有激素和抗生素的肉类是不健康的，并试图限制从美国进口肉类。1997 年，研究人员发现，"疯牛病"（即牛海绵状脑病）可能会导致食用受感染牛肉的人患上一种无法治愈的脑部疾病。用受污染的绵羊组织（显然，绵羊的组织原本并非牛的食物）喂养的英国牛也会感染这一疾病。于是，英国停止出口牛肉，并销毁了感染"疯牛病"的牛群。与此同时，媒体上流传着有关动物集中饲养常常出现非人道环境的恐怖故事。这些事件助长了人们对企业所生产的食物的怀疑，并提高了人们对用传统饲养方式获取肉类的需求。

拉丁美洲、非洲和亚洲的绿色革命迫使经济效率低下的小农迁移到不断发展的城市中去。美国人和欧洲人为当地古老的农业技术、种子品种和乡村文化的丧失感到悲哀。欧美的活动家还抨击欧美大型公司从贫困国家无偿获取遗传物质和植物品种，并将其培育成推广种子再卖给贫困国家的做法。

国际上对有机、低环境危害、低资源消耗、低污染的农业的需求在不断增长，这种情况先是出现在欧洲和美国，然后蔓延至日本、澳大利亚和新西兰。随着市场需求的变化，向这些国家出口香蕉、咖啡和茶叶的种植园采用了有机技术。有时，消费需求也可以令整个体系发生改变。

大公司和环境

虽然消费资本主义是推动环境问题产生和发展的引擎，但其本质上并不反对一个更环保的世界。各大公司对环境问题的反应差别很大。当然，减缓或阻碍环保进程的强有力的因素正在发挥作用。维护股东价值的责任迫使企业关注季报或年报，很少关注长期目标。而且，大型组织固有的惰性和保守主义也阻碍其做出敏捷和具有创造性的反应。对现有的物质资产的大量投资更遏制了它们对建设一个更环保的世界的愿望。例如，全球化石燃料行业在石油和煤炭开采、生产设备、管道、炼油厂以及加油站上投资了数万亿美元，这些投资不能被轻易剥离或放弃。

如果公司所有者或首席执行官拥有强烈的保守主义或自由主义信念，管理层可能会通过游说来反对或阻挠政府的法规，或者通过诉讼来拖延法规的实施。此外，美国拥有盲目钻探石油的传统，这一特征（也许是采掘业本身的特征）意味着石油和天然气公司的所有者和领导层（例如查尔斯·科赫）会强烈反对政府的监管。即使在德国这样相对环保的国家，环保法规的施行也会遇到障碍。在1996年之前，德国喜爱汽车的文化和汽车制造商的力量阻止德国政府逐步淘汰含铅汽油、要求使用催化转换器、推行限速规定。

然而，如果大公司能够从中获利，它们也可以接受环保目标，这有时发生在法规迫使它们改变方法或更换产品之后。改变能源的来源以防止失控的气候变化带来灾难是十分有必要的，这一必要性刺激了大量的发明创新，在美国加州尤其如此。像埃隆·马斯克这样的企业家争取到了富有的硅谷投资者的支持，用于开发电动汽车以及性能更优的电池。马斯克的成功迫使其他汽车制造商也参与到电动汽车的生产中来。另一位得到硅谷投资者支持的企业家乔本·贝维尔特创立了乔比航空，乔比航空设计出了一种垂直起降的电动通勤飞机，能够提供可与优步、来福车相媲美的空中出租车服务，并计划于2024年提供客运服务。随着太阳能和风能的不断普及，规模经济使这两种能源成为化石能源的替代品，而且这两种能源比化石能源更清洁、价格更低廉，因此对电力公司和投资者而言颇具吸引力。在政府的推动和部分补贴下，这些大公司将引领世界走向一个具有更美好的生态环境的未来。

公司利益、政府目标和受媒体影响的公众舆论三者之间的相互作用催生了环境治理。政府的法律法规、税收、补贴和激励措施指向创新，且刺激创新。媒体报告和科学报告并未发出环境警报。只有在特别显著的危机之后，公众才会关注问题，要求政府和相关企业采取相应行动。

大公司、公众和政府之间的关系并不平等。公司拥有大笔资金，可用于维护公共关系和进行政治运作的捐款。例如，科赫公司的智库、基金会、研究所和游说团体的有效网络展现了富人是如何影响公众舆论并破坏民主进程的。

公司可能会推卸责任，将环境问题描绘成消费者选择的产物。例如，如果消费者为产生垃圾和浪费责怪自己，他们就会忽略那些从一次性用品中获利的大公司。（漫画家沃尔特·凯利的名言是："我们遇到的敌人，就是我们自己。"）20世纪60年代，美国制罐公司、可口可乐等企业出于这一目的，开展了"让美国保持美丽"的广告活动。其他广告活动呼吁人们回收塑料垃圾（尽管回收塑料的市场有限），或者通过少坐飞机、少开车或少吃牛肉来减少人们自身的生态足迹。化石燃料公司在广告中对清洁能源的解决方案提出质疑，并大肆标榜"清洁天然气"和"清洁煤炭"。这些公司游说立法机构对可再生能源或电动汽车征税，或者取消政府对与其竞争的能源的补贴或税收优惠。

大公司有许多策略来拖延、阻止或破坏环保法规。它们利用支持其立场的科学家网络来传播对环境问题背后的科学原理的怀疑，成功推迟了政府有关酸雨、臭氧层和全球变暖的行动。它们可能会参与调查听证会，就改变做出保证，然后不做出实质性的改变。它们可以限制对信息或工业用地的访问，从而阻止政府采取行动。它们承诺，自由市场将推动科技发展，从而解决问题。它们可以在法庭上约束法规，希望能够提供更大支持的政府上台。最后，大公司强烈抗议政府法规对经济造成损害。

资本主义和环保运动

全球环保运动确实获得过胜利。许多国家的空气和水质得到了提升。某些物种从灭绝的边缘被拯救回来。监管制度也已就位，用于防止某些问题和资源滥用的情况发生。然而，整个世界仍然从一个环境危机陷入另一个环境危机。

蕾切尔·卡逊的《寂静的春天》批判了攫取利润的动机导致的腐败结果。然而，卡逊提出的解决方案并不能处理好在推动杀虫剂被不负责任地使用时商业、学术界、政府三者之间的紧密关系。《寂静的春天》以一个虚构的故事开篇，故事发生在一个乡村小镇上，不断发展的农业综合企业注定导致人口减少和贫困问题。从小在宗教的熏陶下长大的卡逊偏爱道德主义,她认为使用化学杀虫剂和除草剂是一种道德选择,而不是消费资本主义社会的产物。同样地,许多拥有新教改革宗背景的美国环保人士将野生环境的破坏归咎于贪婪和自私自利,只字未提及资本主义自身。

欧洲绿色运动在左翼激进主义和反核抗议的结合中应运而生。在早期,欧洲绿色运动对资本主义提出了强烈的批评。20世纪90年代以后,随着运动不断成熟、深入政府,反资本主义的言论缓和了下来。一些绿党的早期领导人,比如法国的布莱斯·拉隆德和德国的约施卡·菲舍尔,随着年龄的增长而转向右翼。拉隆德从原子能的反对者变成了支持者。菲舍尔退出政坛,为支持原子能的西门子、豪车制造商宝马以及能源和煤矿开采巨头莱茵集团游说。

环保人士从未使用统一的口径。他们中的许多人抨击消费是一种个人的道德选择,仿佛购买电动汽车、回收利用和食用有机食品这些选择本身就能拯救地球。大公司很喜欢这一观点,因为这一观点将环境问题的责任推给了消费者,而非它们自身。一些美国右翼环保人士(其中包括戴夫·福尔曼和迈克尔·谢伦伯格)认为,自由市场机制能够解决环境问题。在极左翼群体中,少数无政府主义者(尤其是默里·布克钦)拒绝接受公司资本主义体系,并设想出与自然和谐共存的、对生态负责的小型社区。美国的左翼环保主义从未获得过大量追随者。不过,生物学家巴里·康芒纳是个例外。尽管如此,康芒纳于1971年出版的畅销书《封闭的循环:自然、人和技术》被引用的原因更多的是里面提到的"生态学法则",而非其对资本主义的批评和对社会主义的倡导。今天,一些人(最著名的是杰森·摩尔)继续倡导社会主义,并将环境危机归咎于资本主义,坚称苏联社会主义并非真正的社会主义,从而为其糟糕的环境记录进行辩解。

尽管存在很多优点，沃德的《只有一个地球》并没有为它所描述的问题提供坚定的解决方案。面对迫在眉睫的危机，沃德希望全球采取协调一致的行动，但6次地球峰会都未能令其如愿。对穷人的道德责任的要求并未阻止最富裕国家和最贫困国家之间差距的扩大。

那么，什么是能实现的呢？

结　论　利润——资本主义和环境

当别人获利时，我们获利了吗？答案并不明朗。在信奉基督教的前现代西方，货币利润牵涉道德计算。根据人们的观察，在农业群体中，一个人只有在其他人失败时才能有所收获。从道德的角度来看，贪婪必定会使一个人陷入贫困，从而使另一个人变得富有。为了让道德的天平保持平衡，富人必须回馈社会，从而让他人从他们的好运中获利。在此类计算的启发下，安德鲁·卡内基等资本家为了更大的社会利益而奉献自己的财富。约翰·D. 洛克菲勒亦是如此，但他和其他许多富豪都认识到，慈善捐赠可以提升标准石油公司的公众形象。如今，一些超级富豪仍然拥有用财富回馈社会的动机，尽管并不是所有富豪都会这么做。

现代经济思想认识到，经济不是零和游戏，穷人和富人的收入可以同时增长，工业化以来的情况证明了这一点——尽管在大多数情况下，增长程度并不相当，1945 年到 20 世纪 70 年代，增长程度更为接近。战后道德计算的重点在于确保贫富差距不会扩大。20 世纪 70 年代和 80 年代，随着新自由主义正统观念席卷各大公司的领导层，态度再次发生了改变。放松管制的政策、对富人和大公司减税以及对股东价值的关注，都是基于部分人的繁荣会转化为所有人的繁荣这一假设。这一假设被证明是错误的,因为顶尖富豪的收入像火箭一样飙升,中产阶级的收入停滞不前,而底层 1/5 群体的收入甚至还下降了。一种更全面的公司宣传形式——公共关系——取代了广告部门,并吸纳了慈善捐赠的职责。慈善成了另一项商业开支,作为公关活动的一部分,它只有在带来利润时才是无可厚非的。自 1980 年以来,公司慈善捐赠减少了一半。在公司的董事会里,道德计算已经让位于利润计算。在整个社会中,消费者的价值观取代了传统的宗教价值观,自私自利和贪婪如今大行其道。

那么,资本主义的利润让我们剩余的这些人获益了吗?资本主义的捍卫者可能会说,当然,新冠疫情大流行前不断缓解的全球贫困问题(如果说不平等问题没有缓解的话,至少可以说贫困问题得到了缓解)就是证明。作为本书普通读者的你也会从消费资本主义中获益匪浅。很有可能,你住在温暖舒适、建造精良的房子里。每天早上,你会从一大堆干净的衣服里选出一套。你住的街道、用的水、吃的食物几乎总是干净卫生的。你的医疗服务几乎总是安全有效的,无须通过水蛭、鸦片酊或巫术来治病。你可能不认识任何因工作事故而死亡或残疾的人。你穿着平价合身的衣服,吃着大量廉价的食物。我们大多数人都可以坐进一辆发动或熄火的车里,或利用便利的交通工具,在方便的时候舒服、廉价地出行,从杂货店到大陆的远端,无远弗届。在短短的一两天的时间里,你可以在 3.7 万英尺的高空中遨游,坐着套有软垫的座位,呼吸着保持室温的加压空气,以极低的价格前往地球上几乎任意地方。你可以打开便携式电子设备,观看数千英里之外发生的事件,可以读一本书、一首诗,可以收发即时信息,可以用大量的电影或音乐来娱乐自己,还可以写一本像这样的书。

不幸的是,正如本书所述,我们要以牺牲自然为代价来获利,而且向来如此。这里可以使用乔治·帕金斯·马什和威廉·斯坦利·杰文斯的道德计算方式。地球再也无法承担提供原材料和吸收废物以维持消费资本主义机器运转的负担。从海底到低轨道，从赤道到两极，地球成了我们的垃圾场。各种各样的环境灾难接连不断地威胁着人类文明。地球不是一次性用品，不能污染了就扔掉。尽管某些亿万富翁存在幻想，但没有一个未被破坏的星球是可以让我们逃离到上面去的。宇宙中没有一扇"星际之门"能指引我们走向更幸福的未来。

我们是如何发展成今天这样的？现代消费资本主义是历史的产物，但不是历史的必然产物。历史充满了诞生现代消费资本主义的偶然性和概率。如果热那亚在基奥贾战争中获得胜利，如果哥伦布从葡萄牙沿岸出发时因沉船而溺亡，如果詹姆斯·瓦特没有被格拉斯哥大学派去修复天文仪器，如果斯坦福大学没有连入阿帕网，如果人类历史上上亿个事件中的其中任意一件朝着其他方向发展，世界就不会变成今天这样。尽管如此，资本主义可能还是会以某种形式存在。

本书追溯了人类历史上资本主义的萌芽和发展对环境的影响。自人类诞生以来，智人的胜利令人类能够繁衍生息。人口增长迫使人们发展出新的方式来养活和照顾彼此。在工具的帮助下，人们可以更高效地收割庄稼、采摘果实、捕猎动物，但同时也令动植物资源大大减少。当资源短缺时，人类族群可能会迁徙到开拓程度较轻的地区。或者，一些族群可能会大肆屠杀、奴役或驱逐另一些族群，夺取他们的高产土地。一些族群发现了有价值的岩石和矿物，于是进行开采、换取物品，从而无须自己生产这些物品。在没有其他选择的时候，人类运用聪明才智转而更密集地利用农业或畜牧业来开发资源，并就剩余的资源进行交易，换取典礼、装饰所需的材料，以及其他需要用到的材料。

这一循环重复了数十万年。人口变得越来越密集，推动了贸易的复杂化，产生了更有效开发资源的新方法。盈余变成了资本，可以被投于生产、贸易或财富和权力的展示。水、风、木材和家畜为加工商品、制造商品提供了能源。书写让交流和记录变得更快捷、更可靠,在字母出现之后就更是如此。世界各地的人们了解了要如何将种子变成面包和啤酒,用黏土制作罐子,用动植物和昆虫的纤维制作服饰和绳索,将岩石变成金属制品,用植物、昆虫、矿物和贝类制作染料,等等。所有的一切变成了人们需要的、可以交易的物品。为了将这些物品带往更远处,船只变得更庞大、更高效、更可靠,同时也更适合被当作战争和殖民的工具。货币简化促进了贸易。阿拉伯数字让精确的簿记成为可能。集资经营的贸易伙伴关系发展出了永久性商行,在适当的法律支持下,为大公司的出现奠定了基础,扩大了资金池。印刷则让信息的传播变得更便捷,成本更低廉。

最终,在18世纪,雇佣劳动替代了奴役劳动,但是奴隶制和奴役现象又存在了一段时间。燃烧化石燃料的机器所产生的能量和动力为生产和运输开辟了巨大的可能性。制造变得廉价、标准化。陆上交通和海上交通的速度变得更快。多功能、多用途的电力为家宅、工作场所、车辆,以及今天我们口袋和钱包里的小型设备供能。电线和无线电波以光速传递信息。大公司利用印刷媒体和电子媒体为其产品打广告,引诱或操纵人们消费其制造的大量产品。银行家们找到了贷款给热爱购物的人们的新方式。消费资本主义已经到来,并开始在世界各地朝着胜利迈进。

消费资本主义诱使人们消费更多产品的内在驱动力已令地球的丰饶资源和生物多样性消耗殆尽,可能会让我们迎来一个由污染、物种灭绝和全球气候变暖带来的糟糕的未来。正如自然资源保护从未向工业资本主义发起挑战,反而修复了工业资本主义的问题,环保主义在挑战消费资本主义过度行为的同时亦接受了消费资本主义。蕾切尔·卡逊和芭芭拉·沃德站在道德制高点上诊断了问题,但未能提出有效的补救措施。环保主义仅仅减轻了资本主义最严重的一些滥用现象。虽然环保主义可能会对气候变化加以控制，但化石燃料产业的宣传和对政府的影响造成了拖延现象，让我们处于灾难的边缘。随着危机的加剧，政治意愿可能最终会推进必要的行动。

然而，无论停止消费资本主义的机器能在多大程度上保护野生动物，清洁土地、水源和空气，这么做都会让我们冒巨大的风险。每当资本主义放缓或接近完全停滞时，人们就会失业、挨饿、流离失所，进而寻找替罪羊和极端的解决方案。大萧条和法西斯主义浪潮及其引发的战争都为我们敲响了警钟。2008年，放松对银行和金融的管制几乎令全球经济崩溃，灾难再次浮现。全球经济在2020年新冠疫情大流行来袭时仍未完全恢复。大流行令世界各大城市的天空变得澄澈，但也扰乱了经济，造成了失业问题。

资本主义的批判者将资本主义视作一个由利润驱动的体系，认为其需要对环境破坏、全球气候变暖、种族主义、殖民主义和帝国主义、工人遭受压迫等众多罪孽负责。这可能是对的，尽管这些问题中的大多数自文明发展以来（甚至自更久远的某个时间点以来），便在大部分时期以各种形式存在于世界各地。

不幸的是，很少有现实的替代方案。无论是从社会正义还是从环境正义的角度来看，无政府主义都是完全不可信的。默里·布克钦构思了一个靠近自然的小型民主社区。布克钦对于我们如何从当前的社会发展至他所提倡的小型社区，表达得十分模糊；而且对于如何使社区变得小而独立，表达得更加模糊。在20世纪60年代晚期到70年代初，人们尝试了布克钦的构思，加利福尼亚州、俄勒冈州、佛蒙特州等地短暂地出现了自给自足的群体。这些群体的成员渴望逃离资本主义社会的罪恶，实现自我价值，并与自然和谐相处。不过，这些群体基本上都没有存在很长时间。残酷的现实和不切实际的想法的幻灭很快将几乎每个人拉回了消费资本主义社会。20世纪70年代末，我住在旧金山，当时认识几个曾经住在自给自足的群居社区，后来又搬回城市的人。我记得当时听说有一群人前往印度，住在一个自给自足的集体农场上。猴子偷走了他们的果实，眼镜蛇盘踞在门廊之下，于是他们放弃了。

消费资本主义的诱惑几乎总是不可抗拒的。在20世纪20年代晚期到30年代，我的父亲还是个小男孩，他的生活几乎没有受到消费资本主义的影响。他在农场上长大。他的确住在西尔斯罗巴克公司的预制房屋中，他的父亲开着拖拉机务农，农产品会在市场上售卖。每周六，一家人坐着福特车进城。但除了以上，他很少接触到更广泛的资本主义消费世界。例如，他的圣诞礼物可能是一本书。他的家里没有室内管道系统，也没有通电。全家人每周洗一次澡，用的都是同样的洗澡水（通过院子里的水泵，手动将水抽上来，然后再点燃柴火，用炉子将水烧开）。他们整个夏天都在户外劳作，忍受着堪萨斯州东南部的湿热。他的一位远亲以及继母的第一任丈夫因为农场事故而丧生。我的父亲迫不及待地离开了那样的生活，再也不想回去了。

那么，什么是能实现的呢？

如同鲨鱼一样，消费资本主义必须不断移动才能存活下来。如果它放慢了脚步或彻底停下来，那么混乱、失业、动荡和战争将会困扰地球。我们知道，这条鲨鱼需要采取另一条途径。保持消费资本主义运转的唯一要求便是让尽可能多的钱流入尽可能多的口袋。挑战可能在于我们要使用尽可能少的资源来实现这一点。

我们可能已经在朝着这个方向前进了。2016年1月，家具巨头宜家的首席可持续发展官史蒂夫·霍华德宣布我们即将迎来一个"类似于峰值的东西"，人们将不再需要更多的家具。他指出，人们已经减少了汽油、牛肉和糖的购买量，家具的销量也开始趋于平稳。我们正在从购买实物向购买其他事物转变。在过去的半个世纪里，人们开始购买与实物相对的体验。他们乘坐游轮，到国外旅行，爬山，在珊瑚礁中潜水，以及体验其他的各类"冒险"(之所以加引号,是因为大多数冒险是事先安排好的,而且非常安全)。人们在餐厅用餐以及在酒吧喝酒的频率提高了。每一部智能手机、平板电脑或家用电脑都有娱乐功能。消费者可以为电子游戏、电影、电视剧等事物花钱——这是消费资本主义所依赖的重要活动——而不买任何实物。不幸的是,这并未给全球南方国家带来多少资金。例如,相对于购买一件T恤,玩《我的世界》不会给多米尼加共和国贫穷的工厂工人带来任何好处。然而,购买更少的实物似乎对保卫我们和地球的未来而言至关重要。

因此,无论你喜欢与否,我们都受困于不断加速的消费资本主义活动。利用可再生能源来减缓全球气候变暖似乎成了最为重要的第一步。瓦解拥有巨大经济实力和政治影响力的大公司,并限制它们的宣传,对于任何一个综合性解决方案而言都是必不可少的。我们只能寄希望于这一举措能够实现。50余年前《增长的极限》所预言的文明的瓦解似乎变得不再遥远。时间正在一分一秒逼近。

致　谢

在撰写这本书的过程中，我欠下了许多学术和个人方面的人情债。首先，我必须感谢我在Polity出版社的编辑帕斯卡尔·波切隆，他邀请我撰写这本书，并颇有担当地关注着整个复杂的创作流程。同时，我也要感谢Polity出版社的许多工作人员，我在创作这本书的过程中与他们合作甚欢。

我非常感谢斯韦克·索林帮忙阅读、评论本书的初稿。也要感谢约翰·R.麦克尼尔在不同阶段发表了深刻的评论。还要感谢几位匿名读者对策划方案和初稿做出了反馈。

2019年秋天，我参加了克里斯托弗·毛奇指导的德国慕尼黑的蕾切尔·卡逊中心（RCC）的助学金项目，这段时间我和来自世界各地的同事们在一起，他们都很支持我。在此期间，我也写下了这本书的一部分。我在这里特别要感谢那些在工作进展会上讨论和评论其中一个章节的早期版本的同事——莉兹·德洛赫雷、凯利·多纳蒂、蕾切尔·S.格罗斯、罗伯特·格罗斯、马库斯·霍尔、塞夫吉·西拉科娃·穆特鲁、尤尼斯和鲁本斯·诺达里、安娜·皮尔兹、杰恩·里根、孙小平（音）、安娜·瓦尔加、莫妮卡·瓦西尔和凯特·赖特。RCC 的助学金项目为学术成果和学术团体的诞生提供了一个良机。

我想衷心感谢维若娜·文妮瓦特，她于 2019 年邀请我在奥地利维也纳环境史研究中心（ZUG）的小型研讨会上展示本书的论文版。还要感谢 2018 年于加利福尼亚州里弗赛德举行的美国环境史学会（ASEH）会议的专家听众，他们对我关于消费资本主义和环境的论文提出了问题和意见。我还在中国人民大学生态史研究中心的侯深和唐纳德·沃斯特组织的会议上展示了本书的论文版，这场会议也是 2021 年 ASEH "环境史周"的一部分。

我要感谢得克萨斯理工大学历史系系主任肖恩·坎宁安，他在重要时刻免除了我的教学任务。学校人文中心的教职研究员项目为一个学期的课程提供了资金支持。感谢历史系的几位同事，他们在我探索和自己的研究方向相去甚远的领域时，很乐意为我提供很多建议和阅读书目，他们是斯特凡诺·达米科、阿比盖尔·斯温根和芭芭拉·哈恩。

最后，我还从许多同事的来信和建议中获益良多。我要感谢卡尔·阿普恩、布鲁斯·克拉克、克莱格·科尔顿、史蒂夫·爱泼斯坦、大卫·费德曼、玛利亚·玛格丽塔·费尔南德斯·米埃儿、艾伦·洛布、格雷格·马多克斯、吉纳维芙·马萨尔－盖勒博德、吉姆·麦卡恩、曼努埃尔·冈萨雷斯·德莫利纳、纳瓦罗、保罗·沃德、约翰·温。

得克萨斯理工大学图书馆的依诺桑·艾福和辛西娅·亨利帮我找到了一些研究难题的答案。图书馆的参考咨询人员经常满足我寻找资源的请求。我还屡次叨扰凯蒂·德维特和跨馆借阅办公室。感谢他们每一位的热心支持、鼎力相助。

在由衷感谢以上各位的同时，本书中的解释呈现以及任何错误均由我一人承担。

最重要的是,在我为本书难以驾驭的主题惨淡经营的五年里,我的妻子林恩一直给予我支持和鼓励,让我无以为报。谨以此书献给我的妻子。